1.00

Der BERG *als* LEBENSRAUM

Mit freundlicher Unterstützung des Europäischen Parlaments
und der EVP/ED-Fraktion

2003

Erste Auflage (deutsch) 1000 Exemplare
Zweite Auflage (italienisch) 1001–3600 Exemplare
Dritte Auflage (deutsch) 3601–7900 Exemplare

Gestaltung & Layout: Erwin Kohl
Umschlaggestaltung: Athesiagrafik
Gesamtherstellung: Athesiadruck, Bozen

ISBN 88-8266-150-4

www.athesiabuch.it
buchverlag@athesia.it

Die Schreibweise entspricht den Regeln der neuen Rechtschreibung, ausgenommen die Protokolle zur Durchführung der Alpenkonvention.

MICHL EBNER

Der BERG *als* LEBENSRAUM

... aus europäischer Sicht

MIT BEITRÄGEN VON

EU-Kommissar Michel Barnier
Staatsminister Reinhold Bocklet
Staatssekretär a. D. On. Luciano Caveri
EU-Kommissar Franz Fischler

REDAKTION

Markus Warasin

VERLAGSANSTALT ATHESIA | BOZEN

Widmung

Für alle Menschen, die in den Bergen in ausgesetzten, schattigen, entlegenen und hohen Lagen schwierigste Lebenssituationen ertragen müssen und diese meistern. Dank ihrer Genügsamkeit, ihrer Bescheidenheit, ihrer Ausdauer, ihrer Beständigkeit und ihrer Beharrlichkeit reift in der Europäischen Union heute mehr und mehr die Überzeugung, dass die Berggebiete und ihre Bewohner einen entscheidenden Beitrag zur Lebensqualität der gesamten Bevölkerung leisten.

Insbesondere für die Südtiroler Bergbauern und deren Nachkommen, die ihre Lebenseinstellung bis heute weitertragen. Sie sind mir mehrfach Vorbild.

Auch für Jörgele und Cosima, damit sie unser wunderbares Land immer mehr schätzen lernen, und verstehen, dass die Arbeit dafür zwar einen zeitaufwendigen, aber verantwortungsvollen und ehrenden Dienst darstellt.

Michl Ebner

Sankt Kosmas und Damian, im Jahr 2002

Inhaltsübersicht

Vorwort

Die bäuerliche Landwirtschaft hat durch differenzierte Wirtschaftsweisen und Landnutzungen in Europa vielfältigste Kulturlandschaften hervorgebracht. Ein besonders eindrucksvolles Beispiel bäuerlichen Schaffens stellen die Bergregionen dar. Diese sind als Lebensräume ohne Land- und Forstwirtschaft nicht vorstellbar.

Die Alpenländer haben dies in den sechziger und siebziger Jahren zunehmend erkannt und als politische Aufgabe verstanden. Die Förderung der Berggebiete hat daher bereits eine jahrzehntelange Tradition. Bergbauernprogramme in verschiedenen Alpenländern wurden zu Vorreitern für Bewirtschaftungshilfen in besonders benachteiligten Gebieten.

Die Initialzündung für »25 Jahre Gemeinschaftsregelungen zugunsten der Landwirtschaft in den Berggebieten« ging unmittelbar von den Bergregionen selbst aus. An ihr waren Südtirol und Bayern maßgeblich beteiligt. Auf europäischer Ebene wurden zahlreiche Maßnahmen ergriffen, um die Bergregionen als Lebens- und Kulturraum zu erhalten und fortzuentwickeln. Dies reicht von direkten Beihilfen bis zu Strukturmaßnahmen wie dem 5-b-Programm, den Programmen *Leader* oder *Interreg*. Diese erfolgreichen Konzepte gilt es, weiter zu verbessern und an neue Entwicklungen anzupassen.

Inzwischen stellen sich auch für die Entwicklung der Bergregionen neue Herausforderungen. Durch die Globalisierung wird der Wettbewerbsdruck weiter erhöht. Mit der Osterweiterung der Europäischen Union treten erheblich strukturschwächere Regionen der Union bei. Als Folge zunehmenden Handels und Verkehrsaufkommens werden transeuropäische Verkehrsnetze immer wichtiger. Daher gilt es, bei den anstehenden politischen Weichenstellungen wie WTO-Verhandlungen und EU-Osterweiterung die Belange der Bergregionen entsprechend zu berücksichtigen, um die vorhandenen Entwicklungspotentiale nutzen zu können und negative Verwerfungen möglichst zu verhindern.

Die Landschaftspflege durch die Bauern in den Berggebieten ist auch zukünftig unverzichtbar für den Natur- und Umweltschutz, für die Strukturstabilität und den Tourismus. Unsere Kulturlandschaften sind auch als Standortfaktor gar nicht hoch genug zu bewerten. Die Attraktivität vieler Regionen als Wirtschaftsstandort hängt auch maßgeblich von der landschaftlichen Schönheit ab. Um den Abwechslungsreichtum und die Besonderheit der Bergregionen als Kulturlandschaft dauerhaft zu sichern, braucht es vor allem Menschen, die hier leben und arbeiten, die das Land pflegen und bepflanzen. Nicht umsonst leitet sich das Wort »Kultur« vom lateinischen »colere« – übersetzt »pflanzen, pflegen« – her. Kulturlandschaft heißt somit »gepflegte, bepflanzte Landschaft«.

Die herausragende Rolle der Berglandwirtschaft für die Multifunktionalität dieser Räume ist heute unbestritten und rechtfertigt eine besondere Unterstützung durch die Allgemeinheit. Nahrungsmittel kann man importieren, Landschaft und natürliche Lebensgrundlagen aber nicht. Es ist daher von größtem öffentlichen Interesse für die Bergregionen, aber auch für Europa insgesamt, die Berglandwirtschaft als Bewahrer dieses Kultur-, Lebens- und Wirtschaftsraumes zu unterstützen. Der vom Europäischen Parlament praktisch einstimmig verabschiedete Bericht des Südtiroler Europaabgeordneten Dr. Michl Ebner stellt einen wichtigen Beitrag zur Sicherung des Berges als Lebensraum in Europa dar.

Reinhold Bocklet

München, im Januar 2002

Der Verfasser des Vorwortes ist seit 1998 Bayerischer Staatsminister für Bundes- und Europaangelegenheiten in der Staatskanzlei. Er war von 1979 bis 1993 Mitglied des Europäischen Parlaments und von 1993 bis 1998 Bayerischer Staatsminister für Ernährung, Landwirtschaft und Forsten.

1. KAPITEL

Die UNO-Proklamation zum Internationalen Jahr der Berge 2002

2002
International Year of
MOUNTAINS

UNITED NATIONS **A**

General Assembly

Distr.
GENERAL

A/RES/53/24
19 November 1998

Fifty-third session
Agenda item 12

RESOLUTION ADOPTED BY THE GENERAL ASSEMBLY

[*without reference to a Main Committee (A/53/L.24)*]

53/24. International Year of Mountains, 2002

The General Assembly,

Recalling Economic and Social Council resolution 1998/30 of 29 July 1998,[1]

Recalling also the relevant provisions of Agenda 21 on sustainable mountain development,[2]

Noting the work already undertaken to achieve sustainable mountain development by the Food and Agriculture Organization of the United Nations and particularly its role as task manager for chapter 13 of Agenda 21,

1. *Proclaims* the year 2002 as the International Year of Mountains;

2. *Invites* the Food and Agriculture Organization of the United Nations to serve as the lead agency for the International Year of Mountains, in collaboration with Governments, the United Nations Environment Programme, the United Nations Development Programme, the United Nations Educational, Scientific and Cultural Organization and other relevant organizations of the United Nations system and non-governmental organizations;

3. *Calls upon* Governments, national and international organizations, non-governmental organizations and the private sector to make voluntary contributions in accordance with the guidelines of the Economic and Social Council for international years and anniversaries and to lend other forms of support to the International Year of Mountains;

4. *Encourages* all Governments, the United Nations system and all other actors to take advantage of the International Year of Mountains in order to increase awareness of the importance of sustainable mountain development;

5. *Requests* the Secretary-General to submit to the General Assembly at its fifty-fifth session a report on the state of the preparations for the International Year of Mountains.

54th plenary meeting
10 November 1998

[1] *Official Records of the Economic and Social Council, 1998, Supplement No. 1* (E/1998/98).

[2] *Report of the United Nations Conference on Environment and Development, Rio de Janeiro, 3-14 June 1992* (United Nations publication, Sales No. E.93.I.8 and corrigenda), vol. I: *Resolutions adopted by the Conference*, resolution 1, annex II.

RESOLUTIONSTEXT ZUM INTERNATIONALEN JAHR DER BERGE[1]

(Generalversammlung der Vereinten Nationen, A/RES/53/24)

Internationales Jahr der Berge 2002

Die Generalversammlung,

unter Hinweis auf die Resolution 1998/30 des Wirtschafts- und Sozialrats vom 29. Juli 1998,

sowie unter Hinweis auf die einschlägigen Bestimmungen der Agenda 21 betreffend die nachhaltige Entwicklung von Berggebieten,

Kenntnis nehmend von der Arbeit, welche die Ernährungs- und Landwirtschaftsorganisation der Vereinten Nationen bereits geleistet hat, um eine nachhaltige Entwicklung von Berggebieten zu erreichen, und insbesondere von ihrer Funktion als Koordinationsstelle für die Umsetzung des Kapitels 13 der Agenda 21,

1. *erklärt* das Jahr 2002 zum Internationalen Jahr der Berge;

2. *bittet* die Ernährungs- und Landwirtschaftsorganisation der Vereinten Nationen, als federführende Stelle für das Internationale Jahr der Berge zu fungieren und dabei mit den Regierungen, dem Umweltprogramm der Vereinten Nationen, dem Entwicklungsprogramm der Vereinten Nationen, der Organisation der Vereinten Nationen für Erziehung, Wissenschaft und Kultur und anderen zuständigen Organisationen des Systems der Vereinten Nationen sowie mit nichtstaatlichen Organisationen zusammenzuarbeiten;

3. *fordert* die Regierungen, die nationalen und internationalen Organisationen, die nichtstaatlichen Organisationen und den Privatsektor auf, im Einklang mit den Richtlinien des Wirtschafts- und Sozialrats für internationale Jahre und Jahrestage freiwillige Beiträge zu entrichten und das Internationale Jahr der Berge auch in anderer Form zu unterstützen;

4. *ermutigt* alle Regierungen, das System der Vereinten Nationen und alle anderen Akteure, das Internationale Jahr der Berge dafür zu nutzen, das Bewusstsein für die Wichtigkeit einer nachhaltigen Entwicklung von Berggebieten zu erhöhen;

5. *ersucht* den Generalsekretär, der Generalversammlung auf ihrer fünfundfünfzigsten Tagung einen Bericht über den Stand der Vorbereitungen zum Internationalen Jahr der Berge vorzulegen.

1 Quelle: »Internationales Jahr der Berge«; FAO-Einführungskonzept zum Internationalen Jahr der Berge, Rom; offizielle deutsche Übersetzung, erstellt in Zusammenarbeit mit der FAO und finanziert durch die Direktion für Entwicklung und Zusammenarbeit (DEZA), Eidgenössisches Departement für Auswärtige Angelegenheiten, Bern.

2. KAPITEL

25 Jahre Anwendung der Gemeinschaftsregelung zugunsten der Landwirtschaft in den Gebirgsregionen

Ebner-Bericht

Das Internationale Jahr der Berge ist zweifelsohne der ideale Anlass für einen Initiativbericht über 25 Jahre Anwendung der Gemeinschaftsregelung zugunsten der Landwirtschaft in den Gebirgsregionen. Für das Jahr 2002 sind auf internationaler, nationaler und lokaler Ebene Aktivitäten geplant, durch die die nachhaltige Entwicklung der Berggebiete gefördert werden soll. Hauptziel dieses Jahres sind die Bewusstseins- und Wissensbildung über Gebirgsökosysteme, ihre Dynamik und ihr Funktionieren, das Fördern und Erhalten des kulturellen Erbes von Berggemeinden sowie der Erhalt und die nachhaltige Entwicklung der Ressourcen in den Bergregionen zur Sicherung der Lebensqualität der Menschen heute und in Zukunft. Schließlich machen Berggebiete 30 Prozent der Gesamtfläche und 20 Prozent der landwirtschaftlich genutzten Fläche der Europäischen Union aus, auf der 10 Prozent der EU-Bevölkerung leben.

Ich bin überzeugt, dass auch die Europäische Union das bevorstehende Jahr der Berge zum Anlass nehmen sollte, die spezifischen Anliegen von Gebirgsregionen konkret zu berücksichtigen und Berggebiete als unverzichtbaren Lebensraum anzuerkennen. Die Lebensqualität in Bergregionen muss gleichzeitig erhalten und geschützt sowie die immer noch drohende Abwanderung gestoppt werden.

Vor diesem Hintergrund ist mein Initiativbericht über 25 Jahre Anwendung der Gemeinschaftsregelung zugunsten der Landwirtschaft in den Gebirgsregionen im Europäischen Parlament entstanden. Dieser Bericht ist auch de facto die Stellungnahme des Parlaments zum Jahr der Berge und soll der Kommission und dem Rat als Grundlage und Forderungskatalog dienen.

In diesem Bericht plädiere ich grundsätzlich für eine Gesamtstrategie der EU zugunsten von Berggebieten. Diesbezüglich enthält der Bericht zahlreiche neue und meiner Meinung nach praxisbezogene Vorschläge. So wird die Kommission unter anderem dazu aufgefordert, eine Mitteilung vorzulegen, in der die Aktionen der EU im Hinblick auf das Internationale Jahr

Erste Reihe von links nach rechts: der Kommissar für Landwirtschaft der Europäischen Union Dr. Franz Fischler und der Europaparlamentarier Dr. Michl Ebner.
Zweite Reihe von links nach rechts: Bundestagsabgeordneter Finanzminister a. D. Dr. Theo Waigel, Präsident der Europäischen Volkspartei, Ministerpräsident a. D. von Belgien Wilfried Martens, Regierungschef von Luxemburg Jean-Claude Juncker und der Vizepräsident des Europäischen Parlamentes James Provan.

der Berge dargelegt werden und in der auch ein Gesamtkonzept für die betroffenen Gebiete hinsichtlich der Erweiterung enthalten ist. Gleichwohl muss dieses erforderliche Gesamtkonzept unter Berücksichtigung des Subsidiaritätsgrundsatzes entstehen. Trotz häufig ähnlicher Problematik und Schwierigkeiten weisen auch Berggebiete Unterschiede und Besonderheiten auf, weshalb es daher keine allgemein gültige Patentlösung geben kann. Für besondere oder für eine Region spezifische Probleme müssen auch ebenso spezifische Lösungen gefunden werden; gemeinsame Probleme hingegen können länderübergreifend besser bewältigt werden. Daher spreche ich in meinem Bericht auch einen Lösungsansatz an, der folgende Bereiche gleichermaßen berücksichtigt: Land- und Waldwirtschaft, Verkehr, Tourismus, Energie- und Wasserwirtschaft, regionale Raumplanung, Naturschutz und die Erhaltung des gemeinsamen kulturellen Erbes.

Was die Landwirtschaft betrifft, so wird hier der Ausbau der zweiten Säule der Agrarpolitik und somit die Entwicklung des ländlichen Raumes gefordert, wobei der umwelt- und landschaftspflegerischen Funktion der Landwirtschaft sowie ihrem multifunktionalen Charakter angemessener Rechnung getragen werden muss. Dies schließt vor allem folgende Forderungen mit ein: Die Suche nach gemeinsamen Problemlösungsstrategien in Form regionaler Konventionen, die Erarbeitung und Aktualisierung von Kriterien und Daten über Berggebiete, ebenso wie die Finanzierung von praxisnahen und gebietsbezogenen Projekten durch das sechste Rahmenprogramm, sowie den Ausbau der nötigen Basisinfrastrukturen sowie Aus- und Weiterbildung, damit die Bevölkerung einen angemessenen Informationsstand beibehalten kann, die

EWG

Europäische Wirtschaftsgemeinschaft: Zusammenschluss von gegenwärtig 15 Staaten zu einer unbefristeten, überstaatlichen, mit eigenen Hoheitsrechten ausgestatteten Wirtschaftsgemeinschaft zur Errichtung eines gemeinsamen Marktes und zur Annäherung der Wirtschaftspolitik; gegründet am 25. März 1957 (Römische Verträge), in Kraft seit 1. Januar 1958. Mit dem Vertrag von Maastricht 1993 in Europäische Gemeinschaft (EG) umbenannt.

EGKS

Europäische Gemeinschaft für Kohle und Stahl, auch Montanunion genannt: supranationale Organisation mit eigener Rechtspersönlichkeit zur Schaffung eines gemeinsamen Marktes für Kohle und Stahl, gegründet durch den Pariser Vertrag vom 18. April 1951 zwischen der Bundesrepublik Deutschland, Frankreich, Italien, Belgien, Luxemburg und den Niederlanden; Teilorganisation der Europäischen Gemeinschaften.

Verstärkung der Verkehrsnetze in den Berggebieten unter Beachtung der Grundsätze der Nachhaltigkeit, um besagte Gebiete als Lebens-, Natur- und Wirtschaftsraum zu sichern. So müssen beispielsweise Zugangswege zu Höfen und Almen garantiert sein, während größere Verkehrsstraßen nach Kriterien strengster Ökokompatibilität erfolgen sollen.

Schließlich noch eine Überlegung zum zukünftigen Umgang mit diesem Politikbereich: Die auf den folgenden Seiten dargestellten Untersuchungen sowie zahlreiche Gespräche mit den für die jeweiligen Sektoren verantwortlichen EU-Funktionären haben gezeigt, dass es eines neuen Ansatzes in den Gemeinschaftsregelungen bedarf. Es wäre eventuell zu überlegen, ob es nicht sinnvoll wäre, von den zahlreichen, zum Teil auch unübersichtlichen Detailförderungen abzugehen und eine Grundregelung zu finden, um die notwendigen Sonderleistungen innerhalb der in Frage kommenden Regionen zu entgelten. Einer spezifischen Behandlung von Berggebieten sowie die Reform der Förderungssysteme sind nicht zuletzt auch im Hinblick auf die Erweiterung notwendig. Das Internationale Jahr der Berge ist ein idealer Zeitpunkt, um sich den anstehenden Herausforderungen zu stellen und nach neuen, innovativen und ebenso effizienten Konzepten zu suchen.

EURATOM

Europäische Atomgemeinschaft: gemeinsame Organisation der Länder der Europäischen Gemeinschaft zur friedlichen Nutzung der Atomenergie und zur Gewährleistung einer friedlichen Atomentwicklung. 1957 gegründet.

EUROPÄISCHES PARLAMENT

1999 *2004*

Sitzungsdokument

ENDGÜLTIG
A5-0277/2001

13. Juli 2001

BERICHT

über 25 Jahre Anwendung der Gemeinschaftsregelung zugunsten der Landwirtschaft in den Gebirgsregionen
(2000/2222(INI))

Ausschuss für Landwirtschaft und ländliche Entwicklung

Berichterstatter: Michl Ebner

Geschäftsordnungsseite

In der Sitzung vom 17. November 2000 gab die Präsidentin des Europäischen Parlaments bekannt, dass der Ausschuss für Landwirtschaft und ländliche Entwicklung die Genehmigung zur Ausarbeitung eines Initiativberichts gemäß Artikel 163 der Geschäftsordnung über die Landwirtschaft in Berggebieten erhalten hat.

Der Ausschuss für Landwirtschaft und ländliche Entwicklung hatte in seiner Sitzung vom 13. September 2000 Michl Ebner als Berichterstatter benannt.

Der Ausschuss prüfte den Berichtsentwurf in seinen Sitzungen vom 26. Juni und 9. Juli 2001.

In der letztgenannten Sitzung nahm der Ausschuss den Entschließungsantrag mit 26 Stimmen bei einer Enthaltung an.

Bei der Abstimmung waren anwesend: Friedrich-Wilhelm Graefe zu Baringdorf; Vorsitzender Joseph Daul und Encarnación Redondo Jiménez stellvertretende Vorsitzende; Michl Ebner, Berichterstatter; Gordon Adam, Danielle Auroi, Niels Busk, Luciano Caveri (in Vertretung von Giovanni Procacci gemäß Artikel 153 Absatz 2 der Geschäftsordnung), Arlindo Cunha, Francesco Fiori, Carmen Fraga Estévez (in Vertretung von Struan Stevenson), Georges Garot, Lutz Goepel, Willi Görlach, Elisabeth Jeggle, Salvador Jové Peres, Hedwig Keppelhoff-Wiechert, Heinz Kindermann, Dimitrios Koulourianos, Astrid Lulling (in Vertretung von Robert William Sturdy), Albert Jan Maat, Xaver Mayer, Neil Parish, Ioannis Patákis (in Vertretung von Christel Fiebiger), Mikko Pesälä, María Rodríguez Ramos und Agnes Schierhuber.

Der Bericht wurde am 13. Juli 2001 eingereicht.

Die Frist für die Einreichung von Änderungsanträgen wird im Entwurf der Tagesordnung für die Tagung angegeben, auf welcher der Bericht geprüft wird.

Entschließungsantrag

Entschließung des Europäischen Parlaments über 25 Jahre Anwendung der Gemeinschaftsregelung zugunsten der Landwirtschaft in den Gebirgsregionen (2000/2222[INI])

Das Europäische Parlament,

- unter Hinweis auf den Beschluss der Vereinten Nationen, das Jahr 2002 zum Internationalen Jahr der Berge zu deklarieren, sowie unter Hinweis auf das Treffen »Rio + 10« in Johannesburg, auf dem das die Berggebiete betreffende Kapitel 13 der Agenda 21 wieder aufgegriffen wird,
- unter Hinweis auf seine Entschließung vom 23. Oktober 1998 zu einer neuen Strategie für die Berggebiete, die benachteiligten und die ökologisch sensiblen Gebiete[1],
- unter Hinweis auf die Richtlinie 268/75 über die Landwirtschaft in Berggebieten und in besonders benachteiligten Gebieten,
- unter Hinweis auf die wichtigen Neuigkeiten über die europäischen Berggebiete, die aus dem Zweiten Kohäsionsbericht hervorgehen, in dem insbesondere politische Maßnahmen ab dem Jahr 2006 vorgesehen sind,
- unter Hinweis auf die Bedeutung der vom Europarat vorgeschlagenen Europäischen Charta der Bergregionen und unter Hinweis auf die Alpenkonvention mit ihren Protokollen,
- gestützt auf Artikel 163 seiner Geschäftsordnung,
- in Kenntnis des Berichts des Ausschusses für Landwirtschaft und ländliche Entwicklung, (A5-0277/2001),

A in der Erwägung, dass die Berggebiete etwa 30 Prozent der Fläche und rund 20 Prozent der landwirtschaftlich genutzten Fläche der Europäischen Union ausmachen und in einigen Mitgliedsländern wie Italien, Spanien, Portugal, Griechenland und Österreich der Anteil der Berggebiete mehr als 50 Prozent des

1 Abl. C 341 vom 9. November 1998, Seite 369

Staatsgebiets beträgt und rund 30 Millionen Menschen in den Berggebieten leben,

B in der Erwägung, dass die europäische Politik zur Förderung der Berglandwirtschaft in Anbetracht der starken Wechselwirkung zwischen den einzelnen Wirtschaftszweigen stets in den größeren Rahmen einer europäischen Gesamtpolitik zur Förderung der Berggebiete eingebettet werden muss,

C in der Erwägung, dass bezüglich der Probleme der Berggebiete in Anbetracht der Bedeutung der regionalen und kommunalen Entscheidungsebene häufig politische Entscheidungsprobleme im Rahmen der Union auftreten,

D in der Erwägung, dass eine einheitliche europäische Definition der Berggebiete im Hinblick auf eine genauere Erfassung und Analyse der Probleme der Bevölkerung in den Berggebieten und im Hinblick auf eine besondere Förderung erforderlich ist,

E in der Erwägung, dass der Schutz und die Förderung einer nachhaltigen Entwicklung und Bewirtschaftung der Berggebiete wegen ihrer reichhaltigen, für die gesamte Union lebenswichtigen Ressourcen, unerlässlich ist, wozu vor allem der Schutz der Gewässer, der Wälder, seltener Tier- und Pflanzenarten und Lebensräume und die Erhaltung von Erholungs- und Freizeiträumen gehören,

F in der Erwägung, dass die Berggebiete von großen sozioökonomischen Ungleichgewichten, mit teilweise rückläufiger Entwicklung und armen Landstrichen und von Abwanderungstendenzen geprägt sind, die auf die Probleme im Zusammenhang mit der Verkehrsanbindung oder auf die schwer zugänglichen öffentlichen Dienstleistungen zurückzuführen sind, und dass in diesen Berggebieten die landwirtschaftliche Bevölkerung weiterhin den höchsten Anteil an der Gesamtbevölkerung hat,

G in der Erwägung, dass die von der EU mit der Richtlinie 268/75 eingeführten Ausgleichszulagen zu einer Verringerung der Abwanderung der Bevölkerung aus den Berggebieten und der Aufgabe der landwirtschaftlichen Tätigkeiten beigetragen haben,

H in der Erwägung, dass die landwirtschaftliche Produktion in den Berggebieten aufgrund des nachteiligen Reliefs, der oft schlechten und wenig ertragreichen Böden und des oft rauen Klimas erheblich gegenüber der Landwirtschaft in der Ebene benachteiligt ist und Ausgleichszahlungen für diese Benachteiligungen auf Dauer notwendig sind, wenn man die Landwirtschaft in den Berggebieten aufgrund ihrer Bedeutung für die Sozialstruktur, die Wirtschaft und die Umwelt erhalten will,

I unter Hinweis darauf, dass Art und Intensität der landwirtschaftlichen Nutzung maßgeblichen Einfluss auf Natur und Landschaft ausüben und dass der nicht intensiv bewirtschafteten Kulturlandschaft eine wesentliche Funktion als Lebensraum für die Pflanzen- und Tierwelt der Berggebiete zukommt,

J unter Hinweis darauf, dass die extensive Landwirtschaft in Berggebieten eine Gewähr für den Wasserhaushalt und den Schutz vor Umweltverschmutzung bietet und so dazu beiträgt, ein ausgewogenes Verhältnis zwischen den Berggebieten – als Trinkwasserreservoir – der Bewässerung der Wiesen und der Stromerzeugung zu wahren,

K in der Erwägung, dass die Landwirte in den Berggebieten bei nachhaltiger Bewirtschaftung erhebliche Leistungen für die Allgemeinheit erbringen, insbesondere durch

- die dauerhafte Erhaltung der Kultur- und Naturlandschaft und die Bewirtschaftung der Almflächen
- die Produktion von hochwertigen Nahrungsmitteln
- die Gefahrenabwehr von Naturkatastrophen wie Lawinen, Muren, Steinschlag und Hochwasser
- den Schutz der Biodiversität, des Waldes und der Gewässer
- die Erfüllung einer Mindestbesiedelungsfunktion und Basisfunktion für den Tourismus, der gerade in Berggebieten erheblich zur Wertschöpfung beiträgt, ohne dass die Landwirte davon angemessen profitieren,

L in der Erwägung, dass die Förderung der landwirtschaftlichen Betriebe in Berggebieten für die Stabilität und das Gleichgewicht im gesamten Gebiet der EU von Bedeutung ist, insbesondere unter hydrogeologischen Gesichtspunkten; in der

Erwägung, dass die Erhaltung der Landschaft und des ländlichen Raums global bewertet werden muss: schon allein wegen ihrer Dimension ist dem Gleichgewicht der Berggebiete in der Gemeinschaft unter umweltspezifischen, wirtschaftlichen und sozialen Gesichtspunkten ein strategisches Interesse zuzuerkennen, damit die Kontinuität der Entwicklung der Gebiete im Flachland gewährleistet werden kann,

M in der Erwägung, dass viele Berggebiete wirtschaftlich vom Tourismus abhängen, dieser Erwerbszweig eine wesentliche Erwerbsquelle für die Bevölkerung bietet und auch in der Verzahnung von Berglandwirtschaft und Tourismus ein nachhaltiges Wirtschaften möglich ist,

N in der Erwägung, dass die Strukturförderung in den Berggebieten auch unter Berücksichtigung der Erweiterung der EU schrittweise erhöht werden muss, um die Aufgabe insbesondere kleinbäuerlicher – vor allem Familienbetriebe – und handwerklicher Betriebe und die Verschlechterung der Umweltbedingungen zu vermeiden,

O in der Erwägung, dass die mehrfache Erwerbstätigkeit in Berggebieten, die es ermöglicht, verschiedene Erwerbstätigkeiten miteinander zu verbinden, um ein einziges Mindesteinkommen zu erzielen, sowie einem systematischen Konzept für die Wirtschaft in Berggebieten große Bedeutung zukommt,

P in der Erwägung, dass die Agrarpolitik der Gemeinschaft, soweit sie die Berggebiete betrifft, in eine Gesamtstrategie für die nachhaltige Entwicklung der Berggebiete eingebettet sein muss, die die umweltschützende Funktion der Landwirtschaft und ihre Rolle für die ländliche Entwicklung in den Vordergrund stellt,

Q unter Hinweis darauf, dass diese Strategie einen interregionalen und grenzübergreifenden Ansatz und eine Koordinierung mit den betroffenen Mitgliedstaaten erfordert und wirtschaftliche und soziale Anpassungs- und Begleitmaßnahmen sowohl auf nationaler als auch auf europäischer Ebene notwendig sind, damit die Existenz der Landwirte und ihrer Betriebe in den Berggebieten nicht durch die ausschließliche Anwendung ökonomischer Maßstäbe gefährdet wird,

R in der Erwägung, dass wirtschaftliche Faktoren entscheidend für die Aufrechterhaltung der landwirtschaftlichen Betriebe in Berggebieten sind, und die Bergbauern sich zunehmend als Unternehmer und Manager verstehen, die klar zwischen Anbauflächen mit hohem agronomischem Wert und schwierigen, wenig ertragreichen Flächen unterscheiden, deren Bewirtschaftung nur aus ökologischen Gründen und mit finanzieller Unterstützung durch die Gesellschaft lohnt,

S in der Erwägung, dass der Aspekt der Qualitätsproduktion und des biologischen Landbaus ein besonderer Schwerpunkt in der Ausrichtung der Landwirtschaft und der Förderung durch die EU in den Berggebieten sein muss, da geschützte Herkunftsbezeichnungen mit Bezug auf die Berggebiete komparative Vorteile bieten,

T in der Erwägung, dass die Landwirtschaft in den Berggebieten der Union im Hinblick auf ihre umweltschützende und landschaftspflegende Rolle, wie der Erhaltung der Böden, stärker gefördert werden sollte, insbesondere durch eine kurzfristige Anhebung der Ausgleichszahlungen im Rahmen des EAGFL,

U in der Erwägung, dass kleinere und mittlere Landwirtschaftsbetriebe fähig sind, multifunktionale Aufgaben wahrzunehmen und als Gegengewicht zur Tendenz der Intensivierung als Folge der Globalisierung der Weltmärkte wirken können,

V in der Erwägung, dass die *Leader*- und *Interreg*-Programme seit 1991 eine Reihe von Projekten insbesondere in den Berggebieten kofinanziert und die Gemeinschaftsdimension der Unterstützung der Berggebiete verdeutlicht haben,

W in der Erwägung, dass biologische und kulturelle Vielfalt in den Berggebieten eng verknüpft sind und die Berggebiete häufig das Zuhause von traditionellen und historischen Minderheiten sind, die eine spezifische Kultur, Sprache und Brauchtum entwickelt haben,

X unter Hinweis auf den räumlich weitgestreuten, höhenmäßig und jahreszeitlich sowie teilweise tourismusbedingt sehr schwankenden Energiebedarf und die örtliche Verfügbarkeit von erneuerbaren Energieträgern in den Berggebieten,

Y in der Erwägung, dass die landwirtschaftlichen Betriebe in Berggebieten aufgrund dieser auf die Randlage zurückzuführenden Bedingungen nicht in der Lage sind, die von der EG für alle landwirtschaftlichen Betriebe bereitgestellten Beihilfen und Vergünstigungen zu kennen und zu nutzen und somit ein Teufelskreis entsteht, wodurch die in den unzugänglichsten Gebieten gelegenen Betriebe die größten Probleme haben, die staatlichen Zuschüsse und Beihilfen in Anspruch zu nehmen,

Z in der Erwägung, dass es notwendig ist, dass die Programme zur Förderung der am stärksten benachteiligten Gebiete, wie *Leader* + mit horizontalen Maßnahmen einhergehen müssen, die die Inanspruchnahme der Maßnahmen und Beihilfen der Europäischen Union durch die landwirtschaftlichen Betriebe in den Berggebieten wesentlich vereinfachen, wobei insbesondere das System der Pauschalzahlungen auszuweiten ist,

AA ferner in der Erwägung, dass die sozialen Probleme, mit denen die landwirtschaftlichen Betriebe in den Berggebieten konfrontiert sind, abgefedert werden müssen, insbesondere die Betriebe von Junglandwirten und Frauen, denen soziale Dienstleistungen, die den Betrieben im Flachland generell zur Verfügung stehen (wie etwa Schulbesuch der Kinder, Bildungsmöglichkeiten, Zugang zum Internet usw.), nur mit starken Einschränkungen zugänglich sind,

1. fordert die Kommission auf, noch im Jahr 2001 eine Mitteilung an den Rat und das Europäische Parlament vorzulegen, in der die Position und die Aktionen der EU im Hinblick auf das von den Vereinten Nationen proklamierte Jahr der Berge 2002 dargelegt werden,

2. fordert die Kommission auf, unter Berücksichtigung der Erweiterung, eine Gesamtstrategie der EU für die nachhaltige Entwicklung der Berggebiete in der EU und in den Beitrittsländern einschließlich der Sicherung der Landwirtschaft zu entwickeln; diese Strategie sollte insbesondere die grenzüberschreitende Zusammenarbeit der Bergregionen (Alpen, Pyrenäen, Karpaten, Balkan usw.) enthalten und spezifische Maßnahmen im Rahmen von *Interreg, Phare, Tacis* und *SAPARD* festlegen, um die Beitrittsländer and angrenzende Regionen in die Maßnahmen für Berggebiete einzubeziehen,

3. hält Forschungsarbeiten der Kommission über die europäischen Berggebiete für entscheidend, um auch eine gemeinsame Klassifizierung der Berggebiete in Europa und ein Nachdenken über die Folgen des Klimawandels sowie die Festlegung eines Gütezeichens für Erzeugnisse aus Berggebieten gemäß den einschlägigen europäischen Normen zu fördern,

4. fordert die Kommission auf, eine klare Definition nach den Kriterien Höhenmeter, Hangneigung, verkürzte Vegetationszeiten sowie entsprechenden Kombinationen dieser Kriterien zu erarbeiten, auf dass Berggebiete und sonstige benachteiligte Gebiete wegen der unterschiedlichen Problemlagen bei der Konzeption von Entwicklungsstrategien und der Förderungsmechanismen klar unterschieden werden können,

5. hält es nachdrücklich für notwendig, den ständigen naturbedingten Nachteil durch Ausgleichszahlungen zu kompensieren; aus diesem Grund müssen diese Ausgleichszahlungen als primäres Element der Berggebietspolitik vorhanden bleiben sowie die Diversifizierung durch verschiedene Ausgleichszahlungen bestehen bleiben; besondere Fördermechanismen sollten für die artgerechte Tierhaltung und den ökologischen Landbau zur Verfügung stehen; im Übrigen sollte ein integriertes Förderkonzept für die Land- und Forstwirtschaft sowie den Tourismus (Ferien auf dem Bauernhof) in den Berggebieten aufgrund ihrer sich ergänzenden und zum Teil voneinander abhängigen Funktionen entwickelt werden,

6. befürwortet eine sukzessive Umschichtung der EU-Finanzmittel für die Landwirtschaft zugunsten der zweiten Säule der Agrarpolitik (Entwicklung des ländlichen Raums), um insbesondere die umwelt- und landschaftspflegerische Funktion der Landwirtschaft bei der Finanzierung zu stärken und dem multifunktionellen Charakter der Landwirtschaft in ökologisch sensiblen Gebieten wie den Berggebieten besonders Rechnung zu tragen,

7. weist nachdrücklich darauf hin, dass neben der Förderung im Rahmen der zweiten Säule eine zusätzliche Förderung der Wirtschaft in benachteiligten Gebieten aus Mitteln der Strukturfonds notwendig ist, wobei der Schwerpunkt insbesondere auf die Bereiche Verkehr, Telekommunikation und Unterstützung der wirtschaftlichen Entwicklung von Unternehmen, die nicht in unmittelbarem Zusammenhang mit Landwirtschaft und Tourismus stehen, gelegt werden muss; ist im Übrigen der Ansicht, dass die notwendige Ausstattung dieser Gebiete mit den wichtigsten grundlegenden Infrastrukturen und Dienstleistungen, sowohl in den Bereichen Bildung, Gesundheit, Verkehr als auch im Hinblick auf die Anbindung an die neuen Kommunikations- und Informationstechnologien, zu den vorrangigsten Aspekten der Entwicklung gehört,

8. lehnt eine allgemeine Aufhebung des Milchquotensystems für die Berggebiete ab, da die Milchproduktion in den Berggebieten und den benachteiligten Gebieten nicht nur ein rein ökonomisches Element darstellt, sondern die in den Gebieten dominierenden kleinstrukturierten Rinderzuchten vielmehr Voraussetzung für die gebotene Landschaftspflege sind, während die Milcherzeugung gleichzeitig ihre wesentliche Lebensgrundlage bildet und die Verarbeitung der Milch auf die Herstellung qualitativ hochwertiger lokaler Erzeugnisse ausgerichtet ist,

9. fordert die Kommission auf, extensive Formen der Viehwirtschaft wie die Mutterkuhhaltung und Haltung von Schafen und Ziegen im Berggebiet zu fördern und entsprechend die Produzenten im Berggebiet mit Mutterkuhquoten sowie Schaf- und Ziegenquoten zu versorgen,

10. fordert, Maßnahmen zum Schutz typischer Bergrinderrassen als Beispiel für die Artenvielfalt sowie zu Gunsten von landwirtschaftlichen Produktionszweigen, die Besonderheiten aufweisen, wie den Weinbau, in Anbetracht ihrer wichtigen Schutzfunktion für die Berggebiete vorzusehen,

11. fordert, dass für die Winzer in den Berggebieten angesichts der erheblichen Umstrukturierungskosten, die die Inan-

spruchnahme der derzeit geltenden Beihilfemaßnahmen sehr erschweren, die Unterscheidung zwischen Anpflanzung von Rebstöcken im Flachland und in den Berggebieten nicht gilt, da die Landwirtschaft in Berggebieten überhaupt nicht mechanisiert werden kann,

12. fordert die Kommission auf, im Rahmen der Politik für die Entwicklung des ländlichen Raums in den Berggebieten regionale, gemeinschaftlich betriebene Verarbeitungs- und Vermarktungsstrukturen sowie die Verarbeitung von Qualitätsprodukten durch Anschubfinanzierungen zu fördern; zu diesem Zweck verpflichtet sich die Kommission, die Möglichkeit zu prüfen, der Qualitätsproduktion in den Berggebieten eine garantierte Ursprungs- und Qualitätsbezeichnung zuzuweisen für die in genau festgelegten und bezeichneten Berggebieten erzeugten und verarbeiteten Erzeugnisse, um eine horizontale Bewertung von geschützten Erzeugnissen zu gewährleisten,

13. weist darauf hin, dass die mit der Agenda 2000 grundsätzlich weiter verfolgte Strategie der Erhöhung der Wettbewerbsfähigkeit und die angestrebte weitere Liberalisierung der landwirtschaftlichen Produktion sowie die verstärkte Weltmarktorientierung den agrarischen Strukturwandel mit seinen negativen regionalen, ökologischen und sozialen Effekten und Aspekten beschleunigen wird; fordert die Kommission auf, in den WTO-Verhandlungen die Anerkennung des multifunktionellen Charakters der europäischen Landwirtschaft sowie beispielsweise die Zulässigkeit auch von regionalen Fördermaßnahmen zur Erhaltung der Umwelt und regionaler Entwicklungschancen in benachteiligten Gebieten auf Dauer durchzusetzen,

14. befürwortet den Abschluss regionaler Konventionen, auch im Rahmen der grenzübergreifenden Zusammenarbeit, nach dem Muster der Alpenkonvention, um die Zusammenarbeit bei der Lösung spezieller regionaler und grenzüberschreitender Probleme zu institutionalisieren und zu intensivieren und damit ein praktisches Beispiel für die Verwirklichung der Idee eines Europa der Regionen zu geben,

15. empfiehlt außerdem, eine Politik zu entwickeln, die es ermöglicht, Hoch- und Mittelgebirgszonen im Rahmen der Strukturpolitik der EU als förderungswürdig einzustufen, wobei kontrollierte Ursprungsbezeichnungen, Gütezeichen und alle landwirtschaftlichen Vereinigungen, deren Erzeugung von erwiesener Qualität ist, bevorzugt als Verwaltungseinheit zugrunde gelegt werden,

16. fordert die Kommission auf, im Hinblick auf das Jahr der Berge 2002 und zur Vorbereitung ihrer Gesamtstrategie die Daten über die Berggebiete auf den neuesten Stand zu bringen,

17. ersucht die Kommission im Hinblick auf diese Gesamtstrategie, die Definition der benachteiligten Gebiete nicht nur in Bezug auf Höhenlage, Klima und Bodenbeschaffenheit, sondern auch in Bezug auf Bevölkerungsdichte und Bevölkerungsentwicklung, Altersstruktur und Möglichkeiten zur Entwicklung wirtschaftlicher Tätigkeiten zu überprüfen,

18. ist der Auffassung, dass, aufbauend auf den Arbeiten im 5. Rahmenprogramm der EU für Forschung und technologische Entwicklung, die für die Berglandwirtschaft spezifische agrarwissenschaftliche Forschung auch im 6. Rahmenprogramm, praxisnah und gebietsbezogen gefördert werden sollte, wobei auch die Bestimmung und Überprüfung der agrarpolitischen Ziele und Maßnahmen einzubeziehen ist; die Ergebnisse sollten systematisch verbreitet und bei der Bildung und Beratung in der Landwirtschaft angewendet werden,

19. betont die Notwendigkeit, die Chancengleichheit von Männern und Frauen zu fördern und geeignete Aus- und Weiterbildungsprogramme für Junglandwirte bereitzustellen, um eine nachhaltige Bewirtschaftung der landwirtschaftlichen Flächen sicherzustellen und die betriebswirtschaftliche Effizienz der Betriebe zu steigern,

20. weist darauf hin, dass die Landwirtschaft in den Berggebieten der Beitrittsländer aufgrund der naturgegebenen Nachteile noch deutlich weniger wettbewerbsfähig ist als die Landwirtschaft in den Beitrittsländern im Allgemeinen; fordert die

Kommission auf, die Zielrichtung und Mittel des Heranführungsprogramms für die Beitrittsländer *(SAPARD)* im Hinblick auf die Landwirtschaft in den Berggebieten der Beitrittsländer zu überprüfen; fordert die Kommission weiter auf, im Hinblick auf die Berggebiete ein schlüssiges Konzept der Strukturförderung für den Ende 2003 anstehenden mid-term-review sowie die Zeit nach 2006 zu entwickeln, das der Erweiterung Rechnung trägt,

21. ist der Auffassung, dass für Berggebiete, die aufgrund der Intensivierung des Wettbewerbs um Strukturförderung im Rahmen der Erweiterung weniger EU-Strukturförderung als bisher erhalten werden, nationale und regionale Ausgleichsmaßnahmen und gegebenenfalls Ausnahmeregelungen von den EU-Rechtsvorschriften über die staatlichen Beihilfen für die Betriebe getroffen werden müssen,

22. dringt angesichts der Ab- und Auswanderung, unter der die Berggebiete zu leiden haben, darauf, dass politische Maßnahmen zur Wiedereingliederung von Zuwanderern getroffen werden, die unter sozioökonomischen Gesichtspunkten durchführbar sind,

23. hält es für notwendig, dass die Wettbewerbspolitik, insbesondere bei der Begrenzung der staatlichen Beihilfen den wirtschaftlichen Besonderheiten der Berggebiete auch im Bereich des Fremdenverkehrs Rechnung trägt,

24. unterstreicht, dass die lokalen Verkehrsnetze und dabei insbesondere Zufahrtsstraßen und Zufahrtswege zu Höfen, Almen und Wäldern in den Berggebieten unter Beachtung der Grundsätze der Nachhaltigkeit substantiell verstärkt werden müssen, um die Berggebiete als Lebens-, Natur- und Wirtschaftsraum zu sichern; zu diesem Zweck verpflichtet sich die Europäische Kommission, in Absprache mit den Mitgliedstaaten dafür Sorge zu tragen, dass im Rahmen von Strukturbeihilfen Aufstiegsanlagen eingerichtet werden, wodurch eine globale und übergreifende Entwicklung der Berggebiete sichergestellt werden kann und der Grundsatz der Multifunktionaliät des gesamten Alpenraums berücksichtigt wird,

25. fordert die Kommission auf, in Berggebieten, die unter hohem und umweltbelastendem Verkehrsaufkommen, im Besonderen den Transitverkehr betreffend, leiden, raumordnerische und strukturelle Maßnahmen zu fördern, die auf eine Verlagerung der Transportleistungen im Personen- und Güterverkehr auf das jeweils umweltverträglichere Verkehrsmittel und intermodale Transportsysteme abzielen,

26. unterstreicht, dass eine nachhaltige Entwicklung der Tourismuswirtschaft, die sich auf die Qualität der Angebote und Dienstleistungen stützt, zur Erhaltung und Aufwertung des natürlichen Erbes und der Wirtschaftskraft in den Berggebieten entscheidend beitragen kann und fordert die Kommission deshalb auf, die Teilnahme der Bauern an der touristischen Wertschöpfung im Berggebiet zu fördern, indem bäuerliche Tourismusangebote stärker unterstützt werden,

27. weist darauf hin, dass die lokale Vermarktung lokaltypischer Produkte der Berglandwirtschaft und dem Tourismus vor Ort Vorteile bringt; bei den von der EU geforderten hygienischen Standards ist durch die kurzen Wege eine höhere Qualität garantiert; im Idealfall liegen Produktion, Veredelung und Vermarktung von landwirtschaftlichen Produkten an einem Ort; für solche effizienten und nachhaltigen Wirtschaftsstrukturen in Berggebieten – zum Beispiel Bauernmärkte, Ferien auf dem Bauernhof, Ab-Hof-Verkauf – müssen unter regionaler Kontrolle einfache Rahmenbedingungen geschaffen werden, so dass ein möglichst unbürokratisches und praxisnahes Gestalten möglich wird,

28. betont, dass die Berggebiete in Europa nur in ihrer unteilbaren Charakteristik, getragen von lokaler Kultur, lokaltypischer Landwirtschaft im globalen Tourismusmarkt ihre Marktnischen finden können,

29. befürwortet die prioritäre Förderung von Handwerk, Handel, Gewerbe und Dienstleistung in den Berggebieten im Rahmen von EU-Programmen zur Mittelstandsförderung sowie im Rahmen des EU-Programms zur ländlichen Entwicklung, um die Lebensbedingungen der Bevölkerung zu verbessern,

30. fordert die Kommission auf, in der Gesamtstrategie für die Berggebiete besondere Förderungsmechanismen für die bevorzugte Nutzung erneuerbarer Energieträger in den Berggebieten unter umwelt- und landschaftsverträglichen Bedingungen, insbesondere die rationelle Nutzung von Wasserressourcen und von Holz aus nachhaltiger Bergwaldwirtschaft, vorzusehen,
31. fordert seine Präsidentin auf, diese Entschließung dem Rat, der Kommission und den Ländern, mit denen Verhandlungen über den Beitritt zur EU geführt werden, zu übermitteln.

Begründung

1. Einführung: 2002, das Jahr der Berge

Im November 1998 proklamierte die Generalversammlung der UNO das Jahr 2002 zum Internationalen Jahr der Berge. Auf internationaler, nationaler, regionaler und lokaler Ebene sollen Aktivitäten stattfinden, um die nachhaltige Entwicklung der Berggebiete zu fördern. Verantwortlich für die Koordination der internationalen Aktivitäten innerhalb der UNO ist die Ernährungs- und Landwirtschaftsbehörde FAO. Als Hauptziele für das Internationale Jahr der Berge 2002 sieht die FAO die Bewusstseins- und Wissensbildung über Gebirgsökosysteme, ihre Dynamik und ihr Funktionieren, Fördern und Erhalten des kulturellen Erbes von Berggemeinden sowie Erhalt und nachhaltige Entwicklung der Ressourcen in den Bergregionen für die Lebensqualität der Menschen heute und in Zukunft. Die EU, in der die Berggebiete etwa 30 Prozent der Fläche und rund 20 Prozent der landwirtschaftlich genutzten Fläche ausmachen (in einigen Mitgliedsländern wie Italien, Spanien, Portugal, Griechenland und Österreich beträgt der Anteil der Berggebiete mehr als 50 Prozent des Staatsgebiets), sollte das Jahr der Berge deshalb zum Anlass nehmen, die spezifischen Anliegen der Gebirgsregionen in der EU wie auch im Zusammenhang mit globalen Entwicklungen zum Ausdruck zu bringen und Vorschläge für Sicherstellung einer nachhaltigen Entwicklung dieser Gebiete zu erarbeiten.

2. Eine Gesamtstrategie der EU für die Berggebiete

Die Kommission ist insoweit gefordert, eine Mitteilung an den Rat und das Europäische Parlament vorzulegen, in der die Position und die Aktionen der EU im Hinblick auf das von den Vereinten Nationen proklamierte Jahr der Berge 2002 dargelegt werden. Diese Mitteilung sollte darüber hinaus, unter Berücksichtigung der Erweiterung, ein Gesamtkonzept der EU für die nachhaltige Entwicklung der Berggebiete in der EU einschließlich der Sicherung der Landwirtschaft (das heißt auch eine Revision der Richtlinie 268/75 über die Landwirtschaft in Berggebieten und anderen benachteiligten Gebieten) vorstellen und Vorschläge für eine Weiterentwicklung beinhalten.

Ein solches – europäisches – Konzept ist erforderlich, weil in Europa eine Vielzahl von Berggebieten Grenzen übergreifen: von den Alpen zum Kaukasus und Balkan, von den Pyrenäen zu den Karpaten. Viele der gemeinsamen Probleme können besser mit einem länderübergreifenden Ansatz gelöst werden. Dabei muss natürlich berücksichtigt werden, dass die Berggebiete Europas zum Teil auch vor sehr unterschiedlichen Herausforderungen stehen (beispielsweise ist der Tourismus für einige Gebiete, wie in Österreich und in Norditalien von herausragender Bedeutung, während er in den südlichen Abruzzen nur eine marginale Rolle spielt) und auch keineswegs alle Berggebiete zu den einkommensschwachen Regionen gehören. Die Erweiterung der EU wird diesen Aspekt noch verstärken. Das Konzept der EU für die Berggebiete, das einen gemeinsamen Nenner für die Alpen wie für die Karpaten bilden soll, muss deshalb strikt den Subsidiaritätsgrundsatz beachten und sich auf Wege und Mittel zur Lösung der essentiellen gemeinsamen Grundprobleme konzentrieren. Die Erfahrungen mit der Alpenkonvention und den zugehörigen Protokollen zeigen, dass – wenn auch unter Schwierigkeiten – ein länderübergreifender Ansatz, der gemeinsame

Das Europäische Parlament in Straßburg

Ziele und Aktionen zur Lösung der besonderen Probleme der Berggebiete in einem Rahmen integriert, formuliert werden kann. In einem solchen Ansatz müssen die Bereiche Land- und Waldwirtschaft, Verkehr, Tourismus, Energie- und Wasserwirtschaft, regionale Raumplanung, Naturschutz (Biodiversität) und die Erhaltung des gemeinsamen kulturellen Erbes integriert und aufeinander abgestimmt werden. Die Landwirtschaft spielt dabei aufgrund ihres multifunktionellen Charakters eine entscheidende Rolle. Dabei geht es nicht um die Ausarbeitung einer neuen spezifischen Strukturpolitik oder einer neuen Kohäsionspolitik, in deren Rahmen die gleichen Kriterien auf alle Berggebiete angewandt werden, sondern vielmehr um die Anpassung und Koordinierung der bestehenden Instrumente an die lokalen Gegebenheiten zur Verwirklichung des wirtschaftlichen und sozialen Zusammenhalts der Union.

3. Die Bedeutung der Berggebiete und der Berglandwirtschaft

Die Berggebiete stellen für ganz Europa ein einzigartiges natürliches und kulturelles Erbe dar. Der Schutz dieses einzigartigen Erbes, die Erhaltung des hydrologischen und landschaftlichen Gleichgewichts, der Schutzfunktion des Waldes, der Artenvielfalt, der freien Flächen und der Möglichkeiten zur Aufnahme von Besuchern, die Ruhe, Erholung und Entspannung suchen, ist eine Aufgabe, die von den Regionen und Ländern und der EU gemeinsam angegangen werden muss. Die EU ist besonders da gefordert, wo grenzüberschreitende Probleme zu lösen sind, aber auch und vor allem da, wo sie aufgrund ihrer vertraglichen Zuständigkeit, insbesondere bei der Landwirtschafts- und Strukturpolitik und der Verkehrspolitik eine besondere Verantwortung für eine nachhaltige Entwicklung der betroffenen Gebiete trägt. Hierzu ist aber zunächst eine klare Definition von Berggebieten erforderlich. Ausgehend von der bisherigen EU-Praxis sollten grundsätzlich nur verwaltungsmäßig abgegrenzte Gebiete mit mehr als 50 Prozent der landwirtschaftlich genutzten Fläche über mindestens 600 Meter (gegebenenfalls auch mit einem höheren Limit bis zu 1000 Meter, je nach einer festzulegenden Zahl frostfreier Tage) und verkürzten Vegetationszeiten in Betracht kommen sowie Gebiete, deren durchschnittliche Hangneigung 20 Grad überschreitet. Berggebiete und sonstige benachteiligte Gebiete müssen im Übrigen wegen der unterschiedlichen Problemlagen bei der Konzeption von Entwicklungsstrategien und der Förderungsmechanismen klar unterschieden werden.

Eine entscheidende Rolle für die Zukunft der Berggebiete spielt der Landwirtschaftssektor. Die Bergbauern erbringen bei nachhaltiger Bewirtschaftung erhebliche Leistungen für die Allgemeinheit. Sie

- sichern die dauerhafte Erhaltung der Kultur- und Naturlandschaft und die Bewirtschaftung der Almflächen
- sorgen für die Produktion von hochwertigen Nahrungsmitteln
- wirken entscheidend mit bei der Abwehr von Gefahren durch Naturkatastrophen wie Lawinen, Muren, Steinschlag und Hochwasser
- schützen die Biodiversität, den Wald und die Gewässer
- erfüllen eine Mindestbesiedelungsfunktion und eine Basisfunktion für den Tourismus, der gerade in Berggebieten erheblich zur Wertschöpfung beiträgt, ohne dass die Landwirte davon angemessen profitieren,

Es ist allgemein anerkannt, dass die landwirtschaftliche Produktion in den Berggebieten aufgrund des nachteiligen Reliefs, der oft schlechten und wenig ertragreichen Böden und des oft rauen Klimas erheblich gegenüber der Landwirtschaft in der Ebene benachteiligt ist. Die Produktivität der Landwirtschaft in den Berggebieten wird aufgrund dieser nicht behebbaren Nachteile immer geringer als bei den automatisierten Agrarsystemen des Flachlands und der Täler sein. Die starke Neigung der Anbau- oder Weideflächen erschweren den Einsatz von Maschinen oder schließen ihn sogar vollkommen aus, was eine erhöhte Arbeitsintensität nach sich zieht. Die längeren Frostperioden und teilweise geringere Niederschläge mindern die Rentabilität und weite Entfernungen zu Verbraucherzentren erhöhen die Kosten. Zahlungen an die Landwirte zum Ausgleich dieser Benachteiligungen werden deshalb auf Dauer notwendig sein, wenn man die Landwirtschaft in den Berggebieten aufgrund ihrer Bedeutung für die Sozialstruktur, die Wirtschaft und die Umwelt erhalten will.

Vor diesem Hintergrund eines voraussichtlich permanent notwendigen Beihilfensystems für die Landwirtschaft muss aber alle finanzielle Förderung darauf ausgerichtet sein, dass die Bevölkerung und die Gemeinden in den Berggebieten selbst für eine nachhaltige, sich selbst tragende wirtschaftliche Entwicklung sorgen kann.

Die wirtschaftlich schwierige Lage der zumeist kleinen landwirtschaftlichen Betriebe in den Berggebieten zwingt die Bergbauern zu einem Großteil, ihre Einkommen aus der Agrarwirtschaft durch nichtlandwirtschaftliche Erwerbstätigkeiten zu ergänzen. Die Verdienstmöglichkeiten in den Städten und im Flachland sind besser (und die Einkommensschere öffnet sich im Übrigen weiter), die Arbeitsbelastung in der Berglandwirtschaft ist hoch, und die isolierte Lage der Höfe macht die Arbeit auf den Bergbauernhöfen immer weniger attraktiv. Daraus resultiert eine erhebliche Gefahr für die Bevölkerungsstruktur in den Berggebieten.

Die Abwanderungstendenzen werden sich ohne massive Strukturförderung weiter verstärken. Bereits im Santini-Bericht (A4-0368/98) wird nachdrücklich auf die Gefahr der Verödung der Berggebiete durch den Weggang gerade der jüngeren Bevölkerung hingewiesen. Besonders drastische Beispiele gibt es auf dem Peloponnes, aber auch in den Seealpen und in den Abruzzen. In manchen dieser Gebiete ist es nicht mehr ungewöhnlich, dass ganze Ortschaften verwaist sind, die Zugangswege verfallen und notwendige Infrastrukturen fehlen. Die Bergflucht der Bevölkerung ist nach feuerökologischen Analysen offenbar auch für die Häufung von Waldbränden in Südeuropa verantwortlich. Das Aufgeben traditioneller Landnutzung führt demnach zur Verwilderung ehedem gepflegter Kulturlandschaften. Der Wildwuchs von Büschen und Bäumen erhöht dann die brennbare Biomasse und somit das Brandrisiko, vor allem im Mittelmeerraum, wo das trockene Klima die Entstehung von Bränden zusätzlich begünstigt.

Diese Tendenz kann nur aufgehalten werden, wenn die junge Bevölkerung realistische Perspektiven auf auskömmliche Arbeit hat und die nötigen Basisinfrastrukturen (Verkehrswege, Verkehrsmittel, Schulen, Krankenhäuser, Apotheken usw.) vorhanden sind. Zwar haben sich die mit der Richtlinie 268/75 eingeführten Ausgleichszulagen im Hinblick auf eine Verlangsamung der Abwanderung der Agrarbevölkerung aus den Berggebieten positiv ausgewirkt. Auch die Strukturhilfen der Gemeinschaft wie *Leader* und *Interreg* tragen zur Verbesserung der wirtschaftlichen Rahmenbedingungen bei. Die allgemeine Tendenz haben sie jedoch soweit ersichtlich nicht umkehren können (nur in Gebieten, in denen der Tourismus besonders stark ausgeprägt ist, hat sich die wirtschaftliche Situation nachhaltig verbessert). Ausreichende Infrastrukturen und wirtschaftliche Faktoren sind entscheidend für die Ansiedlung und das Verbleiben der Bevölkerung. Das gilt auch für die Aufrechterhaltung der landwirtschaftlichen Betriebe in Berggebieten. Die Bergbauern verstehen sich zunehmend als Unternehmer und Manager, die klar zwischen Anbauflächen mit hohem agronomischem Wert und schwierigen, wenig ertragreichen Flächen unterscheiden, deren Bewirtschaftung nur aus ökologischen Gründen und mit finanzieller Unterstützung durch die Gesellschaft lohnt. Die Strukturförderung für die Landwirtschaft in den Berggebieten muss deshalb, auch unter Berücksichtigung der Erweiterung der EU, substantiell schrittweise erhöht werden, um die Aufgabe insbesondere kleinbäuerlicher Betriebe, die Abwanderung und damit die irreversible Verödung ganzer Landstriche und die Verschlechterung der Umweltbedingungen zu vermeiden. Das gilt auch für Gebiete, die derzeit stark vom Tourismus profitieren, da der Erholungswert der Berggebiete entscheidend von der landschaftspflegerischen Wirkung der Agrarwirtschaft abhängt. Das allmähliche Verschwinden der landwirtschaftlichen Betriebe würde hier wie ein negativer wirtschaftlicher Katalysator wirken, der zu einer raschen Verarmung der betroffenen Berggebiete führen könnte.

Die Erhaltung der Land-, Forst- und Weidewirtschaft in den Bergen ist deshalb unerlässlich und muss weiterhin einer der Grundpfeiler der Gemeinschaftsmaßnahmen in diesen Gebieten sein. Dabei ist die allgemeine Beibehaltung der Milchquoten zwingend erforderlich, damit kleine landwirtschaftliche Betriebe gegenüber den Großbetrieben konkurrenzfähig sind.

Darüber hinaus wäre auch zu überlegen, die kleinen Milcherzeuger in den Berggebieten von der Milchquotenregelung auszunehmen, wenn die Milcherzeugung ihre wesentliche Lebensgrundlage bildet und die Verarbeitung der Milch auf die Herstellung qualitativ hochwertiger lokaler Erzeugnisse ausgerichtet ist. Die Mitgliedstaaten sollten aber jedenfalls die Möglichkeit aus der Verordnung 3950/92 wahrnehmen, in Übereinstimmung mit der Kommission, die nationalen Quoten bei der Milchproduktion den Berggebieten als prioritären Gebieten zuzuweisen und damit die Landwirte in Berggebieten von Überschusszahlungen bei Überschreitung der Quote zu befreien. Die Förderung der Produktion sollte grundsätzlich an die Fläche gebunden sein und es sollten besondere Fördermechanismen für die artgerechte Tierhaltung und den ökologischen Landbau eingerichtet werden. Im Übrigen muss die Berglandwirtschaft auf die Erzeugung von Qualitätserzeugnissen ausgerichtet sein. Ursprungskennzeichnungen können bei entsprechendem Marketing zu einem dauernden Vorteil ausgebaut werden.

Zu denken ist auch daran, regionale Verarbeitungs- und Vermarktungsstrukturen sowie die Entwicklung von Verfahren der ökologischen Landwirtschaft verstärkt zu unterstützen und die Verarbeitung von Qualitätsprodukten durch Anschubfinanzierungen zu fördern. Schließlich sollte auch die naturgemäße Waldbewirtschaftung als zusätzliche Einkommensgrundlage der landwirtschaftlichen Betriebe sowie als Nebenerwerbstätigkeit der in der Landwirtschaft Beschäftigten unterstützt werden.

In diesem Zusammenhang muss die zweite Säule der EU-Agrarpolitik, die Entwicklung des ländlichen Raums, massiv ausgebaut werden und insbesondere die umwelt- und landschaftspflegerische Funktion der Landwirtschaft bei der Finanzierung gestärkt werden, um dem multifunktionellen Charakter der Landwirtschaft, vor allem in benachteiligten Regionen und ökologisch sensiblen Gebieten wie den Berggebieten, angemessen Rechnung zu tragen.

Das Europäische Parlament in Brüssel

4. Die Folgen der Liberalisierung für die Berglandwirtschaft

Die mit der Agenda 2000 grundsätzlich weiter verfolgte Strategie der Erhöhung der Wettbewerbsfähigkeit und die angestrebte weitere Liberalisierung der landwirtschaftlichen Produktion sowie die verstärkte Weltmarktorientierung wird den agrarischen Strukturwandel mit seinen negativen regionalen, ökologischen und sozialen Effekten und Aspekten beschleunigen und stellt eine zusätzliche Gefahr für die Berglandwirtschaft dar. Erklärtes Ziel der Handelspolitik der EU bei den WTO-Verhandlungen ist die weitere Liberalisierung der Märkte. Es ist offensichtlich, dass die weitere Öffnung des EU-Marktes im Agrarbereich zu einer weiteren Belastung der europäischen Landwirtschaft führen wird, auch wenn die Kommission versucht, durch eine möglichst breite Agenda bei der nächsten WTO-Runde Spielräume für die Aufrechterhaltung eines gewissen Schutzes der europäischen Landwirtschaft zu gewinnen. Über allgemeine Ausgleichsmaßnahmen zu Gunsten der Landwirtschaft hinaus muss die Kommission aber darauf achten, dass eine zusätzliche Unterstützung der Landwirtschaft in benachteiligten Gebieten wie den Berggebieten, die durch natürliche dauernde Handikaps (Relief, Klima, Isoliertheit) gekennzeichnet sind und höhere Produktionskosten aufweisen, zulässig bleibt. Darüber hinaus muss auch die bisher für die Allgemeinheit kostenlos erbrachte »Produktion von Umwelt« ausreichend honoriert werden und auch unter künftigen WTO-Regeln zulässig bleiben.

5. Regionale Konventionen zur Unterstützung der Berggebiete

Regionale Konventionen nach dem Modell der Alpenkonvention können wirkungsvolle Instrumente zur Umsetzung der Idee des Europa der Regionen sein. Insbesondere in grenzüberschreitenden Bergregionen können verpflichtende und den speziellen Problemen des betroffenen Gebietes Rechnung tragende Vereinbarungen hilfreiche Instrumente für eine konstruktive und angepasste Problemlösung zum Nutzen der Bevölkerung und der Natur sein. Solche regionale Konventionen sind sicher keine Allheilmittel, aber sie sind geeignet, ein Bewusstsein für die Notwendigkeit gemeinsamer Problemlösungsstrategien zu schaffen.

Dieses System von regionalen Konventionen im Sinne des Europa der Regionen hat auch den Vorteil, dass es Antworten auf regionale Realitäten gibt und ein Gegengewicht zu europaweit gültigen Regelungen geben kann. Die Umsetzung des Gedankens der Nachhaltigkeit geschieht mit Sicherheit nicht nur durch das Verfassen von Konventionen. Aber der Prozess dazu, der auf dem Subsidiaritätsprinzip beruht, führt zu einer Bewusstseinsbildung, welche gemeinsame Lösungen für gemeinsame Probleme erleichtert.

6. Forschung und technologische Entwicklung, Bildung

Zur Vorbereitung ihrer Gesamtstrategie sollte die Kommission umgehend im Hinblick auf das Jahr der Berge 2002 die Daten über die Berggebiete auf den neuesten Stand bringen. Daneben muss auch, aufbauend auf den Arbeiten im 5. Rahmenprogramm der EU für Forschung und technologische Entwicklung, die Förderung der für die Berglandwirtschaft spezifischen agrarwissenschaftlichen Forschung auch im 6. Rahmenprogramm, praxisnah und gebietsbezogen weitergeführt werden. In diese Forschungen sollte auch die Bestimmung und Über-

Das Breydel-Gebäude, Sitz des EU-Kommissionspräsidenten Romano Prodi.

prüfung der agrarpolitischen Ziele und Maßnahmen einbezogen werden. Die Ergebnisse sollten systematisch verbreitet und bei der Bildung und Beratung in der Berglandwirtschaft angewendet werden. Besonderes Augenmerk ist einer angepassten Nutzung der erneuerbaren Energien zu widmen, da die Berggebiete ein hohes Potential zur Nutzung der Wasser- und Windkraft haben. Die neuen Informationstechnologien können im Übrigen entscheidend dazu beitragen, die schlechte Zugänglichkeit mancher Gebiete auszugleichen und moderne betriebswirtschaftliche Methoden zu nutzen. Darüber hinaus sind auch besondere Aus- und Weiterbildungsmaßnahmen für Junglandwirte erforderlich, um eine optimale betriebswirtschaftliche Bewirtschaftung der Höfe zu sichern.

7. Verkehr

Wie bereits erwähnt, sind die Verkehrsnetze in vielen Berggebieten vor allem in Südeuropa, nicht ausreichend entwickelt. Dies erschwert die Verbindung und den Transport von Personen und Waren zu lokalen Zentren und Warenumschlagplätzen und verringert die Wettbewerbsfähigkeit der Betriebe in den Berggebieten. Die Verkehrsnetze in den Berggebieten unter Beachtung der Grundsätze der Nachhaltigkeit müssen deshalb substantiell verstärkt werden, um diese Berggebiete als Lebens-, Natur- und Wirtschaftsraum zu sichern. Auf der anderen Seite gibt es Berggebiete, wie die Zentralalpen, die von einer Überlastung durch den Durchgangsverkehr gekennzeichnet sind und wo der Verkehr eine dauernde schwere Belastung für die Bevölkerung und eine Gefahr für die Umwelt darstellt. Hier muss die EU im Rahmen ihrer Zuständigkeit für die »transeuropäischen Netze« dafür sorgen, dass nicht lediglich Gesichtspunkte des reibungslosen Verkehrs mit maximaler Kapazität der Verkehrsinfrastrukturen im Vordergrund der Verkehrspolitik stehen, sondern dass nur solche Transportsysteme gefördert werden, die umwelt- und sozialverträglich sind. Das bedeutet, dass in Berggebieten, die unter hohem und umweltbelastendem Verkehrsaufkommen leiden, raumordnerische und strukturelle Maßnahmen zu fördern sind, die auf eine Verlagerung der Transportleistungen im Personen- und Güterverkehr auf das jeweils umweltverträglichere Verkehrsmittel und intermodale Transportsystem abzielen.

8. Die Erweiterung

Die ersten Beitritte werden für das Jahr 2004 erwartet, ohne dass Klarheit über die Agrarförderung in einer erweiterten Gemeinschaft besteht. Da die Landwirtschaft in den Berggebieten der Beitrittsländer aufgrund der naturgegebenen Nachteile noch deutlich weniger wettbewerbsfähig ist als die Landwirtschaft in den Beitrittsländern im Allgemeinen, besteht hier die Gefahr vollständiger Marginalisierung der Berggebiete und der dortigen Landwirtschaft in den Beitrittsländern. Dies könnte weitreichende negative Konsequenzen haben. Beispielsweise sind die Berggebiete in Polen (vor allem die Karpaten und Sudeten) unter natürlichem und landschaftlichem Aspekt für ganz Polen wichtig, insbesondere im Hinblick auf ihre hydrologische Funktion, da Polen unter erheblichem Wassermangel leidet. In Rumänien, das zwar voraussichtlich erst später beitreten wird, werden bei 3,6 Millionen Bewohnern in den Berggebieten rund eine Million landwirtschaftliche Betriebe mit einer durchschnittlichen Fläche von nur drei Hektar bewirtschaftet. Die dabei erzielten Verdienste sind dementsprechend minimal und die sozioökonomischen Auswirkungen auf diese Gebiete nach einem Beitritt Rumäniens zur EU werden nur bei massiver finanzieller Hilfe einigermaßen erträglich sein. Die Kommission muss deshalb dringend die Zielrichtung und Mittel des Heranführungsprogramms für die Beitrittsländer *(SAPARD)* im Hinblick auf die Landwirtschaft in den Berggebieten der Beitrittsländer überprüfen. Für Berggebiete, die aufgrund der Erweiterung weniger EU-Strukturförderung als bisher erhalten würden, müssen nationale und regionale Ausgleichsmaßnahmen und gegebenenfalls Ausnahmeregelungen von den EU-Rechtsvorschriften über die staatlichen Beihilfen für die Betriebe getroffen werden.

3. KAPITEL

Die Vorgeschichte

Die Gemeinsame Agrarpolitik allgemein und die Gemeinschaftsinitiativen zugunsten der Berggebiete im Besonderen stellen heute das komplexe, von Nachhaltigkeit, Multifunktionalität und Wettbewerbsfähigkeit gekennzeichnete europäische Agrarmodell dar. Es ist zugleich auch ein Kompromiss von zahlreichen verschiedenen Interessen, wobei die Planung einer dauerhaften und umweltgerechten Entwicklung eine schwierige Gratwanderung zwischen den Anforderungen des wirtschaftlichen Wettbewerbs und der Nachhaltigkeit zu bewältigen hat. Dabei prallen vor allem immer wieder zwei grundsätzlich voneinander verschiedene Überzeugungen aufeinander: Die eine besteht darin, den Landwirtschaftssektor allein als primären Wirtschaftssektor zu definieren und die Produktionsfunktion der Landwirtschaft im Vordergrund zu sehen. Ihre Anhänger sind prinzipiell gegen Sonderregelungen für die Landwirtschaft und halten an gängigen Wettbewerbsregeln fest. Die andere Überzeugung hingegen zeichnet sich dadurch aus, dass sie der Landwirtschaft einen Sonderstatus gegenüber dem sekundären und tertiären Sektor einräumt. Ihre Anhänger unterstreichen den grundlegenden Zusammenhang zwischen umweltgerechter Landwirtschaft, Lebensmittelsicherheit, räumlicher Ausgewogenheit, Landschafts- und Umweltschutz sowie Ernährungssicherheit und fordern aufgrund dieses besonderen Charakters der Landwirtschaft einen Ausgleich daraus resultierender Wettbewerbsnachteile.

WETTBEWERBSFÄHIGKEIT

Die Fähigkeit landwirtschaftlicher Unternehmen, den Binnenmarkt und den Weltmarkt zu attraktiven Preisen zu versorgen und zusätzlich die von der Gesellschaft erwarteten Dienstleistungen für den ländlichen Raum und den Umweltschutz zu erbringen.

Europäische Kommission
Generaldirektion Landwirtschaft, 2000

Die Europäische Union versucht aufgrund der Herausforderungen der Globalisierung sowie aufgrund der unterschiedlichen Bedingungen in den EU-Mitgliedstaaten die beiden Konzepte soweit als möglich miteinander zu verbinden. In der Tat kann beiden Argumentationen Positives abgewonnen werden, doch ist der produktionsorientierten Haltung hinzuzufügen, dass nicht allein in der Gewinnmaximierung eine ausreichende Zielsetzung gefunden werden kann, sondern dass neben quantitativen Kriterien ebenso auch qualitative eine Rolle spielen. Von daher können Förderungen sehr wohl angebracht sein. Allerdings muss hierbei wiederum beachtet werden, dass auch in der Landwirtschaft die Fixkostendegression gilt, dass also Großbetriebe in der Regel von diesen Förderungen ausgeschlossen und die Förderungen selbst degressiv sein sollten. Nicht selten vorzufindende Ungerechtigkeiten und Missbräuche der Gemeinsamen Agrarpolitik sollten dergestalt korrigiert werden, dass der Gesamtbetrag für Direktbeihilfen degressiv – das heißt je größer die Betriebe umso weniger die Beihilfen – gestaltet wird, dass also die finanziellen Unterstützungen von Seiten der EU mit zunehmender Größe der landwirtschaftlichen Betriebe schrittweise abnehmen würden. Damit könnte verhindert werden, dass Großbetriebe zu hohe Subventionen erhalten. Degressive Ausgleichszahlungen erscheinen auch deshalb als gerechtfertigt, da nicht alle Landwirte in gleicher Weise am Wettbewerb der immer stärker liberalisierten und globalisierten Märkte teilnehmen können. Großbetriebe können zweifelsohne aus bestimmten Wettbewerbsvorteilen Nutzen ziehen, während kleinere und mittlere Betriebe oftmals schon ein großes Informationsdefizit im Bereich der Finanzierungsmöglichkeiten aufweisen. Dies führt wiederum zu Wettbewerbsverzerrungen, denen entgegenzuwirken ist. Heute ist es bedauerlicherweise zum Teil noch so, dass die Großbetriebe die allermeisten Förderungen erhalten. Die Herausforderung für die Zukunft besteht indes darin, die produktionsorientierte

NACHHALTIGKEIT

Im 5. Umweltaktionsprogramm der Gemeinschaft wird eine dauerhafte und umweltgerechte und damit nachhaltige Entwicklung definiert als »Entwicklung, die die Bedürfnisse der Gegenwart einlöst, ohne die Fähigkeit der künftigen Generationen, ihre Bedürfnisse zu erfüllen, zu beeinträchtigen«.

Europäische Kommission
Generaldirektion Landwirtschaft, 2000

ebenso wie die soziale Komponente zu beachten und von der Landwirtschaft zusätzlich erbrachte gesellschaftliche Leistungen entsprechend zu entgelten. Der Landwirt ist schließlich ein Unternehmer und nicht bloßer Subventionsempfänger; ebenso kann er nicht als bloßer Landschaftsgärtner abqualifiziert werden. Er steht im Zentrum der Auseinandersetzungen der neuen Realitäten und Herausforderungen des landwirtschaftlichen Sektors, zwischen Globalisierung des Welthandels und Qualitätsansprüchen der Verbraucher, Erweiterung der Union um neue Kandidatenländer und Erhalt des bisher Erreichten in den alten EU-Mitgliedstaaten. Dieser zentralen Rolle muss die Politik Rechnung tragen.

Direkte Beihilfen sollen außerdem solchen Landwirten vorbehalten sein, die tatsächlich eine Landwirtschaftstätigkeit ausüben.

Gleich zu Beginn meiner ersten Legislaturperiode im Europäischen Parlament Mitte der neunziger Jahre kam ich selbst erstmals mit dieser Thematik auf europäischer Ebene in Kontakt. Dr. Joachim Dalsass, der seit 1979 in Brüssel war, hatte mich am Ende seiner dritten Legislaturperiode auf einer Versammlung auf die Möglichkeit einer Kandidatur für das Europäische Parlament angesprochen. Was zunächst nur eine Idee war, wurde schließlich Ernst. Dr. Dalsass sprach mich auch schon früh auf die Bedeutung der Gemeinsamen Agrarpolitik im Allgemeinen und auf die Politik zugunsten der Berggebiete – insbesondere für Südtirol – an. Daher versuchte ich nach meiner Wahl ins Europäische Parlament 1994, Mitglied des

DIE GEMEINSAME AGRARPOLITIK

Die GAP hat verschiedene Maßnahmen eingeführt, die die Sicherheit des Verbrauchers garantieren sollen: Hygienevorschriften für Nahrungsmittel, Veterinär- und Pflanzenschutzmaßnahmen, Überwachung von Tierkrankheiten. Fast 500 europäische Lebensmittelerzeugnisse erhielten 1999 eine geschützte Bezeichnung: zum Beispiel geschützte Ursprungsbezeichnung, geschützte geographische Angabe, oder wurden als garantiert traditionelle Spezialität ausgezeichnet.

Europäische Kommission, 2001

Landwirtschaftsausschusses zu werden, was sich jedoch aufgrund der Relevanz dieses Ausschusses als sehr schwierig erwies. Glücklicherweise konnte ich auf gute Kontakte mit früheren Kollegen aus Rom zählen, wobei mir vor allem On. Gerardo Bianco und On. Pierluigi Castagnetti – beides Kollegen des PPI in der Fraktion der Europäischen Volkspartei – sehr hilfreich waren.

Innerhalb weniger Monate wurde im Ausschuss für Landwirtschaft und ländliche Entwicklung beschlossen, dass die EVP/ED-Fraktion einen Bericht zur Reform der Marktordnung für den Obst- und Gemüsesektor verfassen sollte. Obwohl ich meine Tätigkeit als Europaparlamentarier gerade erst begonnen hatte, wurde ich von diversen Kollegen aufgefordert, mich für den Bericht als Berichterstatter zu bewerben; auf nationaler Ebene konnte ich als Mitglied im Ausschuss für Landwirtschaft des Abgeordnetenhauses in Rom wichtige Erfahrungen sammeln – so beispielsweise was den Nord-Süd-Ausgleich betrifft –, die mir nunmehr auch auf europäischer Ebene hilfreich sein sollten. Inhaltlich war ich sozusagen sattelfest, doch waren mir damals noch die parteipolitischen Kalküle in Brüssel nicht bekannt und so stürzte ich relativ unvorbereitet geradewegs in eine Koalition von deutschen und spanischen Christdemokraten, die nicht im Geringsten daran dachten, meine Kandidatur zu unterstützen. So stellten sich die zahlreichen Unterstützungsbekundungen vor der Wahl anschließend als heiße Luft heraus. Die Wahl ging schließlich an meinen Kollegen Miguel Arias Cañete, dem heutigen Minister für Landwirtschaft, Fischerei und Lebensmittel der spanischen Regierung. So sehr sonst ein überaus partnerschaftlicher Umgang zwischen den deutschsprachigen Abgeordneten die Arbeiten im Europäischen Parlament prägen, so sehr war dies auch eine Lehre für mich, dass der so genannte »Südtirol-Bonus« bei übergeordneten Interessen praktisch wegfällt.

In den folgenden Monaten bestand nunmehr die Gefahr, mit einem »Trostbericht« abgespeist zu werden. Es galt daher, langfristig einen neuen Bonus aufzubauen. Nachdem 1998

Der Vorsitzende der EVP/ED-Fraktion im Europäischen Parlament Hans-Gert Pöttering, die Präsidentin des Europäischen Parlamentes Nicole Fontaine, ihr Vorgänger als Präsident des Europäischen Parlamentes José María Gil-Robles Gil-Delgado und Europaparlamentarier Dr. Michl Ebner

mein Kollege On. Giacomo Santini durch den starken Einsatz seiner Fraktion »Union für Europa« die Gelegenheit erhielt, als Berichterstatter einen interessanten Bericht des Europäischen Parlaments über eine neue Strategie für die Berggebiete zu verfassen, erhielt ich schließlich nach meiner Wiederwahl im Jahre 1999 immer breitere Unterstützung, um als Berichterstatter einen neuen, den sich veränderten Rahmenbedingungen angepassten Bericht für das Europäische Parlament zu verfassen. Als

»Aufhänger« diente auf Anregung von Dr. Giovanni Comini, dem damals ranghöchsten Funktionär des Ausschusses, die 1975 eingeführte Berglandwirtschaftsrichtlinie und ihr 25-jähriges Jubiläum im Jahre 2000. Dabei unterstützte mich vor allem Dr. Lutz Goepel, der Koordinator der Europäischen Volkspartei im Ausschuss für Landwirtschaft und ländliche Entwicklung. Nachdem dieser Idee zugestimmt worden war, wäre es eigentlich die Aufgabe des Berichterstatters gewesen, eine Bewertung über die vergangenen zweieinhalb Jahrzehnte Anwendung der Gemeinschaftsregelungen zugunsten der Berggebiete zu verfassen. Mein Interesse lag aber mehr in einer zukunftsweisenden Neuorientierung, wobei mir bei der Erstellung des Berichts vor allem meine damalige Assistentin Dr. Karin Marmsoler und Herr Gerhard Kalb, der Administrator des Sekretariats des Ausschusses für Landwirtschaft und ländliche Entwicklung sehr behilflich waren. Während der Arbeit in den Ausschusssitzungen erhielt ich hilfreiche Unterstützung von Herrn Friedrich-Wilhelm Graefe zu Baringdorf, dem Präsidenten des Ausschusses, sowie von Dr. Lutz Goepel, dem Koordinator des Ausschusses für Landwirtschaft und ländliche Entwicklung. Natürlich hagelte es mehrmals Kritik mit dem Vorwurf, ich hätte das Thema verfehlt, konzentrierte ich mich doch mehr auf die Herausforderungen der Gegenwart und der Zukunft als auf eine Bilanz der Vergangenheit. Eine entsprechende politische Rückendeckung war dabei von entscheidender Bedeutung. Aufgrund des von den Vereinten Nationen ausgerufenen Internationalen Jahres der Berge 2002 schien aber meine Argumentationsweise mehr und mehr Anhänger zu finden.

Die eigentliche Erstellung des Berichts kann rückblickend in mehrere Phasen gegliedert werden. Zunächst wurde mit der Europäischen Kommission Kontakt aufgenommen und um aktualisierte Daten gebeten. Bedauerlicherweise gab es zu Beginn keine Reaktion. Über EU-Kommissar Franz Fischler und dem stellvertretenden Kabinettschef Dr. Rudolf Strohmaier erhielt ich in einem zweiten Anlauf Unterstützung. Von Seiten der Administration kamen dann zwar mehrere höfliche Antworten, jedoch keine konkrete Hilfe. Das bescheidene Resultat der ersten Phase war somit eine höfliche Absage und eine Vertröstung, da offenbar keine aktualisierten Daten vorhanden waren. Eine Umorientierung war dringend notwendig, da von Seiten der EU-Kommission keine Unterstützung zu erhoffen war. Daher wurde ein Rohentwurf des Berichts verfasst und dieser in einer zweiten Phase breit gestreut: Regionen und Gemeinden wurden angeschrieben, so unter anderem Bayern und die betroffenen österreichischen Bundesländer, Friaul, Veneto, Lombardei und natürlich Trentino sowie Südtirol. Weiters wurde der erste Entwurf an die diversen Interessengruppen und Verbände geschickt. Diese breite Streuung stieß auf ein insgesamt sehr starkes Echo. Zum Teil wurde mit bereits bestehenden Positionspapieren geantwortet, zum Teil auch mit neuen Analysen. Somit konnte wichtiges Grundlagenmaterial beschafft werden, um den Bericht substantiell auszubauen.

Ständige Ausschüsse im Europäischen Parlament

In 17 ständigen Ausschüssen bereiten die Europaparlamentarier die Arbeiten des Plenums vor:

- Ausschuss für auswärtige Angelegenheiten, Menschenrechte, gemeinsame Sicherheit und Verteidigungspolitik
- Haushaltsausschuss
- Ausschuss für Haushaltskontrolle
- Ausschuss für die Freiheiten und Rechte der Bürger, Justiz und innere Angelegenheiten
- Ausschuss für Wirtschaft und Währung
- Ausschuss für Recht und Binnenmarkt
- Ausschuss für Industrie, Außenhandel, Forschung und Energie
- Ausschuss für Beschäftigung und soziale Angelegenheiten
- Ausschuss für Umweltfragen, Volksgesundheit und Verbraucherpolitik
- Ausschuss für Landwirtschaft und ländliche Entwicklung
- Ausschuss für Fischerei
- Ausschuss für Regionalpolitik, Verkehr und Fremdenverkehr
- Ausschuss für Kultur, Jugend, Bildung, Medien und Sport
- Ausschuss für Entwicklung und Zusammenarbeit
- Ausschuss für konstitutionelle Fragen
- Ausschuss für die Rechte der Frau und Chancengleichheit
- Petitionsausschuss

Europäisches Parlament, 1999

Neben dieser breiten Streuung war natürlich auch der Informationsfluss im Ausschuss für Landwirtschaft und ländliche Entwicklung von enormer Bedeutung. Während der überaus aufschlussreichen und fruchtbaren Diskussionen im Ausschuss nahmen zahlreiche Mitglieder des Europäischen Parlaments an der Debatte teil. Die parlamentarischen Ausschüsse bereiten bekanntlich die Berichte für die Abstimmung im Plenum vor. In den Ausschusssitzungen im Juni und Juli 2001 wurde somit dem Bericht der »letzte Schliff« gegeben. Mehr oder minder hilfreiche Beiträge kamen unter anderen von Seiten von Frau Danielle Auroi (Frankreich) von der Fraktion der Europäischen Grünen/Freie Europäische Allianz, die vor allem auf die Empfindlichkeit der Berggebiete aufgrund der Böden, des Klimas oder der Erdrutsche hinwies; von Herrn Ioannis Patákis (Griechenland) von der Fraktion der Vereinigten Europäischen Linken, der auf die ernsthafte Gefahr diverser Berggebiete in Europa verwies; von Herrn Gordon Adam (Großbritannien) von der Fraktion der Sozialdemokratischen Partei Europas, der auf die Frage der jeweiligen Bevölkerungsdichte aufmerksam machte, der unter Umständen eine wichtige Rolle zukommt. Kollege On. Luciano Caveri (Aosta) von der Fraktion der Liberalen und der Demokratischen Partei Europas betonte die Mehrzweckaktivitäten in den Berggebieten, während Frau María Rodríguez Ramos (Spanien) von der Sozialistischen Fraktion die schwierigen Rahmenbedingungen der Landwirtschaft in Berggebieten thematisierte. Herr Mikko Pesälä (Finnland), ebenfalls von der Liberalen und der Demokratischen Partei, betonte, dass auch die sensiblen Gebiete im Norden Europas angemessen berücksichtigt werden sollten, die sich aufgrund ihrer kurzen Sommer oftmals in einer schwierigen Lage befinden. On. Francesco Fiori (Italien) von der Frak-

Mikko Pesälä

Francesco Fiori

tion der Europäischen Volkspartei und der Europäischen Demokraten wies sowohl auf das Problem der Bergflucht hin als auch auf die Tatsache, dass ein Großteil der Umweltschäden ihren Ursprung in der Ebene und nicht in den Berggebieten haben. Herr Niels Busk (Dänemark) von der Liberalen und der Demokratischen Partei Europas richtete sein Augenmerk auf die Anzahl der Landwirte, die in Berggebieten leben und wesentlich zur Gestaltung dieses Lebensraumes beitragen, während On. Giorgio Celli (Italien) von den Grünen an die Wirtschaftsmöglichkeiten erinnerte, welche Naturparks bieten. Herr Neil Parish (Großbritannien) von der Fraktion der Europäischen Volkspartei und der Europäischen Demokraten richtete sein Augenmerk auf die Summe ökonomischer Fakten und Rahmenbedingungen, mit denen sich Berggebiete konfrontiert sehen. Dr. Lutz Goepel (Deutschland) von der Fraktion der Europäischen Volkspartei und der Europäischen Demokraten unterstrich unter anderem auch die Rolle des Berichts für die zukünftige Entwicklung:

Lutz Goepel

Der Bericht betrifft nicht nur die letzten 25 Jahre, sondern berührt auch kurz eine Vorausschau. Die künftige Osterweiterung der EU wird als Grund für die Förderung in Berggebieten angesprochen, und darüber bin ich sehr froh. Von meinem Heimatort bin ich mit dem Auto in einer Stunde in der Tschechei und finde dort riesige Probleme – zum Beispiel Waldschäden – in den Berggebieten vor.

Der weiter oben schon zitierte On. Luciano Caveri soll hier noch einmal zu Wort kommen, er verwies am Ende seines Beitrages auf ein »Manko« meines Berichts:

Ich möchte meinen Beitrag mit einer heiteren Anmerkung schließen: Leider löst der Ebner-Bericht eine alte Querele zwischen mir und dem Südtiroler Abgeordneten nicht, nämlich jene, welche Berge nun die schöneren sind: seine Dolomiten oder mein Montblanc, mein Matterhorn und Monte Rosa.

Die Liste interessanter Beiträge könnte noch länger fortgeführt werden. Als entscheidend erscheint aber die Tatsache, dass die

Ausschusssitzungen von einer sehr offenen, breiten, parteiübergreifenden und fruchtbaren Diskussion gekennzeichnet waren, ohne welche die Endfassung meines Berichts in seiner endgültigen Form und die dann erfolgte breite Zustimmung im Plenum in Straßburg nicht vorstellbar gewesen wäre.

Von den sechzig eingelangten Änderungsanträgen konnte ein beträchtlicher Teil berücksichtigt werden. Zu den Antragstellern gehörten Agnes Schierhuber (Europäische Volkspartei, Österreich), die Abgeordneten On. Luciano Caveri (Fraktion der Liberalen und der Demokratischen Partei Europas, Aosta / Italien), Reinhold Messner (Fraktion der Grünen / Freie Europäische Allianz, Italien) On. Francesco Fiori (Europäische Volkspartei, Italien), Mikko Pesälä (Fraktion der Liberalen und der Demokratischen Partei Europas, Finnland), Friedrich Graefe zu Baringdorf (Fraktion der Grünen / Freie Europäische Allianz, Deutschland), Elspeth Attwooll (Fraktion der Liberalen und der Demokratischen Partei Europas, Großbritannien), Danielle Auroi (Fraktion der Grünen / Freie Europäische Allianz, Frankreich), Eurig Wyn (Fraktion der Grünen / Freie Europäische Allianz, Großbritannien), María Izquierdo Rojo (Fraktion der Sozialdemokratischen Partei Europas, Spanien), Gordon Adam (Fraktion der Sozialdemokratischen Partei Europas, Großbritannien).

Nach dieser zweiten Phase wurde der so erweiterte Bericht im Ausschuss angenommen und nochmals von mir verschickt. Der ganze Prozess war somit eine monatelang andauernde ausführliche Diskussion, wodurch in Hinblick auf das Jahr 2002 rechtzeitig eine Stellungnahme des Europäischen Parlaments zum Internationalen Jahr der Berge fertig gestellt werden konnte.

Von der Vielzahl der Antwortschreiben sollen hier nur einige genannt werden, die sich bei der Weiterentwicklung des Berichts als besonders hilfreich erwiesen. In erster Linie gehören dazu zwei ausführliche Schreiben des Bundesministers für Land- und Forstwirtschaft, Umwelt und Wasserwirtschaft der Republik Österreich, Herrn Mag. Wilhelm Molterer, die sowohl einen Beitrag des Bundesministers zu den Lösungsansätzen zur Absiche-

Die Berglandwirtschaft erfüllt nicht nur eine ökonomische, sondern immer mehr eine ökologische Aufgabe.

rung und Weiterentwicklung der Produktion im Berggebiet als auch eine Stellungnahme der zuständigen Fachabteilung des Ministeriums zu meinem Berichtsentwurf enthielten. Darüber hinaus ist die Korrespondenz mit dem bayerischen Staatsminister für Bundes- und Europaangelegenheiten Dr. Reinhold Bocklet mit einer Stellungnahme der bayerischen Staatskanzlei zu nennen sowie jene mit dem bayerischen Staatsminister für Landwirtschaft und Forsten Dr. Josef Miller, die eine persönliche Stellungnahme zu meinem Entwurf und ein Gutachten des Alpenforschungsinstituts zum Thema »Agenda 2000 und die Berglandwirtschaft in Bayern« enthielt. Umfangreiche Unterstützung erhielt ich auch aus den Bundesländern und Regionen des Alpenraumes, so beispielsweise von der Landeshauptfrau der Steiermark Waltraud Klasnic, vom Salzburger Landeshauptmann Dr. Franz Schausberger, vom Landeshauptmann Oberösterreichs Dr. Josef Pühringer, vom Vorarlberger Landeshauptmann Dr. Herbert Sausgruber und seinem Regierungskollegen Landesrat Ing. Erich Schwärzler sowie vom Präsidenten der Autonomen Region Friaul-Julisch Venetien Dott. Renzo Tondo und vom Assessor für Tourismus und Berge der Region Venetien Floriano Pra. Nicht zuletzt seien auch die wertvollen Beiträge der Europaregion Tirol-Südtirol-Trentino genannt, so von Landeshauptmannstellvertreter Ferdinand Eberle von Seiten der Tiroler Landesregierung, von Assessor für Landwirtschaft und Berge Dott. Dario Pallaoro von Seiten der Autonomen Provinz Trient sowie von Landesrat Hans Berger für die Autonome Provinz Bozen-Südtirol. Ihnen allen und den zahlreichen nicht genannten beteiligten Experten gilt an dieser Stelle mein ausdrücklicher Dank.

Obwohl es den Rahmen der vorliegenden Publikation sprengen würde, die gesamte Korrespondenz in ihrer Vielschichtigkeit und Argumentationsvielfalt wiederzugeben, sollen doch einige der brisantesten und anregendsten Stellen aus den Briefen im Folgenden auszugsweise zitiert werden.

Wilhelm Molterer

Landwirtschaftsminister Mag. Wilhelm Molterer machte unter anderem auf folgende Aspekte aufmerksam:

Es geht darum, wieder stärker das Bewusstsein in den Vordergrund zu rücken, dass der Bauer Unternehmer ist, der Produkte erzeugt und vermarktet. Er ist für sein Handeln und wirtschaftliches Planen eigenverantwortlich. [...]
Der Bauer ist außerdem Eigentümer von Grund und Boden. Der Eigentumsschutz ist die eindeutige Grundvoraussetzung für die Absicherung der Landwirtschaft in den Berggebieten. [...]
Es besteht die Notwendigkeit einer weiteren Sicherung der Milchproduktion für die Berggebiete. Nur eine produzierende Landwirtschaft ist eine multifunktionale Landwirtschaft. Ohne Milchquote erscheint mir eine milchproduzierende Landwirtschaft in den Berggebieten nicht gewährleistet. Zu stark wäre der Druck, ins-

besondere der Milchverarbeiter und Vermarkter, die Produktion der für Europa notwendigen Mengen in den günstigeren Lagen zu konzentrieren. [...]
Besonders die Tierprämien unterstützen die betriebswirtschaftliche Ausrichtung in den Berggebieten. Die Marktordnungsprämienrechte noch stärker an die Flächenbindung der Tierproduktion auszurichten, ist auch aus der Sicht der Berggebiete positiv zu werten. Damit wird dem Wunsch der Konsumenten nach naturnaher Kreislaufwirtschaft Rechnung getragen. [...]
Das neue Konsumentenverhalten birgt große Chancen für die Produkte aus dem Berggebiet. Das neue Lebensmittelmodell basiert auf vier Säulen: Qualität, Sicherheit, Vielfalt und Herkunft. Hier müssen die Möglichkeiten der Herkunftsbezeichnung voll ausgenutzt, verbessert und ausgebaut werden.

Der Bayerische Staatsminister für Landwirtschaft und Forsten, Dr. Josef Miller, richtete hingegen sein Augenmerk auf einen angemessenen Umgang mit den der Agrarpolitik zur Verfügung stehenden finanziellen Mitteln, indem er auch kritisch auf die Milchquotenregelungen einging:

Josef Miller

Es sollten nur solche Förderungen ausschließlich im Berggebiet angeboten werden, wo der Förderbestand ausschließlich im Berggebiet vorzufinden ist. Fördermechanismen für die artgerechte Tierhaltung, den ökologischen Landbau oder zur Qualitätsproduktion müssen flächendeckend zur Verfügung stehen und sollten nicht nur auf das Berggebiet begrenzt werden. Die Förderung der Berggebiete darf nicht zulasten des Agrarhaushalts durchgeführt werden. [...]
Bayern setzt sich mit Nachdruck für die Beibehaltung der Milchquotenregelung ein. Für die Forderung, kleine Milcherzeuger in Berggebieten von dieser Regelung auszunehmen, wenn deren Milcherzeugung die wesentliche Lebensgrundlage bildet und Verarbeitung der Milch auf die Herstellung qualitativ hochwertiger, lokaler Erzeugnisse ausgerichtet ist, habe ich Verständnis. Aus fachlicher Sicht kann ich aber dem Vorschlag wegen der damit verbundenen Abgrenzungsprobleme und des erforderlichen Verwaltungs- und Kontrollaufwands nicht zustimmen.

Hofrat Dr. Werner Ressi ging im Namen der Steiermärkischen Landesregierung auf die Interessen der Steiermark ein:

Steiermark hat Interesse, dass das derzeitige EU-Regime für benachteiligte Gebiete auch über die derzeit laufende Planungsperiode hinaus Fortbestand hat, insbe-

sondere, dass alle drei Kategorien der benachteiligten Gebiete weiterhin gleichwertig behandelt werden. [...]
Im Bereich der EU-Marktordnungsvorgaben sollte dafür gesorgt werden, dass die Produktion in den benachteiligten Gebieten im Vergleich zu den Gunstlagen weiterhin konkurrenzfähig bleibt und auch der Herkunftsschutz der landwirtschaftlichen Produkte aus den Bergregionen (zum Beispiel geschützte geographische Angabe) ausgebaut wird.

Dr. Sebastian Huber von der Salzburger Landesregierung forderte die Berücksichtigung der durch die alpine Kleinräumigkeit entstehenden Wettbewerbsnachteile, die Unterstützung und Förderung von Möglichkeiten und Feldern der Zusammenarbeit zur Entwicklung von eigenständigen, nachhaltigen alpinen Wirtschaftsprojekten sowie die Beibehaltung, Verstärkung und Vertiefung der grenzüberschreitenden Regionalentwicklung. Eine derartige Initiative für eine neue Alpenpolitik sollte schließlich zu einer verstärkten sektorübergreifenden Wirtschaftsentwicklung und grenzüberschreitenden Politik führen. Bezüglich der strukturpolitischen Maßnahmen schrieb Dr. Sebastian Huber:

Strukturpolitische Maßnahmen im ländlichen alpinen Raum dürfen nicht allein auf die Landwirtschaft abgestellt sein. Sie müssen jedoch berücksichtigen, dass die Landwirtschaft ein entscheidender Sektor für die Erhaltung der alpinen Kulturlandschaft ist.

Landesrat Dr. Erich Schwärzler von der Vorarlberger Landesregierung widmete seine Aufmerksamkeit sozialen, ökonomischen und sanitären Aspekten:

Damit der Arbeitsplatz Bauernhof auch in Zukunft erhalten bleibt und seine unverzichtbaren gesellschaftlichen Leistungen durch eine flächendeckende Landbewirtschaftung und eine ausreichende Leistungsabgeltung erbringen kann, ist es notwendig, dass die Bergbauern ihre gesellschaftliche, wirtschaftliche und kulturelle Entwicklung selbst gestalten können. [...]

Erich Schwärzler

Jede vom Markt zwingend notwendige Preissenkung soll durch Direktzahlungen voll ausgeglichen werden. Dabei müssen die Ausgleichszahlungen entbürokratisiert werden. [...]
Im Hinblick auf die derzeitig durch BSE und Maul- und Klauenseuche geprägte Situation in der Landwirtschaft sollte seitens der EU ein klares Bekenntnis mit Belohnung der ordnungsgemäßen und artgerechten Tierhaltung abgegeben werden. [...]
Um Wettbewerbsverzerrungen zu Lasten der bäuerlich-mittelständischen Landwirtschaft zu vermeiden, sollen bei den Direktzahlungen einzelbetriebliche Förderobergrenzen eingeführt werden. Für die Gewährung von Tierprämien sollen standortangepasste Besatzdichten gelten. [...]
Die in der allgemeinen Wirtschaft bestehenden De-Minimis-Regelung, wonach jedem Einzelbetrieb eine bestimmte Förderhöhe ohne spezifische Zuordnung zu einer Fördermaßnahme gewährt werden kann, soll auch für das Berggebiet gelten.

Dr. Johann Jedliczka verwies im Namen der Niederösterreichischen Landesregierung unter anderem auf die besondere Rolle des Quotensystems:

Eine unverzichtbare Maßnahme für die Bergbauern stellt die Aufrechterhaltung des Quotensystems bei der Milch dar. Bei einer schutzlosen Aussetzung dieser Produktionsform würde sich die Milchproduktion in die Gunstlage verlagern. Viele Bergbauernbetriebe würden ihre Produktionsgrundlagen verlieren, es käme zu negativen Auswirkungen für den Fremdenverkehr und eine generelle Verarmung des ländlichen Raumes fände statt. [...]
Die Multifunktionalität der Bergwälder muss erhalten und verbessert werden. Die Funktion der Bergwälder als Trinkwasserspeicher, Schutzwald, Bannwald oder Erosionswald wird in den Waldentwicklungsplänen oft flächig abgegrenzt dargestellt.

Assessor Floriano Pra vom Regionalausschuss des Veneto für Tourismus, Berg- und Forstwirtschaft ging hingegen auf das Problem der Bergflucht ein:

Das Phänomen Bergflucht ist weiterhin in den alpinen Gebieten anwesend: Der landwirtschaftliche Anbau in den Berggebieten bringt wenig Ertrag, selbst der Grasschnitt kann nicht mehr garantiert werden, was zu negativen Folgen bezüglich der gemeinsamen Sicherheit und Gesundheit führt.

Floriano Pra

Hans Berger

Nicht zuletzt erhielt ich dankenswerterweise auch vom Landesrat für Landwirtschaft Hans Berger von unserer Südtiroler Landesregierung mehrfach positive Unterstützung und nützliche Hinweise bezüglich der zentralen agrarpolitischen Ziele, die sich stichwortartig folgendermaßen zusammenfassen lassen:

- ***Lebensmittelkennzeichnung:*** *Immer wichtiger für Qualitätsprodukte wird das Herkunftssiegel, Abheben von anonymer Massenproduktion für Produkte. Die besondere Art der Produktion, Garantie und Kontrolle muss gebührend hervorgehoben werden.*
- ***Flächenbezogene Landwirtschaft:*** *Die extensive Bewirtschaftung sollte in der Förderung viel stärker berücksichtigt werden.*
- ***Kleinstrukturierte Betriebe verstärkt fördern:*** *Außer der Nahrungsmittelproduktion erfüllen die Kleinbetriebe auch Aufgaben der Landschaftspflege und des Landschaftserhaltens, der Erhaltung des ökologischen Gleichgewichts, des Schutzes vor Erosion und Lawinen, des Wegeerhaltens, sowie auch soziale und kulturelle Aufgaben.*
- ***Umweltgerechte Produktion:*** *Spezielle Förderung von Programmen zur Produktion qualitativ hochwertiger Nahrungsmittel. Die Voraussetzungen sind im Berggebiet sehr gut und die einzige Chance, die Wertschöpfung aus dem Produkt zu erhöhen.*
- ***Direktvermarktung fördern:*** *Zu restriktive Hygiene- und Steuerbestimmungen besorgen den Klein- und Kleinstbetrieben große Probleme.*

Diese wenigen Auszüge aus der umfangreichen Korrespondenz lassen erahnen, wie wichtig diese Phase für den gesamten Bericht war. Die Kontaktaufnahme, Konsultation und Einbindung der diversen Regionen hat sich dabei als sehr erfolgreiche Methode erwiesen. Die Bereitschaft von Seiten der diversen Regierungen schließlich, mir ihre Positionen und Standpunkte mitzuteilen, war für den Bericht insgesamt ein wesentlicher Gewinn. Nach dieser breiten Konsultationsphase kam es schließlich am 6. September 2001 vor der Annahme des Berichts noch zu einer ausführlichen Debatte im Plenum des Europäischen Parlaments in Straßburg, die im folgenden Kapitel behandelt werden soll.

4. KAPITEL

Die Debatte zum Ebner-Bericht im Plenum des Europäischen Parlaments

Am Donnerstag, den 6. September 2001 war während der Plenarsitzung des Europäischen Parlaments in Straßburg der gesamte Bericht Gegenstand einer intensiven Debatte, während der die Abgeordneten Frau Agnes Schierhuber aus Österreich, On. Giacomo Santini aus Italien und Herr John Joseph McCartin aus Irland von der Europäischen Volkspartei, Frau María Izquierdo Rojo aus Spanien von der Sozialdemokratischen Partei Europas, On. Luciano Caveri aus Aosta von der Fraktion der Liberalen und der Demokratischen Partei Europas, Herr Friedrich-Wilhelm Graefe zu Baringdorf aus Deutschland von den Grünen im Europäischen Parlament, Herr Ioannis Patákis aus Griechenland von der Fraktion der Vereinigten Europäischen Linken, Herr Jean-Claude Martinez aus Frankreich von der Technischen Fraktion der unabhängigen Abgeordneten sowie EU-Kommissar Dr. Franz Fischler das Wort ergriffen. Die breite Diskussion zeigt, dass es sich bei dieser Thematik sowohl um eine europaweit als auch um eine parteiübergreifende und für die europäischen Bürger sensible Frage handelt. Im Folgenden sind einige Stellungnahmen widergegeben.

Frau Agnes Schierhuber (PPE-DE, Österreich).

Agnes Schierhuber

Herr Präsident, Herr Kommissar, meine sehr geehrten Damen und Herren! Zuerst möchte ich mich ganz herzlich beim Herrn Kollegen Ebner für seinen Initiativbericht bedanken. Es ist ein Bericht, den ich aus ganzem Herzen unterstützen kann. Angesichts der Tatsache, wie auch vom Kollegen Ebner schon angesprochen, dass rund 30 Prozent der Flächen in der EU Bergregionen sind und in manchen Mitgliedstaaten wie beispielsweise in Österreich der Anteil sogar 50 Prozent beträgt, begrüße und unterstütze ich diesen Initiativbericht.

Die Bedeutung des Ökosystems der Gebirge ist ein kulturelles Erbe. Die Erhaltung und die nachhaltige Bewirtschaftung der Ressourcen ist für viele Regionen Europas sehr wichtig. Der

Schutz der Bergwelt, der Wälder, des Wassers, des ökologischen Gleichgewichts und die Artenvielfalt müssen in einem europäischen Gesamtkonzept thematisiert werden. Eine Vielzahl von Gebirgen sind grenzübergreifend. Viele Probleme können länderübergreifend und nur gemeinsam besser bewältigt werden. Ich möchte in diesem Zusammenhang die multifunktionale Aufgabe der Land- und Forstwirtschaft in den Berggebieten betonen, die auch in einer erweiterten Union von größter Wichtigkeit sind.

Sowohl die Menschen, die in den Bergen leben, wie auch die Touristen, die jedes Jahr Urlaub und Erholung in der Bergwelt suchen, schätzen diese einzigartige Natur- und Kulturlandschaft. Daher müssen wir die geeigneten Anreize schaffen, dass die Menschen bereit sind, dort zu leben und zu arbeiten. Den ökologischen und sozioökonomischen Folgen einer Abwanderung und Entvölkerung muss vorgebeugt werden. Die nachhaltige Bewirtschaftung durch die Bergbauern stellt nicht nur hochwertige Lebensmittel bereit, sondern stellt auch eine große Leistung für die Gesamtheit der Menschen dar.

Die Vereinten Nationen haben zu Recht das Jahr 2002 zum Jahr der Berge proklamiert. Ich halte es für wichtig, dass Europa sich nun positioniert und die Kommission möglichst bald eine Mitteilung vorlegt, die auch eine wirklich klare Definition darlegt, bei der Kriterien wie beispielsweise Höhenmeter, Hangneigung, verkürzte Vegetation berücksichtigt werden, um wirklich auf die unterschiedlichen Probleme in Gesamteuropa einzugehen, und hier auch die entsprechenden Konzepte für Strategien und Fördermechanismen vorschlägt.

Luciano Caveri

On. Luciano Caveri (ELDR, Aosta/Italien). Herr Präsident, verehrte Kolleginnen und Kollegen! Ich danke Herrn Ebner für seine Arbeit sowie dafür, dass er die von mir eingereichten Änderungsanträge übernommen hat. Der Bericht spricht für sich: er ist vollständig und erschöpfend und hat auch den Vorzug, die Berglandwirtschaft in den umfassenderen Gesamtkontext der Probleme in den Berggebieten einzubetten. Im Hinblick auf eine wirkliche Gemeinschaftspolitik halte ich es für richtig, anlässlich des Internationalen Jahres der Berge 2002 diesen Aspekt anzusprechen.

Sehen Sie, Herr Kommissar Fischler, zwar ist in der Agenda 2000 auch die Berglandwirtschaft erwähnt, wenn es aber um die Umsetzung geht, beispielsweise wenn die italienischen Regionen Interventionen in Gebirgsregionen, etwa in der Viehwirtschaft oder gar im Falle bereits eingetretener Naturkatastrophen, gesetzlich beschließen wollen, wird jedoch alles viel schwieriger.

Nun, Ihre Direktion »Landwirtschaft« ist heute zu einem Kontrollorgan geworden, das in der Sache prüft und die Recht-

Das Europäische Parlament und das Gebäude des Europarates in Straßburg

mäßigkeit überwacht; ein langer Schriftverkehr hat begonnen, bei dem detaillierte Einzelheiten angefragt werden; es dauert mindestens ein halbes Jahr oder länger, bis endgültige Antworten erteilt werden, die dann oftmals durch mangelnde Aufgeschlossenheit gekennzeichnet sind und bei denen bisweilen auf Wettbewerbsbestimmungen zurückgegriffen wird, die der Landwirtschaft in den Berggebieten offensichtlich stets jeglichen Eigencharakter absprechen.

Früher oder später kann dies, vor allem in den Alpengebieten der Union – die Schweiz, selig sei sie! kümmert sich ohne ein solches Kontrollnetz um ihre Bergregionen – zu antieuropäischen Reaktionen führen. Deshalb ersuchen wir Sie, Herr Kommissar, die in dem vorliegenden Bericht über die Landwirtschaft enthaltenen Grundsätze zu verbreiten und darauf hinzuweisen, dass die Union nicht zufällig das Landwirtschaftsprotokoll der Alpenkonvention unterzeichnet hat.

Friedrich-Wilhelm Graefe zu Baringdorf

Herr Friedrich-Wilhelm Graefe zu Baringdorf (Verts/ALE, Deutschland). Herr Präsident! Herr Ebner, herzlichen Glückwunsch! Ein guter Bericht. Wie unter einem Brennglas wird in der Berglandwirtschaft deutlich, was passiert, wenn man eine standortgemäße und nachhaltige Landbewirtschaftung zu überwinden versucht. Aber Ihr Bericht hat auch einen Nachteil. Er konzentriert sich eben nur auf diesen Ausschnitt. Es ist interessant, dass sich das Haus – bzw. die noch Anwesenden, aber die repräsentieren ja die Mehrheiten – mit Mehrheit auf diese vielen guten Vorschläge und die Warnungen verständigen kann. Es gilt eigentlich für die Landwirtschaft insgesamt, dass wir generell eine nachhaltige Bewirtschaftung fordern müssten, aber dann gäbe es hier keine Einigung, so dass dies eine Alibifunktion hat. Das bedauere ich sehr. Das soll den Nutzen dieses Berichts jedoch nicht schmälern. Wir werden ihm natürlich zustimmen. Aber wir möchten gerne diese Diskussion auf die gesamte Landwirtschaft ausweiten, um zu einer standortangepassten und nachhaltigen Landbewirtschaftung zu kommen.

Giacomo Santini

On. Giacomo Santini (PPE-DE, Italien). Herr Präsident! Die von einigen Kolleginnen und Kollegen angeführten Zahlen haben hinreichend belegt, dass Bergregionen die kleinste aller in diesem Parlament vertretenen Minderheiten darstellen. Wir machen nur etwas mehr als fünf Prozent der europäischen Bevölkerung, der Unionsbürger, aus. Wie jedoch durch die institutionelle Geschichte des Europäischen Parlaments ebenfalls belegt wird, finden das Wort »Berggebiete« und ein Entschließungsantrag über Bergregionen erst zum dritten Mal während der 50 Jahre Europäischer Union Eingang in dieses Parlament. 1983 war es das erste Mal: Der Initiator war damals Herr Colleselli, ein Vertreter des Cadore in Norditalien.

Das zweite Mal, 15 Jahre später, fiel just dem Unterzeichner die ehrenvolle Aufgabe zu, diesem Parlament über die Problematik der Bergregionen einen Bericht mit dem Titel »Neue Strategien für die Berggebiete in Europa« vorzulegen, der am 23. Oktober 1998 angenommen wurde. Mein Bericht ging von den Berggebieten in ihrer Gesamtheit und in ihrer Gesamtproblematik aus, um dann zu der Schlussfolgerung zu gelangen, dass auch in diesen Gebieten die Landwirtschaft den Angelpunkt bildet und weiter bilden wird.

In dem Bericht Ebner – und ich beglückwünsche den Berichterstatter zu seiner sachlichen Behandlung des Themas – wird diese Dimension weiter in die Zukunft projiziert, und es werden neue Horizonte eröffnet; ich kann sagen, er geht genau von der Schlussfolgerung des vorhergehenden Berichts aus und zeigt auf, dass gerade der Agrarsektor die Grundlage bilden kann, um den Bergregionen die Hilfe zu bringen, um die wir hier alle rufen.

Allerdings setzt sich erneut die Erkenntnis durch, dass es die Landwirtschaft alleine nicht schaffen kann; deshalb werden auch in dem Bericht des Kollegen Ebner Vorschläge unterbreitet, in welche die gesamte Lebenswelt der Bergregionen einbezogen wird: Verkehr, Infrastrukturen, Fremdenverkehr, Ökosystem.

Es gibt jedoch noch einen weiteren Faktor, den wir schützen und bewahren müssen, nämlich das lebenswichtigste Element der Bergregionen, Herr Kommissar, das weiterhin der Mensch ist. Das Durchschnittsalter der Landwirte in der Europäischen Union liegt – wie Sie wissen – bei 50 Jahren; in den Berggebieten gibt es auch landwirtschaftliche Betriebe, deren Besitzer über 60 Jahre alt sind. Für die Zukunft der Bergregionen ist dies ein schlechtes Zeichen.

Wir müssen diesen Regionen nicht nur weitere Mittel bereitstellen, sondern sie auch wieder attraktiv werden lassen und ihnen neues Vertrauen einflößen. Vor allem gilt es, mutig anzuerkennen, dass es eine »Berglandwirtschaft« gibt, die einen spezifischen Eigencharakter besitzt: Lasst uns dies mit Überzeugung tun, um die Existenz der Berggebiete zu sichern!

Franz Fischler

Kommissar Franz Fischler, Kommission. Sehr geehrter Herr Präsident, meine sehr geehrten Damen und Herren Abgeordneten, meine sehr geehrten Damen und Herren! Die Kommission hat dem Thema Berglandwirtschaft immer schon eine große Bedeutung zugemessen und sie hat auch ein großes Interesse daran. Ich danke daher dem Ausschuss für Landwirtschaft und ländliche Entwicklung und insbesondere dem Berichterstatter, Herrn Ebner, für die Initiative zu diesem Bericht über 25 Jahre Anwendung der Gemeinschaftsregelungen zugunsten der Landwirtschaft in den Gebirgsregionen.

Ausgehend vom Santini-Bericht über eine neue Strategie für die Landwirtschaft in den Berggebieten aus dem Jahre

1998 und im Hinblick auf das Internationale Jahr der Berge im kommenden Jahr verweist der Ebner-Bericht mit Nachdruck auf die Bedeutung der Berggebiete für die Europäische Union. Insbesondere wird die Wichtigkeit des Umweltschutzes, die Notwendigkeit der Erhaltung attraktiver Naturgebiete, die Erzeugung von Qualitätsprodukten oder auch die Dringlichkeit der Erhaltung des kulturellen Erbes hervorgehoben. Daneben wird betont, dass die Lebensfähigkeit des ländlichen Raums in den Berggebieten den landwirtschaftlichen Rahmen bei weitem übersteigt und von einer Vielfalt von Faktoren abhängt.

Dieser Ausgangspunkt zeigt, dass uns dieselben Fragen beschäftigen. Die Multifunktionalität bildet auch das Kernstück der neuen Politik zur Entwicklung der ländlichen Räume. Sie zielt darauf ab, eine Landwirtschaft zu fördern, in der alle Funktionen und alle Dienste anerkannt werden, alle Funktionen, die die Landwirte unserer Gesellschaft anbieten.

Dies ist ein integraler Bestandteil des europäischen Landwirtschaftsmodells, und ich kann Ihnen, um auf einige der in dem Bericht geäußerten Bedenken zu reagieren, versichern, dass die Kommission sich für eine Berücksichtigung dieses Aspekts bei den Handelsverhandlungen im Rahmen der Welthandelsorganisation voll einsetzen wird.

Nun wird die Kommission in dem Bericht aufgefordert, im Hinblick auf die Erweiterung eine globale Strategie für die Berggebiete und deren Landwirtschaft sowohl in den Mitgliedstaaten als auch in den Kandidatenländern zu schaffen. In diesem Punkt, das möchte ich sagen, unterscheidet sich der Ansatz der Kommission von dem des Berichtes. Ich darf Sie daran erinnern, dass die neue ländliche Entwicklungspolitik erst letztes Jahr gestartet wurde. Wir haben in dieser neuen Politik die Subsidiarität in den Vordergrund gestellt und es den Mitgliedstaaten auf diese Weise ermöglicht, ihre Prioritäten selbst zu bestimmen und in ihre Pläne zur Entwicklung des ländlichen Raums oder in ihre Planungsdokumente für die Strukturfonds Maßnahmen aufzunehmen, die ihnen am geeignetsten erscheinen, ihre Regionen am besten zu entwickeln und den vorhandenen Standortnachteilen oder Schwierigkeiten zu begegnen.

Dieser dezentralisierte Ansatz, der im Übrigen auch für die *SAPARD*-Programme gilt, erlaubt es, die ländlichen Entwicklungsprogramme besonders gut auf die Berggebiete zuzuschneiden und auch der Unterschiedlichkeit, die es unter den Berggebieten gibt – zum Beispiel brauchen die Pyrenäen andere Konzepte als die Alpen – Rechnung zu tragen. So wird eine nachhaltige Entwicklung gefördert, die sowohl die sozioökonomischen Probleme als auch die umweltbezogenen Herausforderungen berücksichtigt, mit denen ein jedes dieser Gebiete konfrontiert ist. Statt jetzt neuerlich einen zentralen Weg festzulegen, sollte ausführlich mit allen Institutionen und Organen der Union, den Mitgliedstaaten, den Regionen, den Gebietskörperschaften, aber auch mit den Wirtschafts- und Sozialpartnern, den Nichtregierungsorganisationen und auch der Wissenschaft die bestmögliche Implementierung der Berggebietspolitik diskutiert werden.

In diesem Zusammenhang möchte ich darauf hinweisen, dass die Kommission am 31. Januar dieses Jahres den zweiten Bericht über den wirtschaftlichen und sozialen Zusammenhalt angenommen hat, der unter anderem auch die Frage nach der Festlegung von Prioritäten für eine ausgewogene und dauerhafte Entwicklung der Gebiete der erweiterten Union sowie die Frage nach der Deckung eines erhöhten Kohäsionsbedarfs aufwirft und zur Diskussion darüber einlädt. Dieser Bericht bietet viele Möglichkeiten für die Förderung von Regionen mit Entwicklungsrückstand. Der Beitrag der Kommission zum Internationalen Jahr der Berge wird daher vor allem darauf abzielen, unsere derzeitigen Förderungsmechanismen besser bekannt zu machen. Die Kommission wird im zweiten Halbjahr 2002 auf Initiative von Kommissar Barnier und mir ein Seminar organisieren, das darauf abzielen wird, die Möglichkeiten, die die Gemeinschaftspolitik für die Bergregionen bietet, vorzustellen und dafür Werbung zu machen. Dazu werden Sie und alle anderen Interessierten auch eingeladen werden.

Das Europäische Parlament in Straßburg (Luftaufnahme)

Zurückkommend auf den vorliegenden Bericht möchte ich unterstreichen, dass es zweifellos bereits unter der jetzigen Rechtslage möglich ist, die Landwirtschaft in den Berggebieten gezielt zu unterstützen, und zwar durch die Ausgleichszahlungen, die unsere Grundunterstützung für die Berggebiete sind und bleiben werden, sowie durch Umweltfördermaßnahmen, durch Beihilfen im Bereich der Forstwirtschaft, durch Verarbeitungsbeihilfen und Beihilfen zur Vermarktung oder durch Beihilfen zur Diversifizierung, etwa im Bereich des Tourismus. Ich möchte auch daran erinnern, Frau Abgeordnete Rojo, dass in den Vorschriften für die Erstellung der ländlichen Entwicklungsprogramme vorgesehen ist, dass ausdrücklich auf Programme spezifisch für die Frauen hingewiesen werden muss und dass jedes der ländlichen Entwicklungsprogramme auch ein solches Kapitel, wie man besonders den Frauen helfen will, enthalten muss.

Ähnliches wie für die ländliche Entwicklung gilt auch für die gemeinsamen Marktorganisationen. Diese berücksichtigen ebenfalls die Besonderheiten der extensiven Landwirtschaft, insbesondere in den Berggebieten, entweder durch spezifische, genau auf ihre Merkmale zugeschnittenen Maßnahmen – zum Beispiel die Extensivierungsprämie in der Rinderhaltung – oder die Prämie für die Schaf- und Ziegenfleischproduktion oder durch einen zusätzlichen Spielraum, der den Mitgliedstaaten gewährt wird, um Gebiete ihrer Wahl besonders zu unterstützen.

Auf die in dem Bericht vorgeschlagene Sonderbehandlung von Landwirten in Berggebieten in Bezug auf die Milchquoten wird die Kommission im Zuge des midterm-review eingehen. Schließlich sollte man in Bezug auf die Strukturfonds nicht vergessen, dass 95 Prozent der Berggebiete unter das Ziel 1 oder das Ziel 2 fallen. Diese Berggebiete können alle unsere Stützungsregelungen in Anspruch nehmen, die Mitgliedstaaten können die notwendigen Maßnahmen ganz gezielt auf die jeweiligen Erfordernisse zuschneiden, ob es sich nun um Verkehrs- oder Telekommunikationsnetze, oder ob es sich um grundlegende Dienstleistungen für die Bevölkerung oder um die Unterstützung von Wirtschaftstätigkeiten handelt. In Ergänzung dazu sind grundsätzlich nationale Beihilfen möglich – darauf hat der Abgeordnete Caveri hingewiesen. Aber auch hier gilt sehr wohl, dass wir die Notifizierung auch weiterhin brauchen, weil das den Regionen a) die Sicherheit gibt, dass dann ihre Maßnahmen auch als EU-Recht-konform angesehen werden, und b) weil es nicht dazu kommen darf, dass es zu unzulässiger Konkurrenz zwischen den einzelnen Regionen kommt.

Ich kann hier nicht alle Vorschläge des Berichts ansprechen, ich hoffe aber, dass das von der Kommission anlässlich des In-

Nicht weit weg von der Vegetationsgrenze liegt diese Handwerkerzone (rechts). Kleine und mittlere handwerkliche Familienbetriebe haben neben der Landwirtschaft und dem Tourismus eine gute Zukunftsperspektive in Berggebieten, wenn man ihnen auch die notwendigen Voraussetzungen schafft.

ternationalen Jahrs der Berge organisierte Seminar ausreichend Gelegenheit bieten wird, auf die Vorschläge zurückzukommen. In der Zwischenzeit wird die Kommission im Rahmen ihrer Kompetenzen und in Ausübung ihres Initiativrechts die Schlussfolgerungen des Berichts noch genauer prüfen, um den heute begonnenen Dialog fortzusetzen.

Ich bin sicher, dass es uns damit gelingen wird, den besonderen Charakter der Berggebiete und die Bedeutung der Berggebiete für Europa noch mehr in den Vordergrund zu stellen.

5. KAPITEL

Wegweisende Berichte des Europäischen Parlaments der achtziger und neunziger Jahre

Santini- und Colleselli-Bericht

Der Santini-Bericht über eine neue Strategie für die Berggebiete

Giacomo Santini

Im Jahre 1998 ersuchte der Ausschuss für Landwirtschaft und ländliche Entwicklung um die Genehmigung zur Ausarbeitung eines Berichts über eine neue Strategie für Berggebiete. Diesem Antrag wurde von der Konferenz der Präsidenten des Europäischen Parlaments stattgegeben. On. Giacomo Santini wurde vom Landwirtschaftsausschuss des Europäischen Parlaments zum Berichterstatter ernannt, der damals Mitglied der Fraktion »Union für Europa« war, die ihn in seinem Anliegen sehr unterstützte und für Santini diesen interessanten Bericht organisiert hatte. Als der Bericht am 23. Oktober 1998 abgestimmt und angenommen wurde, gehörte Herr On. Santini – aufgrund des Wechsels der Forza-Italia-Abgeordneten von einer Fraktion in die andere – der Europäischen Volkspartei an.

Santini stützte sich in seinem Bericht auf eine Studie mit dem Titel »Vers une politique européenne des zones de montagne – problèmes, impact des mesures et adaptations nécessaires«, die von der Generaldirektion Wissenschaft des Europäischen Parlaments veröffentlicht wurde. Er teilte dabei die Meinung der Studie, dass die Berggebiete zu einer Ressource für das künftige Europa geworden seien, und forderte daher, die seinerzeit bestehenden politischen Rahmenbedingungen in der Europäischen Union zu verbessern, um das Potential der europäischen Berggebiete zum Vorteil des gesamten Kontinents voll ausschöpfen zu können. Als eines der wichtigsten Ziele gab Santini die Notwendigkeit an, eine klarere, kohärentere und wirksamere Strategie festzulegen, die die Förderung einer nachhaltigen Entwicklung der Berggebiete der EU zum Ziel hat. Die Gründe für diese Strategie lagen auf der Hand und sind auch heute noch mehr denn je nachvollziehbar: Ein konzertiertes Vorgehen der EU-Mitgliedstaaten war zum einen notwendig geworden, um in innovativer und effizienter Weise den Fragen zu begegnen, die mit den Tourismus- und Verkehrsströmen, den Infrastrukturen und Projekten, für die eine grenzüberschreitende Zusammenarbeit erforderlich ist, im Zusammenhang standen.

Zum Zweiten musste der Abwanderung aus den benachteiligten Berggebieten in die hochentwickelten städtischen Räume entgegengewirkt werden. In der Tat war das Problem der Abwanderung und Entvölkerung weiterhin ungelöst geblieben, wobei sich die Situation in einigen Berggebieten Nord- und Südeuropas noch verschlimmert hatte. Im Kontext der Erweiterung der EU war darüber hinaus eine Verschärfung zu erwarten. Sollte in den EU-Mitgliedstaaten und in den Bewerberländern keine geeignete Strategie gefunden und verfolgt werden, könnte dies eine ernsthafte Bedrohung für den Zusammenhalt der künftigen erweiterten Europäischen Union darstellen.

Die Landwirtschaft in den Bewerberländern

Bezogen auf den Anteil an der Gesamtfläche, das Bruttoinlandsprodukt, vor allem aber auf die Beschäftigung spielt die Landwirtschaft in vielen der dreizehn Bewerberländer (Bulgarien, Estland, Lettland, Litauen, Malta, Polen, Rumänien, Slowakei, Slowenien, Tschechische Republik, Türkei, Ungarn und Zypern) eine weitaus größere Rolle als in der derzeitigen Europäischen Union. Für die meisten Bewerberländer wird es vor allem darum gehen, die übermäßige Abhängigkeit von der Landwirtschaft zu verringern und die vordringlichsten soziostrukturellen Probleme zu lösen.

Europäische Kommission
Generaldirektion Landwirtschaft 2001

Drittens wirkten sich die europäischen Politiken bereits spürbar auf die Entwicklung der Berggebiete aus. Die Gemeinsame Agrarpolitik der EU, die Umweltpolitik, die Politik über den wirtschaftlichen und sozialen Zusammenhalt oder die Verkehrspolitik hatten sich auf die Berggebiete der Europäischen Union zum Teil positiv, aber zum Teil auch negativ ausgewirkt. Somit war eine verbesserte Berücksichtigung der spezifischen Situation einiger Berggebiete, ihrer Bedürfnisse und Möglichkeiten erforderlich.

Schließlich musste auch das echte Potential für eine nachhaltige Entwicklung der Berggebiete eingehender bewertet werden. Umwelt- und Beschäftigungsfragen waren zu den beiden wichtigsten Herausforderungen geworden, die es galt, in Zukunft zu bewältigen. Im gegenseitigen Interesse der städtischen Räume und der Berggebiete mussten geeignete Antworten auf diese beiden Herausforderungen gefunden werden.

Damit wies die Politik zugunsten der Berggebiete eine eindeutig europäische Dimension auf. In der Tat hatte die EU bereits seit Jahren eine Politik zugunsten so genannter »benachteiligter Gebiete« entwickelt und den ländlichen Raum im allgemeinen als einen vorrangigen Bereich betrachtet. Berggebiete sollten im Mittelpunkt künftiger Initiativen zugunsten benachteiligter Gebiete stehen. Hierin zeigen sich bereits die Grenzen des Santini-Berichts, der die Politik der Berggebiete im Wesentlichen als eine Politik für benachteiligte Gebiete – aus wirtschaftlicher Sicht Gebiete zweiter Klasse – betrachtet. Dabei übersieht er zuweilen die Komplexität des ländlichen Raumes, der – wie an anderer Stelle bereits erörtert – weit mehr ist als nur ein »defizitärer Bereich«. Vor allem die Landwirtschaft in den Berggebieten leistet in unzähligen Fällen einen unverzichtbaren Beitrag zum Erhalt der Landschaft und zum Gleichgewicht der Umwelt. Berggebiete, aufgefasst als Lebensraum, als Raum des Handels, als Ort der Bildung, als Aus- und Weiterbildung, als sozioökonomischer und ökologischer Raum tragen dieser Komplexität und Vielfalt eher Rechnung.

Nichtsdestotrotz sind die Berggebiete aus sozialen, wirtschaftlichen und ökologischen Gründen ein Fall »sui generis«, weshalb eine spezifische Strategie auf europäischer Ebene als sinnvoll erscheint. Dementsprechend schrieb auch Santini:

In diesem Fall geht es nicht um eine Gegenüberstellung der Berggebiete mit anderen wirtschaftlich sensiblen Gebieten, wie dem ländlichen Raum oder den benachteiligten Gebieten, oder mit ökologisch sensiblen Gebieten, wie Feuchtgebieten, Küstengebieten oder dem arktischen Raum. Eine präzise Bewertung der Auswirkun-

gen der Gemeinschaftspolitiken und eine Anpassung der Maßnahmen zur Entwicklung ihres Potentials, zum Schutz der Umwelt und zur Wahrung des Zusammenhalts auf EU-Ebene sind für all diese Gebiete erforderlich und gerechtfertigt.

Daher forderte Santini auch eine Gemeinschaftsstrategie für die Berggebiete, die in erster Linie eine gerechte Form der Kompensation der für die Gesellschaft erbrachten Leistungen im Umweltbereich sicherstellt.

Anstatt ein permanentes Beihilfensystem zu entwickeln, soll die Fähigkeit der Bevölkerung und der Gemeinden in diesen Gebieten gefördert werden, selbst eine nachhaltige Entwicklung herbeizuführen, wobei das Potential für die Zukunft – stärker als die Nachteile – vor dem Hintergrund eines größeren Zusammenhalts und eines erhöhten Wettbewerbs auf europäischer Ebene hervorgehoben werden soll – so Santini.

Auch landschaftlich fügt sich diese Handwerkerzone in Gasteig bei Sterzing (Südtirol) gut ein.

Wiederholt wird im Bericht auch auf die beiden grundlegenden Fragen für die Zukunft der EU nach dem Jahr 2000, dem Umweltschutz und der Beschäftigungsfrage, aufmerksam gemacht, und des öfteren gefordert, diesen beiden Fragen bei der Formulierung der neuen Strategie der Europäischen Union für eine nachhaltige Entwicklung der Berggebiete zentrale Bedeutung beizumessen.

Mittlerweile haben sich diesen beiden Herausforderungen neue hinzugesellt. Inzwischen ist klar, dass es nicht nur die Herausforderungen der Umwelt- und Beschäftigungsfragen zu bewältigen gilt, sondern auch jene der Erweiterung der EU um zehn Kandidatenländer im Jahre 2004 und die substantielle Reform der Institutionen und Entscheidungsmechanismen der Gemeinschaft. Die Bereitschaft, ab 2004 zehn Beitrittskandidaten aufnehmen zu wollen – also Estland, Lettland, Litauen, Polen, die Tschechische Republik, die Slowakei, Ungarn, Slowenien, Malta und Zypern – macht dabei die Sache alles andere als leicht. Hatte man noch vor wenigen Jahren von verschiedenen Beitrittswellen gesprochen, so erscheint die gegenwärtige Politik als Beitrittsflut, die ohne die Gewährung politischer Skonti nicht zu bewerkstelligen ist. Die Rechnung für einen überhasteten Beitritt wird uns aller Voraussicht nach ab 2004 präsentiert werden. Umso mehr ist ein professioneller und vorsichtiger Umgang mit den diversen Politiken, vor allem in der Gemeinsamen Agrarpolitik und speziell in der Politik für die Berggebiete gefordert. Wir können uns im Aufbau eines europäischen Raumes der Freiheit, der Sicherheit, des Rechts und des Wohlstands keine »Skonti« leisten. Wenn daher gegenwärtig von

NACHHALTIGE LANDWIRTSCHAFT

Eine nachhaltige Landwirtschaft hat sich drei großen Herausforderungen zu stellen:

- Stärkung der Lebens- und Wettbewerbsfähigkeit des Landwirtschaftssektors
- Verbesserung der Lebensbedingungen und Erwerbsmöglichkeiten in ländlichen Gebieten
- Förderung umweltfreundlicher Praktiken sowie Schaffung von Dienstleistungen in der Erhaltung von Lebensräumen, Artenvielfalt und Landschaft

Europäische Kommission Generaldirektion Landwirtschaft 2001

18-jährigen Übergangsfristen die Rede ist, nur um damit auch noch nicht weit genug fortgeschrittene Beitrittskandidaten zur Mitgliedschaft tauglich zu machen, so kann nicht von einer seriösen und zukunftsorientierten Politik die Rede sein. Die Hypothek, die sich die Union mit derartigen unausgereiften Strategien auferlegt, wird sich nicht bezahlt machen. Vielmehr sollte am ursprünglich definierten Grundsatz festgehalten werden, dass nur beitrittsfähige Kandidaten in eine aufnahmefähige Union aufgenommen werden sollten. Angesichts der Tatsache, dass die EU aufgrund der Osterweiterung einen extrem hohen Geldbedarf haben wird, kommen Marktordnungen sowie das Programm für die ländliche Entwicklung unter Druck. Das Internationale Jahr der Berge 2002 sollte folglich als geeignete Gelegenheit wahrgenommen werden, um sich über die Notwendigkeit einer spezifischen Politik für die Berggebiete in der gesamten Europäischen Union eingehend Gedanken zu machen.

Der Santini-Bericht ging zwar weniger auf diese neuen Herausforderungen, die sich durch die Osterweiterung ergeben, ein, konzentrierte sich aber dafür auf den wichtigen Aspekt des ökologischen Zusammenhalts. Ausgehend von der Überzeugung, dass die Berggebiete für ganz Europa ein einzigartiges natürliches und kulturelles Erbe und lebenswichtige Ressourcen für das sozioökonomische Wohlergehen der Union darstellen, forderte der Abgeordnete Santini, dass die Europäische Union einen globalen, integrierten und kohärenten Ansatz für die Berggebiete entwickelt, um zu einem besseren Verständnis der großen Vielfalt dieser Gebiete zu gelangen. Dabei soll die Kohäsion in der Gemeinschaft nicht gefährdet, sondern vielmehr durch die Zusammenarbeit und die Solidarität unter den Berggebieten gestärkt werden. Als Grundvoraussetzung ortete er dabei eine in den Berggebieten ständig lebende Bevölkerung, die dort auf der Basis der Selbstversorgung leben sollte:

Zum Schutz dieses einzigartigen Erbes, zur Erhaltung des hydrologischen und landschaftlichen Gleichgewichts, der Schutzfunktion des Waldes, der Artenvielfalt, der freien Flächen und der Möglichkeiten zur Aufnahme von Besuchern, die Ruhe, Erholung und Entspannung suchen, ist es unerlässlich, dass eine ständige Bevölkerung auf Selbstversorgerbasis hier verbleibt.

Der Bericht sprach an dieser Stelle den wichtigen Aspekt bestimmter Tendenzen der Abwanderung aus Gebirgsregionen an. In der Tat muss jedoch die Bevölkerung in Berggebieten nicht nur in der Lage sein, ihre Grundlagen für eine nachhaltige Entwicklung zu bewahren, sondern auch neue Grundlagen zu finden, um sich in der heutigen Welt der Internationalisierung und Globalisierung ausreichende Mittel zur Bestreitung ihres Lebensunterhalts sichern zu können. Santini sprach sich in diesem Kontext vor allem auch für eine globale und europäische Wirtschaft aus, die regionale Eigenheiten und Identitäten nicht ignoriert, sondern ihnen umfassend Rechnung trägt:

Die Entwicklung muss, um nachhaltig zu sein, von einer vernünftigen Verwaltung der natürlichen und menschlichen lokalen Ressourcen mitgetragen werden und einen endogenen Prozess darstellen, der sich auf eine Wirtschaft stützt, in der die lokalen Identitäten geachtet werden, deren Stärke auf einem Gefühl der Verbundenheit des Einzelnen mit einer Gemeinschaft, mit seiner Geschichte und seiner Zukunft beruht und die sich auf dem Markt behaupten kann, indem sie mit ihrem Angebot an Gütern und Dienstleistungen die wachsende Nachfrage der Verbraucher nach dem Echten, nach Qualität und nach Schönheit befriedigt.

Dabei bestätigt Santini, dass sich bereits ein Großteil der Bewohner der Berggebiete der Entwicklung qualitativ hochwertiger landwirtschaftlicher Erzeugnisse und touristischer Dienstleistungen zugewandt hat und es daher notwendig sein wird, die für die Gesellschaft erbrachten Leistungen im Umweltbereich durch eine Grundversorgung der Bewohner der Berggebiete auszugleichen.

Die Bergbewohner müssen daher in Anerkennung der Leistungen, die sie für die Gesamtheit der Gesellschaft erbringen, einen Ausgleich erhalten, der nicht willkürlich erfolgt, sondern festgelegt ist und der vor allem durch Infrastrukturmaßnahmen und die Bereitstellung einer Grundversorgung auf die Verhinderung ihrer Abwanderung abzielt.

Der Santini-Bericht anerkennt an dieser Stelle einerseits die grundlegende Rolle, die die Landwirte im Bereich der Landschaftspflege und der Erhaltung der Ökosysteme in den Bergen spielen. Andererseits wird jedoch zu wenig der Tatsache Rechnung getragen, dass der Landwirt in erster Linie auch Unternehmer ist. Er darf nicht einfach nur zum Beitragsempfänger abgestempelt werden, weshalb mit Nachdruck festgehalten werden soll, dass auf europäischer Ebene eine klare Abkoppelung und Trennung zwischen Berggebieten und benachteiligten Gebieten von Nöten ist.

Neben den bisher erwähnten grundsätzlichen Orientierungslinien über eine neue Strategie für die Berggebiete werden im Santini-Bericht auch detaillierte sektorbezogene Vorschläge unterbreitet, die sich auf folgende neun Schwerpunktthemen erstrecken:

1. Bewertung der Gemeinschaftspolitiken in Bezug auf die Berggebiete
2. Regionales Gesamtkonzept für die Berggebiete
3. Austausch und Zusammenarbeit unter den Berggemeinden auf EU-Ebene
4. Spezifische Bedürfnisse und Möglichkeiten der Berggebiete im Rahmen der Politik des wirtschaftlichen und sozialen Zusammenhalts der EU
5. Verbesserung der Formen des Ausgleichs für die erbrachten Leistungen
6. Beihilfen für die Land- und Forstwirtschaft in den Bergen
7. Vermarktung und Etikettierung der qualitativ hochwertigen Erzeugnisse der Berggebiete und Bezeichnung der qualitativ hochwertigen Dienstleistungen dieser Gebiete
8. Förderung des Zugangs zu den neuen Technologien
9. Die Berggebiete im Lichte der Erweiterung der Union

Ohne an dieser Stelle die einzelnen Thematiken detailliert behandeln zu wollen sei doch angemerkt, dass der Bericht in vielen Bereichen sowohl innovative wie auch kritische Vorschläge enthält, die auch heute noch von ihrer Aktualität kaum einge-

Das Europäische Parlament in Brüssel (Frontalansicht)

büßt haben. So wird zum Beispiel angesichts der mangelnden Transparenz und Deutlichkeit der EU-Maßnahmen zugunsten der Berggebiete sowie aufgrund des Mangels an leicht verfügbaren Informationen zur Ermittlung der Bedürfnisse dieser Gebiete vorgeschlagen, verfügbare Daten zur Erstellung einer leicht zugänglichen und regelmäßig aktualisierten Dokumentation auszuwerten und die wichtigsten Vorschriften, die für die Berggebiete von Bedeutung sind, in einem einzigen Band – einem so genannten »Berg-Kodex der EU« zu veröffentlichen, um endlich Klarheit zu schaffen. An anderer Stelle wird wiederum in Anbetracht der Tatsache, dass ein größeres Know-how durch den Erfahrungsaustausch unter den Regionen für die Zukunft der europäischen Berggebiete unerlässlich ist, vorgeschlagen, den Austausch und die Zusammenarbeit unter den

Berggemeinden auf EU-Ebene endlich sinnvoll mit geeigneten finanziellen Mitteln zu fördern.

Der Santini-Bericht stellt einen wichtigen Schritt der EU hin zu einer neuen Strategie für Gebirgsregionen dar. Die vorrangigen Leitlinien für einen neuen Ansatz umfassten sowohl die Attraktivität des Wirtschaftsstandorts »Berggebiet« als auch den Schutz des natürlichen und kulturellen Erbes der Berge sowie die Hervorhebung der Wichtigkeit der Zusammenarbeit unter den Berggemeinden der EU-Mitgliedstaaten und Beitrittskandidaten. Leitmotiv blieb dabei die Landwirtschaft in Berggebieten, die – wie erläutert – nicht von benachteiligten Regionen unterschieden wurde. Nichtsdestotrotz ist die Relevanz des Santini-Berichts für eine substantielle Überarbeitung und Weiterentwicklung der Politik der EU unbestritten. Der Abgeordnete Giacomo Santini verglich in der Debatte über meinen Initiativbericht im Plenum des Europäischen Parlaments am 6. September 2001 die unterschiedlichen und trotzdem einander ergänzenden Ansätze der beiden Berichte:

Mein Bericht ging von den Berggebieten in ihrer Gesamtheit und in ihrer Gesamtproblematik aus, um dann zu der Schlussfolgerung zu gelangen, dass auch in diesen Gebieten die Landwirtschaft den Angelpunkt bildet und weiter bilden wird. In dem Bericht Ebner – und ich beglückwünsche den Berichterstatter zu seiner sachlichen Behandlung des Themas – wird diese Dimension weiter in die Zukunft projiziert, und es werden neue Horizonte eröffnet; ich kann sagen, er geht genau von der Schlussfolgerung des vorhergehenden Berichts aus und zeigt auf, dass gerade der Agrarsektor die Grundlage bilden kann, um den Bergregionen die Hilfe zu bringen, um die wir hier alle rufen.
Allerdings setzt sich erneut die Erkenntnis durch, dass es die Landwirtschaft alleine nicht schaffen kann; deshalb werden auch in dem Bericht des Kollegen Ebner Vorschläge unterbreitet, in welche die gesamte Lebenswelt der Bergregionen einbezogen wird: Verkehr, Infrastrukturen, Fremdenverkehr, Ökosystem.

Der Santini-Bericht war allerdings nicht das erste Dokument des Europäischen Parlaments, das sich in umfassender Weise dem Thema der Berggebiete widmete. Bereits in den achtziger Jahren hatte es einen Bericht des italienischen Christdemokraten Arnaldo Colleselli gegeben, auf den im Folgenden eingegangen werden soll.

Der Entschließungsantrag des Santini-Berichts

Entschließung zu einer neuen Strategie für die Berggebiete

Das Europäische Parlament,

- unter Hinweis auf Artikel 148 seiner Geschäftsordnung,
- unter Hinweis auf die im Auftrag der Generaldirektion Wissenschaft ausgearbeitete Studie mit dem Titel »Vers une politique européenne des zones de montagne – problèmes, impact des mesures et adaptations nécessaires«,
- unter Hinweis auf den Bericht des Ausschusses für Landwirtschaft und ländliche Entwicklung (A4-0368/98),

A in der Erwägung, dass die Berggebiete etwa 20 Prozent der landwirtschaftlichen Fläche der EU ausmachen,

B in der Erwägung, dass die landwirtschaftliche Tätigkeit in den Berggebieten durch zahlreiche Faktoren, wie die Höhe, die Hangneigung, die Kargheit der Böden, geringe Bevölkerungsdichte und kleine Bewirtschaftungseinheiten stark eingeschränkt ist,

C in der Erwägung, dass die Trocken- und Halbtrockengebiete aufgrund der geringen und unregelmäßig verteilten Niederschlagsmengen und die arktischen Gebiete aufgrund der kurzen Dauer der Vegetationszeit und des rauen Klimas vor ähnlichen Problemen stehen,

D in der Erwägung, dass die geomorphologischen Gegebenheiten gravierende Probleme für das Kommunikations- und Verkehrswesen schaffen, die durch die Entfernung von den Siedlungsgebieten und den Märkten noch verschärft werden,

E in Erwägung der Gefahr einer allmählichen Entvölkerung der Berggebiete aufgrund der Überalterung der Bevölkerung und der mangelnden Anziehungskraft für die Jugend, die sich zwar gern dort ansiedeln möchte, sich aber von den harten Lebensbedingungen, der Einsamkeit und den geringen Einkommensaussichten abschrecken lässt,

F in der Erwägung, dass die Berggebiete sowie die Trocken- und Halbtrockengebiete aufgrund ihrer vielen für die gesamte

Union lebenswichtigen Ressourcen unersetzlich sind und den Schutz der Gewässer, der Wälder, seltener Tierarten und Lebensräume und die Erhaltung von Erholungs- und Freizeiträumen sicherstellen,

G in der Erwägung, dass demnach diese Gebiete dank ihrer Besonderheiten und ihrer ökologischen und sozialen Bedeutung anderen ländlichen Gebieten nicht gleichgestellt werden können, sondern eine spezifische, auf ihre Erfordernisse ausgerichtete Interventionsstrategie erfordern; dass in diesem Sinne alle Maßnahmen für die benachteiligten Gebiete flexibel gestaltet werden müssen,

H in der Erwägung, dass im Zusammenhang mit den Übereinkommen über den grenzüberschreitenden Verkehr für die Berggebiete, insbesondere die Alpenpässe, der Vorschlag geprüft wurde, eine besondere Klausel einzuführen, wonach diese Gebiete als ökologisch »empfindliche Gebiete« anerkannt werden sollten,

I in der Erwägung, dass die von den Bewohnern der Berggebiete, insbesondere von der landwirtschaftlichen Bevölkerung, für die Allgemeinheit erbrachten Leistungen nur ungenügend abgegolten werden,

J in Erwägung der Risiken, denen sich die kleinen landwirtschaftlichen Betriebe gegenübergestellt sehen, die der Globalisierung der Märkte kaum ausschließlich aus eigener Kraft begegnen können,

K in der Erwägung, dass für diese Gebiete Basisinfrastrukturen (Schulen, Straßen, soziale Einrichtungen) bereitgestellt werden müssen, um der Verödung entgegenzuwirken, die infolge des unvermeidlichen Niedergangs der verlassenen Gebiete und der Schwierigkeiten und hohen Kosten von Gegenmaßnahmen einen irreversiblen Prozess darstellt,

L in der Erwägung, dass die Landwirtschaft in den Berggebieten und den Trocken- und Halbtrockengebieten in Anbetracht der bereits genannten natürlichen Nachteile keinesfalls mit der Landwirtschaft in der Ebene konkurrieren kann,

M in der Erwägung, dass die Maßnahmen der nationalen Behörden und der Gemeinschaft ökonomisch auf die Unterstützung lokaler Initiativen abzielen sollten, bei denen die Förderung einer endogenen Entwicklung durch die Schaffung und Diversifizierung der Tätigkeiten und eine möglichst bodenständige Erzeugung im Mittelpunkt stehen,

N in der Erwägung, dass derartige Maßnahmen im Umweltbereich darauf abzielen sollten, alle Betroffenen mit den notwendigen Kenntnissen und Fähigkeiten zur Sicherstellung einer vernünftigen Nutzung der natürlichen Ressourcen und einer ausgewogenen Raumordnungspolitik auszustatten,

O in der Erwägung, dass sich die von der EU mit der Richtlinie 268/75 eingeführten Ausgleichszulagen im Sinne einer Verlangsamung der Abwanderung der Agrarbevölkerung aus den Berggebieten sowie den Trocken- und Halbtrockengebieten positiv ausgewirkt haben, es aber dringend notwendig ist, die Abgrenzung der Berggebiete auf der Grundlage gemeinschaftlicher Kriterien weiterhin vorzunehmen, wobei in den Mitgliedstaten die innere Differenzierung dieser Gebiete nach dem Grad der Benachteiligung vorzunehmen ist,

P in der Erwägung, dass im Rahmen der Strukturfonds, der Gemeinschaftsinitiativen wie *Leader* und der neuen Strategie für die ländliche Entwicklung spezifische Maßnahmen zugunsten der Berggebiete vorgesehen werden müssen,

Q in der Erwägung, dass im Rahmen der derzeit laufenden Prüfung der Agenda 2000 auch ausführliche Beratungen über die Problematik der Berggebiete stattfinden können, die einen ihrer sozialen, wirtschaftlichen und ökologischen Bedeutung entsprechenden Stellenwert erhalten müssen,

1. fordert die Europäische Kommission auf, in Zusammenarbeit mit den betroffenen Regionen und Regierungen die bereits bestehenden Maßnahmen zugunsten der Berggebiete und, nach entsprechender Anpassung, zugunsten der Trocken- und Halbtrockengebiete insbesondere in folgenden Bereichen zu ergreifen:

1.1 Erhebung und Aktualisierung aller verfügbaren Informa-

tionen, regelmäßige Veröffentlichung von Berichten und Vorlage einer Mitteilung an den Rat und an das Parlament über die Berggebiete der EU,
1.2 Vorlage eines Aktionsplans der Gemeinschaft zugunsten dieser Gebiete,
1.3 Ausarbeitung eines spezifischen Programms für die Berggebiete im Rahmen der neuen Maßnahmen für die ländliche Entwicklung und im Bereich der Initiativen für die grenzüberschreitende Zusammenarbeit,
1.4 im Zusammenhang mit der Reform der Strukturfonds und insbesondere dem neuen Ziel 2 Stärkung der Bewertungs- und Kontrollverfahren und genaue Abgrenzung der förderungswürdigen Gebiete auf der Ebene der Gemeinden oder Gemeindeverbände mittels aktualisierter Förderkriterien; Unterstützung des Aufbaus der nötigen Verkehrs- und Kommunikationsinfrastrukturen; Verbesserung der Ausgleichsmaßnahmen der Union für die von den Bewohnern der Berggebiete sowie der weiteren genannten Gebiete für die Allgemeinheit im Umweltbereich erbrachten Leistungen,
1.5 Einführung einer Ausnahmeregelung von den EU-Rechtsvorschriften über die staatlichen Beihilfen für die Betriebe, die in Gebieten von großer landwirtschaftlicher Schönheit, zum Beispiel Nationalparks in Berggebieten, tätig sind,
1.6 Förderung der nationalen und regionalen Ausgleichsmaßnahmen für die Berggebiete, die nicht unter das künftige Ziel 2 fallen, und EU-Unterstützung durch Partnerschaftsabkommen,
1.7 Beibehaltung und Aufstockung der derzeit bestehenden Ausgleichszulagen zur Erhöhung des landwirtschaftlichen Einkommens sowie zur wirksameren Bekämpfung des Abwanderungstrends,
1.8 flexiblere Gestaltung der Regelung über Ausgleichszulagen, da nach dem derzeitigen flächenbezogenen System und dem System nach Vieheinheiten kein den natürlichen Nachteilen entsprechender Ausgleich möglich ist,
1.9 Einführung oder gegebenenfalls Beibehaltung günstigerer gestaffelter Sätze für die Gemeinschaftsbeihilfen für Investitio-

nen, Verarbeitung und Vermarktung landwirtschaftlicher Produkte und für alle Strukturmaßnahmen,
1.10 Unterstützung der nachhaltigen Produktionssysteme und der lokalen Rassen (zum Beispiel Zucht der genealogisch wertvollen weiblichen Rinder, die nicht für Zuchtzwecke im Betrieb, sondern für den Verkauf an Milcherzeuger bestimmt sind) und Arten,
1.11 Prüfung der Möglichkeit, die kleinen Milcherzeuger in den Berggebieten von der Milchquotenregelung auszunehmen, da die Milcherzeugung fast immer ihre einzige Lebensgrundlage bildet und auf die Verarbeitung der Milch zu qualitativ hochwertigen lokalen Erzeugnissen (Butter, Käse) ausgerichtet ist; dadurch darf jedoch keine neuerliche Diskussion über die generelle Fortsetzung der Milchquotenregelung entfacht werden,
1.12 Einführung spezieller Mittel für die Unterstützung der Milch- und Fleischerzeugung sowie der Aufzucht weiblicher Zuchtrinder im Rahmen der GAP; diese Erzeugnisse bilden traditionellerweise Grundpfeiler der Berglandwirtschaft, deren einzige Einnahmequelle sie häufig darstellen,
1.13 da die Land- und Forstwirtschaft in den Berggebieten einen unverzichtbaren Beitrag für die ökologische Stabilität der Regionen sowie für den Erhalt der naturnahen Kulturlandschaften leistet, verstärkte Abgeltung dieser Leistungen über gemeinschaftliche Umweltprogramme, wobei auch die Forstwirtschaft einzubeziehen ist; Ausweitung der Umweltschutzmaßnahmen in der Landwirtschaft auf die Forstwirtschaft; Gewährung von Beihilfen an die Gemeinden und die Forstwirtverbände in den Berggebieten sowie den Trocken- und Halbtrockengebieten zur Verhütung und Bekämpfung von Waldbränden und zur Aufforstung auf der Grundlage von Kriterien, die auf den Schutz der Umwelt, der Artenvielfalt und der Landschaft abzielen,
1.14 nach dem Grundsatz der Subsidiarität Verwaltung aller Arten von Beihilfen und Interventionen auf möglichst dezentralisierter Ebene,

1.15 prioritäre Behandlung der Berggebiete im Rahmen der Verkehrspolitik, des Mehrjahresprogramms für den Fremdenverkehr und des Aktionsplans für die Informationsgesellschaft im Zusammenhang mit dem Nahverkehr, insbesondere zur Steigerung der Wettbewerbsfähigkeit der Erzeuger aus abgelegenen Gebieten, denen durch den Transport ihrer Erzeugnisse in die Bearbeitungs- und Vermarktungszentren hohe Kosten entstehen sowie im Zusammenhang mit der Planung verschiedener Formen des Fremdenverkehrs, der lokalen Zusammenarbeit und der Aufwertung der lokalen Kulturen und Traditionen sowie im Bereich der neuen Informationstechnologien,
1.16 Nutzung des Potentials an erneuerbaren Energiequellen in den Berggebieten (aus der Land- und Forstwirtschaft oder der Windkraft) durch finanzielle Anreize und/oder Steuererleichterungen,
1.17 Förderung der Investitionen in die kleinen lokalen Produktionseinheiten, in das traditionelle Handwerk, wobei das Jungunternehmertum durch finanzielle Anreize oder Steuererleichterungen zu fördern ist, damit die Kontinuität der traditionellen Erzeugung gewährleistet werden kann; Direktvermarktung der Erzeugnisse sowie Aufbau von Einrichtungen in unmittelbarer Nähe zur Lagerung und zum Vertrieb dieser Erzeugnisse,
1.18 Förderung des Aufbaus kleiner, im Tal gelegener Einheiten zur Trocknung oder Dehydratisierung des Grünfutters,
1.19 Berücksichtigung der Probleme der Berggebiete auch im Rahmen der Beitrittsverhandlungen mit den MOEL, insbesondere zur Unterstützung im Zusammenhang mit dem Finanzierungsinstrument der Heranführungshilfe,
2. beauftragt seinen Präsidenten, diese Entschließung dem Rat und der Kommission zu übermitteln.

Der Colleselli-Bericht über eine spezifische Gemeinschaftsaktion zugunsten der Region Venetien

Arnaldo Colleselli

In den frühen achtziger Jahren entstand der erste bedeutende Bericht des Europäischen Parlaments bezüglich der Berggebiete der damaligen Zehnergemeinschaft. Zum Berichterstatter wurde On. Arnaldo Colleselli ernannt. Allerdings entstand der damalige Bericht unter Voraussetzungen, die sich von den heutigen Herausforderungen in vielerlei Hinsicht unterscheiden. Am wichtigsten ist dabei zweifelsohne die Tatsache, dass es 1983 um – wie es im Wortlaut des Berichts heißt – spezifische Gemeinschaftsaktionen zur Ankurbelung der Landwirtschaft und der Forst- und Weidewirtschaft durch die Wiedernutzbarmachung der von einer Störung des hydrogeologischen Gleichgewichts betroffenen Flächen im Berg- und Dolomitengebiet der Region Venetien ging. Aufgrund katastrophenbedingter Voraussetzungen sollte punktuell eine bestimmte Region der Europäischen Gemeinschaft unterstützt werden. Es ging also nicht um eine gesamteuropäische sowie zukunftsgewandte Gemeinschaftspolitik, sondern um spezifische Hilfeleistung im Krisenmanagement. Nichtsdestotrotz dokumentiert der Colleselli-Bericht vom 26. Oktober 1983 das Engagement des Europäischen Parlaments in diesem Bereich und er markiert zugleich auch eine Etappe der Gemeinschaftspolitiken zugunsten der Landwirtschaft in den Gebirgsregionen.

Im Folgenden soll auf die wichtigsten Aspekte dieses Berichts eingegangen werden. Wie bereits erwähnt, stellen generell das Berggebiet und insbesondere das Dolomitengebiet Venetiens sowie die Bedrohung dieser einmaligen Landschaft und dieses Lebensraums durch Hochwasser und Erdrutsche das zentrale Thema des Berichts dar. Konkret werden beispielsweise die schweren Schäden und die Verluste von Menschenleben infolge der Überschwemmungen von 1965/66 genannt, wobei verschiedene Gebiete in den Provinzen Belluno, Vicenza und Verona als die am stärksten betroffenen Gebiete identifiziert werden. Als besonders wichtige Initiative dieses Berichts kann die Forderung gewertet werden, dass die bezüglich dieser Gebiete und ihrer zerstörten Infrastrukturen bereits bestehenden EG-Interventionen endlich in einen effizienten Gemeinschaftsplan eingebunden werden sollten. Eine kurzfristige, punktuelle Planung sollte also aus der Perspektive des Colleselli-Berichts durch einen langfristigen, mehrere Einzelinitiativen umspannenden Plan ersetzt werden. Als Begründung werden in erster Linie die negativen Auswirkungen von möglichen Abwanderungen der Bevölkerung angegeben:

Regionen

Für die Regionen der Europäischen Union und ihre Bürger besteht in wirtschaftlicher und sozialer Hinsicht noch keine Chancengleichheit. In allen Mitgliedstaaten sind in Bezug auf Entwicklung und Lebensstandard Unterschiede zwischen den Regionen zu verzeichnen. Auf Ebene der Europäischen Union insgesamt sind die Unterschiede noch ausgeprägter.

Europäische Kommission
Generaldirektion Regionalpolitik 2001

Die Abwanderung aus den Berggebieten hätte mit der Überbevölkerung der städtischen Ballungsräume weitere bedenkliche Auswirkungen auf das übrige Gebiet und hätte zur Folge, dass die Infrastrukturen und Dienstleistungen nicht mehr ausreichen, das psychologische und kulturelle Gleichgewicht gestört wird und es zu immer stärkeren sozialen und individuellen Spannungen kommt.

Darüber hinaus wird auch auf den hydrogeologischen Schutz durch die Besiedelung der Berggebiete verwiesen, wodurch die Zerfallserscheinungen aufgehalten und die oftmals verheerenden Katastrophen in Grenzen gehalten werden können. Schließlich – und diesem Aspekt kommt vor allem auch für unseren Raum zentrale Bedeutung zu – geht der Colleselli-Bericht auch detailliert auf das besonders in Berggebieten vorhandene Bedürfnis, die eigne Identität zu bewahren, ein. In diesem Kontext bezeichnet er es als eine europäische Aufgabe, diesem

Identitätsbedürfnis in einer Gemeinschaftspolitik zugunsten der Berggebiete in gebührender Weise Rechnung zu tragen; schließlich muss im Mittelpunkt der Gemeinschaftspolitiken nach wie vor der europäische Bürger stehen:

Die Stabilität des Ökosystems der Bergwelt, mit ihren menschlichen, landschaftlichen und wirtschaftlichen Werten, die untereinander eng verwoben sind, hängt in erster Linie davon ab, ob sich der Mensch, der unerlässlicher Bestandteil dieses Systems ist, aktiv und kreativ darin behaupten kann.

Schließlich fordert der Bericht in seinen Schlussfolgerungen eine finanzielle Maßnahme der Gemeinschaft der Region Venetien, welche die Bekämpfung der Störung des hydrogeologischen Gleichgewichts unterstützen soll:

Diese Bekämpfung ist nämlich die unabdingbare Voraussetzung für den Schutz und die Entwicklung sowohl der Land-, Forst- und Weidewirtschaft in den betref-

Der Tourismus ist zu einer Haupteinnahmequelle in hohen Gebirgsregionen geworden. Es ist oft schwer, die Ökonomie mit der Ökologie und der Landschaftspflege zu verbinden.

fenden Gebieten, als auch anderer Wirtschaftstätigkeiten, wie zum Beispiel des Fremdenverkehrs, der Industrie, des Handwerks, des Verkehrswesens, die sich ständig der ernsten Bedrohung durch die Zerstörung der Umwelt gegenüberstehen.

Ganz im Einklang mit dieser Argumentation fordert der Entschließungsantrag des Berichts eine Koordinierung der bereits vorhandenen Finanzinstrumente, die Möglichkeit eine Ad-hoc-Dotierung im EG-Haushalt, um auf etwaige Krisen sofort reagieren zu können, sowie Ausdehnung bestimmter EG-Programme, auf welche die Region Venetien bisher keinen Zugriff hatte, um weitere finanzielle Unterstützungsmöglichkeiten freizusetzen.

Abschließend sei nochmals hervorgehoben, dass die im Bericht vertretene Auffassung, Berggebiete als komplexes soziales, kulturelles, ökologisches und ökonomisches Gebilde aufzufassen, als positiver Aspekt zu beurteilen ist, während die auffallend häufige Verbindung der Bergregionen mit benachteiligten Regionen dieser Vielfalt der Bergwelt nicht gerecht zu werden scheint. Ebenso hat er wegen seiner primären Ausrichtung, einen Beitrag zum Krisenmanagement zu leisten, heute aufgrund veränderter Rahmenbedingungen an Aktualität eingebüßt. Nichtsdestotrotz markiert der Colleselli-Bericht aber eine wichtige Entwicklungsstufe der Gemeinschaftsmaßnahmen zugunsten der Berggebiete.

Der Entschließungsantrag des Colleselli-Berichts

Zu einer spezifischen Gemeinschaftsaktion zur Ankurbelung der Landwirtschaft und der Forst- und Weidewirtschaft durch die Wiedernutzbarmachung der von einer Störung des hydrogeologischen Gleichgewichts betroffenen Flächen im Berg- und Dolomitengebiet der Region Venetien.

Das Europäische Parlament,

- in Kenntnis des Entschließungsantrags der Abgeordneten COLLESELLI, RUMOR, DALSASS, LIGIOS, FRÜH, D'ORMES-

SON, STELLA, GIUMMARRA, COSTANZO, DIANA, BARBAGLI, GHERGO zu einer spezifischen Gemeinschaftsaktion zur Ankurbelung der Landwirtschaft und der Forst- und Weidewirtschaft durch die Wiedernutzbarmachung der von einer Störung des hydrogeologischen Gleichgewichts betroffenen Flächen im Berg- und Dolomitengebiet der Region Venetien
(Dokument 1 – 177/83)

➤ in Kenntnis des Berichts des Landwirtschaftsausschusses (Dokument 1 – 908/83),

A in der Erwägung, dass das Berg- und Dolomitengebiet der Region Venetien schwere hydrogeologische Schäden durch immer wieder drohende Erdrutsche und Überschwemmungen erleidet,

B in der Erwägung, dass durch diese Situation die Land- und Forstwirtschaft dieses Gebietes, insbesondere die Tierzucht, beeinträchtigt bzw. auf ein Mindestmaß reduziert worden ist,

C in der Erwägung, dass alle übrigen Wirtschaftstätigkeiten, das Handwerk, die Kleinindustrie, der Fremdenverkehr erheblich von der Verschlechterung der Infrastrukturen, insbesondere des Straßennetzes, und der unsicheren und gefährlichen allgemeinen Lage in Mitleidenschaft gezogen wurden,

D in der Erwägung, dass all dies eine massive Landflucht der dortigen Bevölkerung verursacht hat, wodurch die Umweltschäden und die Störung des Umweltgleichgewichts noch verschlimmert wurden,

E in der Erwägung, dass dadurch das Gefälle zwischen der betroffenen Region und den übrigen Regionen der Gemeinschaft hinsichtlich der Einkommen, der sozialen Lage, der Produktions- und Vermarktungsstrukturen, der Infrastrukturen und der Dienstleistungen noch größer wird,

F in Anbetracht der von den Gemeinschaftsinstanzen einhellig eingegangenen Verpflichtung, sich solidarisch zugunsten der am meisten benachteiligten Regionen mit Hilfe angemessener finanzieller Maßnahmen einzusetzen,

G in der Erwägung, dass die Region Venetien nicht in den Genuss einiger der wichtigsten Finanzinstrumente der Gemeinschaft gelangt,

1. fordert die Kommission auf, im Einvernehmen mit der betroffenen Region eine spezifische Aktion zur Ankurbelung der landwirtschaftlichen und außerlandwirtschaftlichen Aktivitäten des Dolomitengebietes der Region Venetien einzuleiten, um die Beschäftigung zu fördern und die Landflucht der dortigen Bevölkerung einzudämmen,

2. ist der Meinung, dass diese Aktion auf Maßnahmen zum Schutz des Bodens zur Aufforstung, zur Verbesserung des Waldbestandes und zum Ausbau des Straßennetzes gestützt sein sollte,

3. ist der Ansicht, dass diese Aktion bezüglich der Finanzhilfe der Gemeinschaft drei Punkte umfassen sollte:

- Koordinierung der bereits vorhandenen Finanzinstrumente,
- Möglichkeit einer Ad-hoc-Dotierung im Haushalt durch Einsetzung eines neuen Postens in den nächsten Haushaltsplan,
- Ausdehnung des Anwendungsgebietes derjenigen Verordnungen und Gemeinschaftsmaßnahmen auf die Region Venetien, die diese zur Zeit nicht in Anspruch nehmen kann,

4. hebt hervor, wie dringlich eine Revision des Regionalfonds dahingehend ist, dass in ihn auch gebietsspezifische Interventionsmaßnahmen der obengenannten Art aufgenommen werden, die die unabdingbare Voraussetzung für jede produktive Investition darstellen,

5. fordern nachdrücklich, dass bei der Revision der Richtlinie 75/268 über die Landwirtschaft in Berggebieten und in einigen benachteiligten Gebieten auch die besondere Lage der Gebiete, die von schweren natürlichen Beeinträchtigungen wie Störung des hydrogeologischen Gleichgewichts bedroht sind, durch eine Aufstockung der finanziellen Mittel und die Verabschiedung angemessener Maßnahmen berücksichtigt wird,

6. beauftragt seinen Präsidenten, diese Entschließung dem Rat und der Kommission zu übermitteln.

6. KAPITEL

Ausblick auf die Gemeinsame Agrarpolitik der Europäischen Union

Eine Vielfalt von Aufgaben für die europäische Landwirtschaft

Als die Gemeinsame Agrarpolitik (GAP) 1962 ins Leben gerufen wurde, war noch nicht abzusehen, dass sie in der Entwicklung der EU so lange der einzige vergemeinschaftete Politikbereich bleiben würde. In den vergangenen Jahrzehnten hat sie sich kontinuierlich weiter entwickelt und sich den neuen Anforderungen und Rahmenbedingungen angepasst. Die Aufgaben, die sie dabei zu bewältigen hatte, waren enorm. Man denke beispielsweise nur daran, dass es vor fünfzig Jahren in Europa doppelt so viele Landwirte gab wie heute, dass sich aber seither gleichzeitig die Produktion verdoppelt hat.

Wirtschaftliche und technologische Veränderungen wurden dabei stets von strukturpolitischen Maßnahmen begleitet, welche die verschiedenen Aspekte der GAP widerspiegeln und der bedeutenden sozialen Rolle der Landwirtschaft in der EU, ihrer regionalen und nationalen Vielfalt und der notwendigen Berücksichtigung von Umwelt- und Verbraucherbelangen Rechnung tragen.

Der Europäische Rat in Berlin legte 1999 mit dem Reformbeschluss zur Agenda 2000 den Rahmen für die Gemeinsame Agrarpolitik für die Periode 2000 bis 2006 fest. Mit der neuen zweiten Säule der GAP, die die ländliche Entwicklung betrifft, soll besser als bisher auf die multifunktionelle Konzeption des europäischen Modells eingegangen werden.

Das Konzept dieser Multifunktionalität besteht in einer Vielfalt von Aufgaben: Obwohl weiterhin die Produktion von Nahrungsmitteln und Rohstoffen die primäre Aufgabenstellung für Europas Landwirtschaft bleibt, soll die GAP gleichzeitig und in Verbindung mit der Produktion bei der Aufrechterhaltung der ländlichen Infrastrukturen und bei der Erhaltung des ländlichen Raumes mitwirken. Der Ausbau der ländlichen Entwicklung zur zweiten Säule ist wohl das wichtigste Ergebnis der grundlegenden Reform der Gemeinsamen Agrarpolitik. Dazu gehören auch folgende fünf Aspekte: Zunächst einmal verfolgt das Europäische Agrarmodell einen flächendeckenden Ansatz. Das bedeutet, dass der Politik, Landwirtschaft nur dort zu betreiben, wo es am günstigsten oder vorzüglichsten ist, von Seiten der EU eine klare Absage erteilt wurde. Zweitens ist dem Prinzip der nachhaltigen Entwicklung eine besondere Rolle beschieden. Die einzige mit dem Vertrag vereinbare Form der Landwirtschaft ist demnach jene der verantwortungsbewussten Nutzung der Ressourcen und damit der Erhalt der Umwelt. Die damit verbundene nachhaltige und standortbezogene Pfle-

Handwerkerzone Sand in Taufers. In der Bildmitte Dorf und Schloss Sand in Taufers (Südtirol). Im Hintergrund der Schwarzenstein (3368 Meter), ein Gipfel des Alpenhauptkammes.

ge und Bewirtschaftung der Wälder gewährleistet drittens eine geeignete und effiziente Katastrophenvorsorge. Schließlich entspricht es der Multifunktionalität des europäischen Landwirtschaftsmodells, u. a. Tourismus und Freizeitdienstleistungen bereitzustellen, um somit die Funktionsfähigkeit der ländlichen Räume zu erhalten und zu gestalten.

Der neue Ansatz ermöglicht die Stärkung des Sektors Land- und Forstwirtschaft, erhöht die Wettbewerbsfähigkeit des ländlichen Raumes und fördert die Sensibilität für ökologische Belange und den Schutz der Umwelt.

Gerade für den Alpenraum sind diese Leistungen nicht wichtig genug einzuschätzen. Über Jahre hinweg wurden die Landschaftspflege und die Land- und Forstwirtschaft als einfache Nebeneffekte der Bewirtschaftung ländlicher Flächen und Wälder betrachtet. Multifunktionale Leistungen sind nun nicht mehr eine Selbstverständlichkeit. Die Erfüllung der gesamten multifunktionalen Aufgabenstellung durch unsere Land- und Forstwirtschaft erfährt durch die reformierte GAP eine explizite Honorierung. Für unseren Raum ist dies besonders wichtig, leistet doch die vergleichsweise von kleinen Betrieben geprägte Agrarstruktur im Tiroler Gebiet einen unverzichtbaren Beitrag für die Erhaltung und zur Vitalität des ländlichen Raumes als Siedlungsgebiet und Wirtschaftsstandort.

Landwirtschaft und Umwelt

Seit die Gemeinsame Agrarpolitik 1962 ins Leben gerufen wurde, haben Umwelterwägungen ständig an Bedeutung gewonnen. Heute ist die Agrarpolitik der Europäischen Union zu einem wesentlichen Teil auch Umweltpolitik, denn zum einen sind Land- und Forstwirtschaft auf den Bestand der natürlichen Ressourcen angewiesen, zum anderen kann die abwechslungsreiche Landschaft und deren Artenvielfalt durch eine intensive Bewirtschaftung in Mitleidenschaft gezogen werden. So sind vom Mittelmeerraum bis zu den subarktischen Regionen Landwirtschaft und Umwelt in beträchtlichem Maße aufeinander angewiesen.

Das angestrebte Verhältnis zwischen Landwirtschaft und Umwelt wird dabei mit dem Begriff der »nachhaltigen Landwirtschaft« umschrieben. Die Nachhaltigkeit als Grundprinzip der EU-Politik wird als eine Entwicklung definiert, die unsere heutigen Bedürfnisse erfüllt, ohne die Nachfolgegenerationen in ihren Möglichkeiten einzuschränken, ihre eigenen Bedürfnisse zu erfüllen. Bei der »nachhaltigen Landwirtschaft« müssen die natürlichen Ressourcen folglich so bewirtschaftet werden, dass sie auch in Zukunft genutzt werden können. Bei dieser Definition der Nachhaltigkeit wird nicht nur das Eigeninteresse der Landwirte deutlich, sondern sie trägt auch den Landschafts- und Flächennutzungsaspekten Rechnung, so dem Schutz der Landschaft, der Habitate und der Artenvielfalt sowie allgemeinen Zielen, wie der Qualität des Trinkwassers und der Luft.

An der jüngsten Ausgestaltung und Reform der Gemeinsamen Agrarpolitik kommt EU-Kommissar Franz Fischler ein hohes Verdienst zu. Ihm gelang es, seit dem Beitritt Österreichs 1995 kontinuierlich die GAP zu reformieren und den sich verändernden Rahmenbedingungen anzupassen. Dies ist zweifelsohne keine Selbstverständlichkeit, denn zum einen sind Franz Fischler und sein Kollege Michel Barnier, zuständiger Kommissar für Regionalpolitik, die einzigen beiden Kommissare der 20-köpfigen EU-Kommission, die selbst aus Bergregionen stammen, während die übrigen Kommissionsmitglieder zumeist aus den großen Konglomeraten und aus Industrie- und Wirtschaftszentren kommen. Zum anderen steht hinter den Interessen der Industrie und der Landarbeitergewerkschaften zuweilen eine einflussreiche und starke Lobby und selbst manche Regionen und Mitgliedstaaten der EU favorisieren eher Subventionen an landwirtschaftliche Großbetriebe als eine degressive Subventionsform. Eine substantielle Reform konnte daher nur unter größten Schwierigkeiten eingeleitet werden. Mittlerweile verfolgt die EU-Agrarpolitik jedoch fünf Hauptziele, und zwar

- die Steigerung der Wettbewerbsfähigkeit,

- die Sicherstellung der Unbedenklichkeit und der Qualität von Lebensmitteln,
- die Erhaltung eines angemessenen Lebensstandards für die landwirtschaftliche Bevölkerung,
- die Stabilisierung der Betriebseinkommen sowie eine bessere Einbeziehung der Umweltziele in die GAP und
- die Entwicklung alternativer Beschäftigungs- und Einkommensmöglichkeiten für Landwirte und ihre Familien.

Die verschiedenen Aufgaben der Landwirte, vor allem bei der Erhaltung und Bewahrung des Landschaftsbildes, stehen zunehmend im Schlaglicht des öffentlichen Interesses. Verlangt die Gesellschaft von den Landwirten über das Mindestmaß an guter landwirtschaftlicher Praxis hinaus Umweltleistungen zu

Das Justus-Lipsius-Gebäude in Brüssel, Hauptsitz des EU-Ministerrats

erbringen, sich um die Umwelt zu sorgen und auch die verbindlichen Rechtsvorschriften zu befolgen, so ist es legitim, dass umgekehrt auch unsere Bauern einen Ausgleich für die bei der Erbringung dieser gesellschaftlichen Leistung anfallenden Kosten und Einkommensverluste erhalten.

Die Vorschläge des für Landwirtschaft und Fischerei zuständigen Kommissars Franz Fischler sind in diesem Zusammenhang ausgewogen und geben den Mitgliedstaaten und Regionen die Instrumente an die Hand, die sie benötigen, um die Erfüllung dieser Umweltauflagen sicherzustellen und die Erhaltung und Verbesserung des einzigartigen europäischen Umwelterbes zu unterstützen.

In den von der OECD veröffentlichten »Agraraussichten« für den Zeitraum 2000 bis 2005 stellt die OECD eine zunehmende Stabilisierung der Agrarmärkte fest. Die Preise werden, nachdem sie in den letzten zwei Jahren gesunken waren, in den nächsten Jahren zunächst leicht ansteigen. Die wirtschaftliche Vorschau für die Landwirtschaft ist daher insgesamt gut. Unsere Aufgabe ist es jetzt, dafür Sorge zu tragen, dass soziale und ökologische Belange nicht zu kurz kommen, das heißt dass die Einbeziehung der Umweltbelange in die agrarpolitischen Entscheidungen der EU angemessen berücksichtigt und die Bedeutung der Agrarwirtschaft für Europa den Bürgern und Konsumenten verdeutlicht werden.

Somit wird die Gemeinsame Agrarpolitik auch in den kommenden Jahren eine der wichtigsten Politiken der EU und die Landwirtschaft weiterhin unverzichtbarer Bestandteil des europäischen Integrationsprozesses bleiben.

Die Bedeutung der Gemeinsamen Agrarpolitik für die EU-Mitgliedstaaten

Die Agrarpolitik und der Agrarmarkt nehmen wegen ihrer Vergemeinschaftung in der Europäischen Union eine Sonderstellung ein: In der gemeinschaftlichen Rechtsetzung betrifft die Mehrzahl der Vorschriften den Agrarmarkt, der Löwenanteil (rund 50 Prozent der Ausgaben für jährlich ungefähr 90.000

Nur das Zusammenwirken verschiedener Wirtschaftsbereiche gibt den Bewohnern der Berggebiete eine gute Zukunftsperspektive. Berghöfe im Passeiertal (Südtirol).

Milliarden Lire) des Gemeinschaftsbudgets steht der Gemeinsamen Agrarpolitik (GAP) zur Verfügung und immer wieder muss sie sich neuen Herausforderungen stellen. Denken wir nur an die so genannten Butterberge in den achtziger Jahren und an die von der EU im Rahmen der Welthandelsorganisation eingegangenen Verpflichtungen zur Liberalisierung des Agrarsektors. Vor allem die hohen Kosten haben die Gemeinsame Agrarpolitik immer wieder zu einem Krisenherd der Gemeinschaft werden lassen und vielerorts werden kritische Fragen gestellt: Ist die Agrarpolitik der Union Ursache für Störungen im internationalen Handel? Verhindert sie die Schaffung neuer, eventuell als wichtiger eingestufte Gemeinschaftspolitiken, da sie zu viele Haushaltsmittel in Anspruch nimmt? Steht die Agrarpolitik der Osterweiterung der Union im Wege?

Der konfliktreiche Umgang mit der GAP und die scharfe Kritik, der sich die europäische Agrarpolitik immer wieder ausgesetzt sieht, verraten aber auch einiges über ihre Bedeutung innerhalb der Gemeinschaftspolitiken: Die Landwirtschaft ist für die Union kein Randthema, sondern mehr denn je eine aktuelle Thematik von zentraler Bedeutung für den europäischen Integrationsprozess und die europäische Wirtschaft.

Als die GAP 1962 ins Leben gerufen wurde, war der Begriff »Nahrungsmittelüberschuss« noch ein Fremdwort. Damals musste eine Antwort auf die dringendsten Bedürfnisse einer Gemeinschaft gefunden werden, die sich nur zu 80 Prozent selbst versorgen konnte. Hunger war zu jener Zeit in Europa immer noch ein reales Problem. Das wichtigste Ziel bestand folglich darin, die Produktion zu steigern, um die Gemeinschaft bezüglich der Lebensmittelversorgung weniger abhängig zu machen und um eine Balance zum Einfuhrbedarf in anderen Wirtschaftsbereichen zu finden. Mit der Gemeinsamen Agrarpolitik konnte dieses Ziel erreicht werden: Heute kann sich die Europäische Union dank der GAP zu 120 Prozent selbst versorgen. Die Nahrungsmittelversorgung ist folglich selbst in einem schlechten Erntejahr gesichert. Nahrungsmittelüberschuss ist selbstverständlich ein Luxus, den man in der Lage und gewillt sein muss sich zu leisten. Konfliktsituationen und Krisen sind dabei unvermeidbar.

Auch die Ausgestaltung der europäischen Agrarpolitik war von unterschiedlichen Interessen der einzelnen Mitgliedstaaten geprägt. Frankreich war seit jeher an der Realisierung eines gemeinsamen Agrarmarktes interessiert, spielt doch für die französische Wirtschaft der Agrarsektor eine entscheidende Rolle. Das stärker industrialisierte Deutschland hingegen setzte sich traditionell mehr für eine Liberalisierung des Industriesektors ein. Ein Blick auf die Daten der einzelnen Mitgliedstaaten verrät aber, dass die Landwirtschaft fast in allen Mitgliedstaaten nicht gerade von herausragender Bedeutung ist.

Während auf globaler Ebene noch immer gegen die enormen Unterschiede der Nahrungsmittelversorgung anzukämpfen

Anteil der in der Landwirtschaft Tätigen an der beschäftigten zivilen Erwerbsbevölkerung (Prozent)

EU15	B	DK	D	EL	E	F	IRL
4,7	2,2	3,7	2,8	17,7	7,9	4,4	6,4

I	L	NL	A	P	FIN	S	UK
2,9	3,5	6,5	6,5	13,7	7,1	3,1	1,7

Landwirtschaftliche Betriebe, in 1000

EU15	B	DK	D	EL	E	F	IRL
7342	71	69	567	774	1278	735	153

I	L	NL	A	P	FIN	S	UK
2482	3	113	222	451	101	89	235

Landwirtschaftliche Nutzflächen in Prozent des Staatsgebiets

EU15	B	DK	D	EL	E	F	IRL
43	45	64	49	39	59	56	65

I	L	NL	A	P	FIN	S	UK
56	49	44	41	43	6	7	66

Anteil der Landwirtschaft am BIP (Prozent)

EU15	B	DK	D	EL	E	F	IRL
1,5	1,0	1,8	0,8	5,8	3,0	1,8	2,7

I	L	NL	A	P	FIN	S	UK
2,5	0,6	2,5	0,9	1,9	0,6	0,4	0,5

(Quelle: GD Landwirtschaft der EU-Kommission, 2000)

versucht wird, besteht die wichtigste Herausforderung der europäischen Agrarpolitik darin, die Wettbewerbsfähigkeit der Landwirtschaft zu erhalten und zugleich eine qualitätsorientierte Lebensmittelversorgung zu sichern. Was die derzeitige Mittelverteilung in diesem Sektor angeht, ist meine diesbezügliche

Grundlegende Angaben – Schlüsselzahlen der Landwirtschaft in der EU

	Landwirtschaftliche Nutzfläche (1000 ha)	Zahl der landwirtschaftlichen Betriebe (1000 Betriebe)	LF je Betrieb (ha)	Beschäftigung im Sektor Landwirtschaft, Forstwirtschaft, Jagd und Fischerei		Erzeugung des Produktionsbereichs Landwirtschaft (Millionen EUR)	Bruttowertschöpfung zu Grundpreisen (Millionen EUR)	Anteil der Landwirtschaft am BIP (BWS/BIP) (%)	Anteil der Ausgaben für den Verbrauch der Haushalte an Nahrungsmitteln, Getränken und Tabak an den Gesamtausgaben für den Verbrauch der Haushalte (%)
				Anzahl (1000 Personen)	Anteil an der beschäftigten zivilen Erwerbsbevölkerung (%)				
	1999	1997	1997	1999	1999	1999	1999	1999	1998
EU-15	135.825	6.989	18,4	6.898	4,5	273.658	143.695	1,8	
Belgique/België	1.394	67	20,6	95	2,4	6.921	2.697	1,2	17,8
Danmark	2.684	63	42,6	90	3,3	7.722	3.143	2,0	18,1
Deutschland	17.152	534	32,1	1034	2,9	41.612	17.062	0,9	16,0
Elláda	5.109	821	4,3	669	17,0	11.285	8.405	7,1	
España	28.882	1.208	21,2	1.020	7,4	33.344	21.947	4,1	
France	29.937	680	41,7	968	4,3	62.929	31.338	2,4	
Ireland	4.418	148	29,4	136	8,6	5.469	2.496	2,9	19,1
Italia	15.401	2.315	6,4	1.118	5,4	42.049	28.881	2,6	18,0
Luxembourg	127	3	42,5	3	1,7	251	122	0,7	
Nederland	1.962	108	18,6	231	3,2	18.457	8.459	2,4	15,3
Österreich	3.410	210	16,3	229	6,2	5.246	2.304	1,2	15,5
Portugal	3.908	417	9,2	611	12,7	6.309	3.396	3,3	
Suomi/Finland	2.201	91	23,7	148	6,4	3.533	1.103	0,9	18,9
Sverige	3.071	90	34,7	121	3,0	4.385	1.443	0,7	0,0
United Kingdom	16.169	233	69,3	424	1,6	24.147	10.898	0,9	

Quelle: Europäische Kommission (Eurostat und GD Landwirtschaft), FAO und UNSO

Grundlegende Angaben – Schlüsselzahlen der Landwirtschaft in den Beitrittsländern

	Landwirtschaftliche Nutzfläche (1000 ha)	Zahl der landwirtschaftlichen Betriebe (1000 Betriebe)	LF je Betrieb (ha)	Beschäftigung im Sektor Landwirtschaft, Forstwirtschaft, Jagd und Fischerei		Erzeugung des Produktionsbereichs Landwirtschaft (Millionen EUR)	Bruttowertschöpfung zu Grundpreisen (Millionen EUR)	Anteil der Landwirtschaft am BIP (BWS/BIP) (%)	Anteil der Ausgaben für den Verbrauch der Haushalte an Nahrungsmitteln, Getränken und Tabak an den Gesamtausgaben für den Verbrauch der Haushalte (%)
				Anzahl (1000 Personen)	Anteil an der beschäftigten zivilen Erwerbsbevölkerung (%)				
	1999	1997	1997	1999	1999	1999	1999	1999	1998
Zypern	134			27	9,3	616 (1)	349	4,1	18,6
Malte	12			3	1,8		75	2,2	
Turquie	41.488			9.149 (1)	41,3		24.265	14,3 (1)	
MOEL	58.660			9.677	22,0		17.622	5,1	
Bulgarien	5.517			795 (1)	26,6	4.296 (1)	2.054 (1)	17,6	53,5
Tschechische Republik	4.282	3.810		250	5,2		1.700	3,4	26,8
Estland	1.001	553		54	8,8	755 (1)	247	5,1	37,5
Ungarn	5.744	3.819		263	7,1	5.566 (1)	2.043 (1)	4,5	42,1
Lettland	2.488			172	15,3	668	204	3,6	44,9
Litauen	3.496			349	20,2	1.554	789	7,9	46,0
Polen	18.413			2.671	18,1	16.296 (1)	4.798	3,3	36,9
Rumänien	14.784	7.464		4.851	41,7	8.285	4.441	13,9	58,0
Slowakei	2.444	1.894		180 (1)	7,4		752	4,1	31,8
Slowenien	491			92	10,2		594	3,2	

(1) = 1998

Quelle: Europäische Kommission (Eurostat und GD Landwirtschaft), FAO und UNSO

Haltung sehr kritisch. Die Form der Verteilung der finanziellen Mittel bevorteilt gegenwärtig die Ackerkulturen, während andere zentrale Bereiche dieses primären Sektors nicht gebührend berücksichtigt werden. Zugleich sind die seit Jahrzehnten betriebenen Exportförderungen und Preisstützungsmechanismen zwar aus historischen Gründen einsichtig, doch sie führen zu Marktverzerrungen, die ein immer stärkerer globaler Wettbewerbsdruck auf Dauer nicht zulassen kann. Die kontroversen Diskussionen mit den USA und der Welthandelsorganisation sind in diesem Kontext bekannt, deshalb wurden diese Aspekte mit der Agenda 2000 aufgegriffen. Andererseits gilt es, Umweltauflagen gerecht zu werden, für eine nachhaltige Entwicklung zu sorgen und in besonders sensiblen Bereichen auch Sonderregelungen zu erhalten oder einzubringen. Doch muss die Gemeinsame Agrarpolitik der Europäischen Union auch weiterhin zur Bewältigung einer Vielzahl von Aufgaben dienen, weiter reformiert und den gegenwärtigen Rahmenbedingungen angepasst werden.

Die europäische Landwirtschaft im Kontext der Osterweiterung der EU

Die Landwirtschaft war und ist ein besonderes Anliegen der Union. Die Agrarpolitik hängt eng mit anderen Politiken und Belangen zusammen, wie etwa mit der Regionalpolitik, der Beschäftigungspolitik oder mit demographischen Veränderungen, und Einkommen der Landwirte dürfen trotz der Einflüsse des Klimas, der Bodenbeschaffenheit und verschiedener Seuchen nicht zu stark schwanken. Für die Union stellt die Gemeinsame Agrarpolitik daher den ersten wirklichen Integrationsbereich der einzelnen Mitgliedstaaten dar, und sie ist ihrer Bedeutung wegen auch die am meisten entwickelte Gemeinschaftspolitik.

Im Zuge der Globalisierung und vor allem im Hinblick auf die bevorstehende Osterweiterung der Europäischen Union hat die Landwirtschaft in den vergangenen Jahren einen eindeutigen Bedeutungszuwachs erfahren. Zugleich ist sie aufgrund sich verändernder Rahmenbedingungen einem immensen Strukturwandel ausgesetzt.

Die Beitrittskandidaten sind sich der Herausforderungen, welche die Pflichten einer Mitgliedschaft in der EU mit sich bringen, in unterschiedlichem Maße bewusst. Wie in der Agenda 2000 der Kommission beschrieben, müssen sie das umfassende Gemeinschaftsrecht – den so genannten gemeinschaftlichen Besitzstand oder *acquis communautaire* – übernehmen, um am gemeinsamen Binnenmarkt voll teilnehmen zu können. In der Landwirtschaft bedeutet dies zum Beispiel die Harmonisierung der Gesetzgebung in den Bereichen Veterinär- und Pflanzenschutz und die Verwirklichung des freien Verkehrs von Tieren und landwirtschaftlichen Erzeugnissen.

Die Erweiterung stellt jedoch auch die EU vor eine historische Herausforderung. Die Beitrittskandidaten zusammen bringen nicht weniger als 100 Millionen neue Verbraucher mit sich, deren durchschnittliche Kaufkraft ungefähr ein Drittel der Kaufkraft der derzeitigen EU-Mitgliedstaaten beträgt. Gleichzeitig würde die gesamte landwirtschaftlich genutzte Fläche um die Hälfte vergrößert und die Zahl der in der Landwirtschaft Beschäftigten verdoppelt.

Dass angesichts dieser völlig anderen Strukturen geeignete finanzielle Unterstützungsmaßnahmen notwendig sind, versteht sich von selbst. Der Landwirtschaft in den Bewerberländern wird seit dem 1. Januar 2000 mit dem Instrument *SAPARD* (Special Accession Programme for Agriculture and Rural Development) bei der Umsetzung des gemeinschaftlichen Besitzstandes geholfen. Es betrifft die gemeinsame Agrarpolitik und die strukturellen Anpassungen in den einzelnen landwirtschaftlichen Sektoren und ländlichen Gebieten Mittel- und Osteuropas und ist bis Ende 2006 etatisiert. Beitrittskandidaten können jedoch nur zwischen dem Jahr 2000 und ihrem EU-Beitritt Unterstützung über *SAPARD* erhalten.

Die rund 520 Millionen Euro, die pro Jahr zur Verfügung stehen, sollen unter anderem dazu dienen, in landwirtschaftliche Betriebe zu investieren, die Verarbeitung und die Vermarktung von landwirtschaftlichen und Fischereierzeugnissen sowie die Strukturen für Qualitäts-, Tier- und Pflanzenschutzkontrollen zu verbessern, landwirtschaftliche Produktionsmethoden, die zum Umweltschutz beitragen, zu fördern, die Wirtschaftstätigkeiten in ländlichen Gebieten zu diversifizieren, technische Unterstützung einschließlich Studien zu finanzieren und die ländliche Infrastruktur zu entwickeln und zu verbessern. Damit hat das *SAPARD*-Instrument ähnliche Aufgaben wie die zweite Säule innerhalb der EU.

Das neue Heranführungsinstrument *SAPARD* zeichnet sich auch dadurch aus, dass es das erste EU-Programm ist, das die Bewerberstaaten eigenverantwortlich verwalten. Sie müssen danach eine Zahlungsagentur gründen, der nach einer Überprüfung ihrer Kapazitäten die Aufgaben der Verwaltung und Zahlung übertragen werden können. Damit soll auch eine dezentralisierte Verwaltungsmethode für das ganze Verfahren – von der Auswahl der Projekte bis zur Ausführung der Zahlungen – eingeführt werden.

Landwirtschaft trotz Wettbewerbsdruck weiterhin Schlüssel zum Erfolg für EU

Die Europäische Union hat zwar eine Gemeinsame Agrarpolitik, doch weisen die ländlichen Gebiete in der Fünfzehnergemeinschaft in Bezug auf ihre soziale und wirtschaftliche Struktur erstaunliche Unterschiede auf. Dies gilt für die Beschäftigungslage, die Wettbewerbsfähigkeit und die Wirtschaftsdaten ebenso wie für ihre demographische, generationen- oder geschlechterspezifische Beschaffenheit. Gemeinsam ist aber allen ländlichen Gebieten der Druck, unter dem ihre wirtschaftliche Entwicklung aufgrund der Globalisierung steht. Die internationalen Wirtschaftsverflechtungen haben eine Umstrukturierung und eine rückläufige Entwicklung der Agrarwirtschaft zur Folge, während der Dienstleistungssektor – vor allem im Bereich der Kommunikations- und Informationstechnologien – wächst.

In diesem Zusammenhang sind für die europäische Landwirtschaft die weiteren Verhandlungen in der Welthandels-

Romano Prodi, Präsident der Europäischen Kommission, und Europaparlamentarier Michl Ebner

organisation (WTO) von besonderem Interesse. Nachdem auf der Ministertagung vom November 1999 in Seattle aufgrund starker Proteste keine neue Verhandlungsrunde eingeleitet werden konnte, gelang dies auf der WTO-Tagung von Doha im November 2001. Damit werden die Verhandlungen zu den Themen Dienstleistungen und Landwirtschaft aufgenommen. Dabei bestehen die wichtigsten Ziele der EU-Kommission darin, den Forderungen nach einem weiteren Abbau ihrer Exporterstattungen nur dann und soweit nachzukommen, wenn auch die anderen Handelspartner ihre Exportförderungsmaßnahmen entsprechend reduzieren. Außerdem soll den nicht handelsbezogenen Fragen ebenfalls gebührend Rechnung getragen und den Entwicklungsländern eine Sonderbehandlung eingeräumt werden.

Doch trotz Globalisierung und Internationalisierung muss die EU weiterhin der bedeutenden sozialen Rolle ihrer Landwirtschaft, ihrer regionalen Vielfalt und der notwendigen Berücksichtigung von Umwelt- und Verbraucherbelangen Rechnung tragen. Denn ein leichtfertiger Umgang mit unserer Landwirtschaft würde sich nicht nur als schädlich für die Gemeinsame Agrarpolitik, sondern für die Europäische Union insgesamt erweisen. Zugleich besteht aber auch Gefahr, dass die Landwirtschaft mehr und mehr so genannten »übergeordneten« Interessen geopfert wird. Dieser Tendenz ist mit aller Entschiedenheit entgegenzuwirken. Die positive Entwicklung des ländlichen Raumes wird somit – wie bereits in der Vergangenheit – eine Schlüsselrolle für die weiterhin erfolgreiche Entwicklung der Union spielen.

7. KAPITEL

EU-Kommissar Franz Fischler

Die Europäische Berglandwirtschaft im Lichte der Unionserweiterung

Franz Fischler

Die Vereinten Nationen erklärten 2002 zum Internationalen Jahr der Berge. Das zu diesem Anlass vom Abgeordneten zum Europäischen Parlament Michl Ebner herausgegebene Buch stellt eine vielversprechende Initiative zum gemeinsamen Nachdenken über die Zukunft des europäischen Bergraumes dar. Nicht nur weil ich selbst aus den Bergen stamme, komme ich seiner Einladung, einen gedanklichen Beitrag zu leisten, gerne nach. Es ist dies auch die Gelegenheit, Bedeutung, Probleme und die politischen Leitlinien in diesem Bereich öffentlich zur Diskussion zu stellen.

Die Rolle der Berglandwirtschaft in Europa

Die Berge sind Heimat für 30 Millionen Bürger der Europäischen Union. Die Alpen, die Sierra Nevada, Pyrenäen, Apenninen, das Zentralmassiv, die Sierra Morena, die Highlands, die Serra da Estrela und andere Gebirgszüge erstrecken sich über 30 Prozent der gesamten Fläche und rund 20 Prozent der landwirtschaftlich genutzten Gebiete. In einzelnen Mitgliedstaaten wie Italien, Spanien, Portugal, Griechenland und Österreich liegt der Anteil der Berggebiete bei der Hälfte des Territoriums oder darüber. Das Ausmaß der Bergwälder umfasst 28 Millionen Hektar und bedeckt 36 Prozent der Bergregionen der Europäischen Union. Damit liegen beinahe ein Drittel der gesamten EU-Wälder in den Bergen.

Nach dem Fahrplan, der von den Regierungschefs in Nizza festgelegt wurde, können im Jahr 2004 auch die Sudeten, Teile der Karpaten und die Tatra Teil der Europäischen Union sein. Insgesamt wird sich mit dem möglichen Beitritt der zehn mittel- und osteuropäischen Länder die gesamte agrarische Nutzfläche der Europäischen Union um die Hälfte vergrößern und der Anteil der in der Landwirtschaft Beschäftigten verdoppeln.

Bereits aus diesen Zahlen wird ersichtlich, dass die Einigung Europas ebenfalls einige Herausforderungen für die Gemeinsame Agrarpolitik mit sich bringt. Der allgemein marode Zustand der landwirtschaftlichen Betriebe in einigen Kandidatenländern ist in den benachteiligten Gebieten umso kritischer.

Das Thema der Berglandwirtschaft wirft in Europa natürlich viele Fragen auf. Welche Bedeutung und welche Rolle für Umwelt und Gesellschaft hat die Berglandwirtschaft? Welche Schwierigkeiten hat sie zu lösen? Welche gezielten agrarpolitischen Vorkehrungen hat die Union getroffen, um Leistungen der Bergbauern zu entlohnen und zugleich die innovativen Ansätze der Berglandwirtschaft zu unterstützen?

Die nachhaltige Entwicklung des ländlichen Raumes ist besonders in der Perspektive der Unionserweiterung ein zentrales Anliegen. Um jedoch eine entsprechende Politik dafür formulieren zu können, ist zunächst eine Begriffsbestimmung über die Abgrenzung des Berggebietes notwendig.

Die Unterschiedlichkeit und Vielfalt der Bergregionen machen eine einheitliche Definition der landwirtschaftlich genutzten Gebiete nicht einfach. Die Europäische Union weist als Berggebiete Gemeinden mit erheblich eingeschränkten Möglichkeiten zur Nutzung der Böden und demzufolge bedeutend höheren Arbeitskosten aus.

Indikatoren sind:

1. die ungewöhnlich schwierigen klimatischen Verhältnisse aufgrund der Höhenlage, die eine erheblich verkürzte Vegetationszeit zur Folge haben.
2. Eine starke Hangneigung des größten Teils der Flächen, so dass keine oder nur besondere, kostspielige Maschinen oder Geräte eingesetzt werden können;
3. ein Zusammentreffen dieser beiden Kriterien, wenn die Benachteiligung durch jede dieser beiden Gegebenheiten für sich genommen zwar geringer ist, beide zusammen aber eine ebenso große Benachteiligung ergeben.

Wie aus dieser Definition ersichtlich wird, nehmen die Bergregionen sowohl in ökologischer als auch in ökonomischer

Hinsicht eine Sonderstellung ein und stellen ein sensibles und komplexes System dar.

Schwierigkeiten der Landwirtschaft in höheren Lagen

Der Lebensraum in den Berggebieten weist mehrere natürliche Nachteile auf. Die dünne Humusdecke auf den meist steilen Hängen zusammen mit einer nur ungenügenden Nährstoffversorgung der Böden, der verkürzten und auch kühlen Vegetationszeit reduzieren die Anbaumöglichkeiten. Wie schwierig die Verhältnisse für die Landwirtschaft im Bergraum sind, zeigt die mit zunehmender Höhenlage rasch abnehmende Weidedauer. Kann das Vieh auf 1200 Meter über dem Meer rund 120 Tage im Freien grasen, so sind es auf 2000 Meter gerade noch etwa 70 Tage. Zudem mindern witterungsbedingte Ertragseinbußen und eingeschränkte Anbaualternativen die Produktivität der Berglandwirtschaft.

Kleine Anbauflächen und schwieriges Gelände setzen auch der Mechanisierung klare Grenzen. Die Maschinen, die eingesetzt werden können, sind meist Spezialmodelle mit niedriger Serienzahl, die nur zu höheren Preisen erhältlich sind. Die vorgegebenen Erschwernisse können nur durch intensivierte physische Arbeitsleistung der Landwirte kompensiert werden, und durch alle diese Nachteile können auch die Betriebe nicht beliebig vergrößert werden.

Die Abgelegenheit der bewirtschafteten Flächen und die schlechte Verkehrslage im Berggebiet stellen einen weiteren Wettbewerbsnachteil dar. Der Transport der Erzeugnisse teilweise durch unwegsames Gelände bis ins Tal birgt nicht nur Gefahren für den Landwirt, sondern führt durch den zusätzlichen Aufwand zu einer weiteren Verteuerung des Endproduktes. Mangels freier Arbeitszeit und nahegelegener Arbeitsplätze bieten sich dem Landwirt und seiner Familie oft auch nur wenige Möglichkeiten des außerlandwirtschaftlichen Zuerwerbs. Zusätzlich verringert die kleinbetriebliche Struktur der Höfe ihre Produktivität. Während in günstiger gelegenen Regionen Betriebserweiterungen die Wettbewerbsvorteile der Landwirte weiter erhöhen, stellen in den Berggebieten kleine Strukturen und mangelnde Produktionsalternativen zusätzliche Herausforderungen an die Berglandwirte.

Die zentrale Bedeutung der multifunktionalen Berglandwirtschaft

Höhere Produktionskosten stehen niedrigeren Produkterlösen gegenüber und gefährden so die Wirtschaftlichkeit vieler bäuerlicher Betriebe in Ungunstlagen. So kam es in den letzten Jahrzehnten zu einer kontinuierlichen Abnahme der Betriebe und mitunter zur Abwanderung der ländlichen Bevölkerung. Der Rückgang der Bewirtschaftung betrifft jedoch nicht nur die bäuerlichen Familien, sondern hat gravierende Auswirkungen auf alle Lebensbereiche im ländlichen Raum.

Gerade der alpine Raum ist gekennzeichnet durch eine einzigartige Durchdringung von Natur- und Kulturlandschaften. Die Almen, Weiden und Futterwiesen sind über Jahrhunderte durch den Bergbauern und sein Weidevieh geprägt und stellen für ihn auch heute noch eine unverzichtbare Existenzgrundlage dar. Die Berg- und Grünlandwirtschaft leistet mit ihrer umweltschonenden und naturnahen Bewirtschaftung einen wichtigen Beitrag zur Erhaltung und Pflege der Kulturlandschaften. Die im benachteiligten Gebiet lebenden und wirtschaftenden Bauern zeichnen verantwortlich nicht nur für die ökologische Stabilität, sondern auch für den Erhalt des typischen Erscheinungsbildes und der Wirtschaftsstrukturen.

Der Rückgang der Bewirtschaftung ist die Ursache von zahlreichen regionalen Verwahrlosungserscheinungen: Das Brachliegen der Flächen bedroht das natürlich gewachsene Gleichgewicht des Berggebietes, seine Erschließung und Bewohnbarkeit. Durch die Erfüllung der Mindestbesiedelungsfunktion bildet die Berglandwirtschaft erst die Basis für die Entstehung anderer Wirtschaftszweige, die das Überleben der Bevölkerung garantieren. Die Konsequenzen des Auflassens der Bergbauernhöfe wären das Verwildern der Landschaft und zunehmende Erschwernisse für die verbleibende Bevölkerung, die benötigten Dienstleistungen und Infrastruktur bezahlen zu können, sowie starke Defizite des sozialen und kulturellen Lebens.

Aus diesem Zusammenhang ergibt sich die eminente Wichtigkeit der nachhaltigen Nutzung des Berggebietes. Die Bewirtschaftung des Berglandes und der Bergwälder ist unerlässlich für das Überleben des Menschen in einem natürlichen Gleichgewicht. Das Stichwort der Multifunktionalität der Berglandwirtschaft gewinnt sehr rasch an Anschaulichkeit, wenn wir es auf das Beispiel der Gefahrenabwehr von Naturkatastrophen wie Lawinen, Muren, Steinschlag oder Hochwasser anwenden. Es bedeutet die Wahrung der gewachsenen Stabilität des alpinen Lebensraumes, denn die Natur im Rohzustand haben die Vorfahren der Bergbauern schon längst überwunden: Um die Wildnis mit ihrer gefährlichen Eigendynamik bewohnbar zu machen, mussten Almweiden von Steinen gesäubert und gefährliche Partien gesichert werden. Werden die Wiesen nicht mehr bewirtschaftet, legt sich das ungemähte Gras im Winter auf den Boden. Das überlange, nach unten gedrückte Gras wird so zur Rutschbahn für den Schnee. Häufigere Lawinenabgänge sind die Folge. Zudem frieren die Halme am Schnee fest und können mitsamt den Wurzeln durch kriechenden Schnee ausgerissen werden. Im Sommer setzt dann gerade an diesen Stellen die zerstörende Bodenerosion ein. Auch Terrassen und andere Befestigungen verfallen, wenn sie nicht mehr genutzt werden. Ohne menschliches Zutun würden Erosion, Rutschungen und Lawinen die Landschaft der Alpen und anderer Gebirgsgebiete verunstalten, bis sich mit dem Vorrücken des Waldes wieder ein Zustand einstellen würde, wie er vor der menschlichen Besiedelung herrschte. Die Berg- und Grünlandwirtschaft haben aber auch durch ihre harte Arbeit einzigartige Habitate geschaffen. Denn infolge der Beweidung und Heuwirtschaft haben sich artenreiche Weiden und Wiesen gebildet. So gehören etwa die Mähwiesen der oberen subalpinen Stufe auf 1800 bis 2200 Meter Seehöhe, die erst Ende August und nur alle zwei Jahre gemäht werden, mit bis zu achtzig Pflanzenarten pro Ar zu den artenreichsten Pflanzengemeinschaften überhaupt.

Im Berggebiet greifen Ökologie und Ökonomie eng ineinander und bilden einen sensiblen Lebensraum. Durch die Urbarmachung des Geländes und die Einrichtung der für das Überleben erforderlichen Infrastruktur schaffen die Bergbauern erst die basiswirtschaftlichen Strukturen und somit die Grundlage für alle anderen Erwerbszweige in den Bergen. Die Bewahrung der natürlichen Beschaffenheit der Landschaft, die Versorgung mit Lebensmitteln als auch die Instandhaltung des Schutzwaldes, der Wege, der Wasserreservoirs oder Erholungseinrichtungen – um nur stellvertretend einige der bäuerlichen Leistungen zu nennen – schafft erst die Voraussetzungen, unter denen die Ökonomie des sekundären und tertiären Sektors möglich ist. Die für das Bergland heute so herausragende Stellung der Tourismuswirtschaft ist ohne die Basisarbeit des Bauern samt seiner vielfältigen kulturellen Traditionen undenkbar. Zwar bildet der Tourismus im Berggebiet durch die Schaffung zahlreicher Arbeitsplätze einen wichtigen Erwerbszweig, allerdings trägt, wenn er zur »Monokultur« wird, zum Entstehen von Abhängigkeit und intra- sowie interregionalen Ungleichgewichten bei. Um einer solchen einseitigen Entwicklung und Überspezialisierung entgegenzuwirken, ist es umso wichtiger, die multifunktionale Rolle der Berglandwirtschaft zu betonen, die wichtige Aufgaben auch im Bereich der kulturellen und sozialen Integration der örtlichen Bevölkerung der Berggebiete zu erfüllen hat.

Hieraus ergibt sich auch die soziale Bedeutung der landwirtschaftlichen Lebensform in benachteiligten Gebieten. Denn auch die Pflege des Brauchtums und der zwischenmenschlichen Kontakte sind wesentlicher Bestandteil im sozialen und kulturellen Gefüge der ländlichen Gemeinschaften. Häufig sind in der Geschichte Gebirgsregionen auch ein Rückzugsort ethnischer oder kultureller Minderheiten gewesen, wie etwa für die Ladiner, denen es gelungen ist, ihre Besonderheit über Jahrhunderte zu bewahren. So kann es heute geschehen, dass benachteiligte Gebiete mit ihrem reichen dörflichen Leben häufig als bevorzugte Regionen wahrgenommen werden, die an Anziehungskraft etwa auf die städtische Bevölkerung nicht mangeln.

Dieser harmonische und nostalgische Anschein darf jedoch nicht über die Probleme des Berggebietes und über den Handlungsbedarf zu seiner Bewahrung hinwegtäuschen.

Die Förderpolitik der EU in den Gebirgsregionen

Die Europäische Kommission weiß um den Wert der bergbäuerlichen Leistungen und bekennt sich im Rahmen ihrer Politik der Entwicklung des ländlichen Raumes klar zu den erforderlichen Maßnahmen, um die ökonomischen und kulturellen Strukturen sowie die Qualität von Umwelt und Ernährung dauerhaft zu sichern.

Die Erzeugung von Lebenswelt ist eine harte, aber leider unentlohnte Arbeit des Bergbauern. Wenn uns der Schutz von Wald und Gewässern, die Wahrung der kulturellen Traditionen und die Vielfalt von hochwertigen Lebensmitteln ein Anliegen sind, muss die Berggebietspolitik den natürlichen Nachteilen Rechnung tragen.

Es herrscht jedenfalls Einigkeit über die Notwendigkeit von finanzieller Unterstützung der Bergbauern und auch über die der Trennung von Produktpreis und Einkommenspolitik. Denn wer als Landwirt garantierte Preise erhält, profitiert dann am meisten, wenn er viel und kostengünstig produzieren kann. Die Preisstützung führt zu einer kontinuierlichen Vergrößerung der Einkommensunterschiede zwischen den Bauern in den Berg- und Tallagen. Um dieser unerwünschten Tendenz entgegen zu steuern, hat die Europäische Kommission schon seit 1975 den Bedarf an gezielten Gemeinschaftsmaßnahmen zur Förderung von benachteiligten Gebieten erkannt. Da jede Bergregion anders ist, wurden maßgeschneiderte Entwicklungsprogramme entworfen, die auf die Besonderheiten der einzelnen Gebiete abgestimmt sind. Ein breites Angebot an Förderungsmaßnahmen und ein dezentralisierter, dem Subsidiaritätsprinzip folgender Ansatz sollen effiziente Lösungen garantieren, die den regionalen Anforderungen der jeweiligen Berggebiete entsprechen.

Innerhalb der Gemeinsamen Agrarpolitik (GAP) fließen gezielte Förderungen einerseits im Bereich der gemeinsamen Marktorganisation, die unter anderem die Erhöhung der jährlichen Prämie für Schafe und zusätzliche Quoten bei Schafen und Mutterkühen beinhalten. Im Milchsektor verfügen die Mitgliedstaaten über die Möglichkeit, besondere Referenzmengen zu verteilen. Andererseits wurde als Ergänzung zu der gemeinsamen Marktorganisation mit der Reform der GAP eine zweite Säule geschaffen, eine Politik zur Entwicklung des ländlichen Raumes, die auf direkte Beihilfen abstellt. Folgende drei Arten von Maßnahmen bilden das Rückgrat der Direktzahlungen:

Zum einen können Betriebe in benachteiligten Gebieten Ausgleichszulagen zwischen 25 und 200 Euro pro Hektar beziehen. Dieser Höchstbetrag kann als Durchschnitt auf Programmebene oder in der Kombination mehrerer Regionalprogramme berechnet werden. Daher besteht die Möglichkeit der Aufstockung dieses Betrages zur Abgeltung der Erschwernisse in Zonen mit besonderen Problemen.

Weiters profitieren die Betriebe von einem erweiterten Höchstsatz für Investitionsförderungen, die bis zu 50 Prozent des förderungsfähigen Investitionsvolumens erreichen können, für Junglandwirte in benachteiligten Gebieten sogar bis zu 55 Prozent.

Drittens werden in den nunmehr für die Mitgliedstaaten verpflichtenden Agrarumweltprogrammen jene landwirtschaftlichen Produktionsmethoden gefördert, die auf den Schutz und die Verbesserung der Umwelt und die Erhaltung der Landschaft ausgerichtet sind.

Mit ihrem integrierten Ansatz geht die EU-Politik zur Entwicklung der Berggebiete über den eigentlichen Bereich der Landwirtschaft sogar hinaus und wird zusätzlich zu den finanziellen Unterstützungen aus dem Agrarbudget noch von spezifischen Förderungen ergänzt. Im Rahmen der Pläne zur ländlichen Entwicklung werden Zuerwerbsmöglichkeiten wie der ländliche Tourismus, Dorferneuerung und Infrastrukturprojekte genauso gefördert wie traditionelles Handwerk oder die Bewahrung der bäuerlichen Kultur.

Da 95 Prozent der Berggebiete in der Europäischen Union sich in Ziel-1-Gebieten (61,5 Prozent) oder in Ziel-2-Gebieten (34,7 Prozent) befinden, können auch aus den Strukturfonds zusätzliche Förderungen lukriert werden. Weitere Mittel sind in den *Leader+* und *Interreg III* Gemeinschaftsinitiativen zugänglich und unterstützen integrierte Ansätze, die von aktiven, auf lokaler Ebene tätigen Partnerschaften erarbeitet und umgesetzt werden.

Alle diese Maßnahmen sollen den Berggebieten dazu verhelfen, ihre Wettbewerbsnachteile nicht nur zu kompensieren, sondern mit findigen Konzepten mittelfristig in Vorteile zu verwandeln.

Die Kommission nimmt das Internationale Jahr der Berge auch zum Anlass, um in einem Seminar über das bestehende Förderschema nachzudenken. Nationale und regionale Verwaltungsorgane sowie Verbände sind eingeladen, über eine effizientere Nutzung der Beihilfemöglichkeiten für die Bergregionen zu diskutieren. Bestärkt durch die positiven Ergebnisse der Maßnahmen im Rahmen der Agenda 2000 bemühen wir uns, die Instrumente zu optimieren und die Politik der ländlichen Entwicklung zu intensivieren. In der Halbzeitbewertung, die ebenfalls für 2002 vorgesehen ist, werden wir die Umschichtung weiterer Mittel zugunsten der Politik der nachhaltigen Landentwicklung in Angriff nehmen.

Ansätze und Initiativen aus den Bergen

Mit der landschaftlichen Schönheit, seinem wertvollen kulturellen Erbe, seiner Vielfalt an biologischen Ressourcen, der Luft- und Wasserreinheit und den gesunden, traditionellen, regionalen Spezialitäten ist das Berggebiet ein vorzüglicher Erholungsraum für die städtische Bevölkerung. So trägt es zu einem regionalen Gleichgewicht bei und ebnet den Weg für eine neue

Beziehung zwischen Stadt und Land. Für Europa bedeutet dies auch den Prozess einer Bewusstseinsbildung hinsichtlich der geschichtlichen Gewachsenheit seiner Gesellschaften und Lebensräume, den Prozess einer Öffnung in Richtung Individualität und Originalität, die zur gleichmacherischen Tendenz der Globalisierung einen erfrischenden Kontrast bilden. Gerade im Jahr der Berge sollten wir uns darauf besinnen, dass ein lebendiges Berggebiet der Entfremdung des Menschen in einer zusehends urbanen und technisierten Welt von seiner natürlichen Umgebung entgegenwirkt.

Vom Bedarf an Alternativen zum städtischen Leben zeugen die innovativen Ansätze der sanften touristischen Nutzung des Berggebietes. Eine ganze Reihe von Dienstleistungen für den Gast, die nur im unmittelbaren Kontext der bergbäuerlichen Lebenswelt erbracht werden können, finden sehr guten Anklang bei den Erholungsuchenden: Geführte Lehrwanderungen, Schule am Bauernhof oder Nutztiermuseen sind Angebote, die wichtige erzieherische und bewusstseinsbildende Funktionen erfüllen und die facettenreiche Arbeit des Landwirtes würdigen. Familienfreundliche und kindergerechte Erholungsangebote, moderne Formen des Kulturtourismus, alternative Konzepte wie Erlebnis- und Gesundheitsfarmen oder spezielle Kurprogramme für Behinderte wie Blindenwanderwege und Hippotheraphie weisen den richtigen Weg und tragen zu einer vielfältigen Weiterentwicklung des tertiären Sektors bei.

Durch die Intensivierung von regionalen und überregionalen Wertschöpfungsgemeinschaften in Zusammenarbeit mit Gastronomie, Handel und Tourismus gelingt es immer wieder, neue Vermarktungsstrategien zu forcieren. Die Abkehr vom sektoralen Denken eröffnet den Landwirten neue Optionen der Erwerbskombination. Innovative Nischenprodukte zusammen mit bäuerlichen Projektgemeinschaften bergen zusätzliche Chancen für eine höhere Wertschöpfung. Vor allem regionale Orientierung und alternative Konzepte für das Marketing sowie die Konzentration auf Qualitätsprodukte mit nachvollziehbarem Ursprung versprechen die Stärkung der Nachfrage nach regionsspezifischen landwirtschaftlichen, ernährungs- und energiewirtschaftlichen Produkten. Die Qualitätspolitik der Union unterstützt diese Projekte auch durch den Schutz solcher Herkunftsbezeichnungen und geographischer Angaben, um die Unverwechselbarkeit der Spezialitäten aus den Bergen zu garantieren.

Diese innovativen Ansätze stärken die Berglandwirtschaft nachhaltig und machen sie wirtschaftlich unabhängiger von der Subventionspolitik der Union. Sie zeugen vom Erfolg der ländlichen Entwicklungspolitik und unterstützen zugleich das Selbstvertrauen unserer Bergbauern. Nachgerade in der Phase der Erweiterung, in der vermehrt Ängste und Misstrauen auftreten können, ist dies ein entscheidender Vorteil.

Die Perspektiven der Unionserweiterung

Ganz unabhängig vom EU-Beitritt wird die Landwirtschaft in den meisten Kandidatenländern schon alleine deshalb eine Strukturreform durchführen müssen, um auf dem künftigen gemeinsamen Markt wettbewerbsfähig zu sein. Durch die ländlichen Entwicklungsprogramme der Union besteht jedoch die Chance, die negativen Konsequenzen der Strukturreform abzumildern. Da die Landwirtschaft in den Berggebieten der Beitrittsländer noch deutlich weniger wettbewerbsfähig ist als die übrige dortige Landwirtschaft, besteht die Gefahr weitgehender Marginalisierung der Berggebiete. Ganz im Sinne von Dezentralisierung und Flexibilität werden die Länder Mittel- und Osteuropas mit besonderer Aufmerksamkeit die aus der Strukturbereinigung und der Landflucht resultierenden Gefahren zu beachten haben, namentlich in den weniger begünstigten Gebieten.

Mit der Heranführungsstrategie im Rahmen des *SAPARD*-Programms (Special Accession Programme for Agriculture and Rural Development) will die EU daher gezielt auf die Bedürfnisse der betroffenen Regionen mehr Rücksicht nehmen und die multifunktionale Bewirtschaftung auch in den Sudeten und Karpaten für die Zukunft sicherstellen. Mit *SAPARD* sollen die mittel- und osteuropäischen Länder bei der Heranführung an die Gemeinsame Agrarpolitik und den Binnenmarkt unterstützt werden. Hauptziele des Programmes sind die Umsetzung des Gemeinschaftsrechts und die Lösung der vorrangigen Probleme im Bereich der Landwirtschaft und in den ländlichen Räumen.

Die Vorgaben durch den in Berlin beschlossenen Budgetrahmen machen es notwendig, die Summe der Beihilfen an die künftigen Mitgliedstaaten in weiteren Verhandlungen unter Berücksichtigung der Anzahl der neuen Mitglieder festzulegen. Es ist daher noch zu früh, um verbindliche Angaben zum Umfang der Transferleistungen zu machen. Bis 2006 sind jedoch keine Direktzahlungen in vollem Umfang an die Landwirte der MOEL vorgesehen. Dies vor allem aus dem Grund, weil die ländliche Entwicklungspolitik Vorrang haben muss und die Anwendung der GAP-Maßnahmen eine vernünftige Strukturpolitik nicht behindern und verzerren darf. Auf Dauer ist es natürlich nicht vertretbar, zweierlei Agrarpolitiken in den alten und neuen Mitgliedstaaten zu verfolgen. Direktzahlungen machen aber nur unter zwei Voraussetzungen Sinn: erstens ist es erforderlich, dass die Kandidatenländer unter anderem mit Hilfe der Mittel aus dem Kohäsionsfonds sowie aus Struktur- und Garantiefonds die unerlässlichen Reformen auf dem Gebiet der Landwirtschaft in die Wege leiten und die dafür notwendigen Konzepte erarbeiten. Zweitens müssen die nationalen und regionalen Verwaltungen auf die konkrete Umsetzung des *acquis* und der GAP vorbereitet sein.

Unter diesem Blickwinkel kommt der Zusammenarbeit zwischen den Mitgliedstaaten der Europäischen Union und den Beitrittskandidaten eine besondere Bedeutung zu, und zwar auf nationaler wie auch auf regionaler Ebene. Ein regelmäßiger und koordinierter Erfahrungsaustausch kann durch den Transfer von Fachwissen und Innovationen sehr wertvolle Arbeit für nachhaltige, integrierte Projekte der Landentwicklung leisten.

Diese Kooperation ist gerade in grenzüberschreitenden Bergregionen besonders sinnvoll, um das Potential an Synergieeffekten wirkungsvoll zu nutzen. Viele der gemeinsamen Probleme von den Alpen bis zum Balkan, von den Pyrenäen bis zu den Karpaten können nur mit gemeinsamen Ansätzen gelöst werden. Einerseits muss die Politik der EU für die benachteiligten Gebiete auch und gerade im Hinblick auf die Erweiterung Mittel zur Lösung der gemeinsamen grundsätzlichen Herausforderungen bereitstellen und anderseits den einzelnen Regionen den notwendigen Spielraum lassen, selbst adäquate Antworten auf ihre spezifischen Fragen zu finden.

Die fundamentalen Probleme der benachteiligten Gebiete in den MOEL wurden vielfach unterschätzt, sie sollen aber andererseits keinen Anlass zum Schwarzmalen darstellen. Wie in den EU-15, so sind auch in den Kandidatenstaaten die Schwächen das Potential für die zukünftigen Stärken und die Entwicklungsfähigkeit der Berglandwirtschaft. Die benachteiligten Regionen in Polen, Slowenien oder Rumänien haben dank lokaler und regionaler Solidarität in der Vergangenheit ihre Selbsterhaltungskraft unter Beweis gestellt. Sie werden auch in den nächsten Jahren die Hauptlast ihrer Regeneration selbst zu tragen haben. Aber es ist im Sinne des Gründungsanliegens der Europäischen Union und letztlich in unser aller Interesse, wenn wir sie dabei nach Kräften unterstützen.

Der Autor dieses Beitrages war von 1989 bis 1994 Bundesminister für Land- und Forstwirtschaft in Österreich. 1990 und 1994 wurde er zum Abgeordneten des Nationalrats der Republik Österreich gewählt. 1995 bis 1999 war er Mitglied der Europäischen Kommission, zuständig für Landwirtschaft und ländliche Entwicklung. Seit 1999 ist Dr. Franz Fischler wiederum Mitglied der Europäischen Kommission, zuständig für Landwirtschaft, ländliche Entwicklung und Fischerei.

8. KAPITEL

EU-Kommissar Michel Barnier

Bergregionen in Europa

Michel Barnier

Gebirge sind als Landschaftsform auf allen fünf Kontinenten zu finden, besonders auch in Europa, wo Bergregionen rund ein Drittel der Gesamtfläche einnehmen. Zahlreich und oft ausgedehnt sind die europäischen Gebirgsketten und -massive wie Alpen, Sierra Nevada, die gebirgige Insel Kreta, Pyrenäen, Apenninen, Serra da Estrela, französisches Zentralmassiv, Kantabrisches Gebirge, schottisches Hochland. In einigen europäischen Ländern machen die Bergregionen mehr als die Hälfte des Staatsgebietes aus, z. B. in Italien, Spanien, Griechenland, Österreich und Portugal.

Aus geografischer Sicht kommt den Gebirgsmassiven zumindest in Europa eine große Bedeutung zu. Ferner lebt in den Berggebieten der gesamten Europäischen Union eine Bevölkerung von etwa 30 Millionen Menschen. Zwar weisen die Bergregionen im Allgemeinen die geringste Bevölkerungsdichte auf, doch bilden sie immerhin den Lebensraum für 10 Prozent der Unionsbürger. Nicht vergessen möchte ich auch die entferntesten Regionen der Union, die in ihrer äußersten Randlage ebenfalls oft Berggebiete sind.

Den Bergregionen, ob in Europa oder anderswo, sind eine Reihe wohl bekannter natürlicher Nachteile gemeinsam: eine oftmals schwierige verkehrsmäßige Erschließung, eine gewisse Entfernung zu den großen städtischen Ballungsräumen, eine empfindliche Umwelt, eine häufig zu schmale ökonomische Basis, vorwiegend gestützt auf die Extensivlandwirtschaft, usw. Andererseits verfügen die Bergregionen zugleich über anerkannte bedeutende Vorzüge wie eine noch intakte Umwelt, typische Qualitätserzeugnisse, ein lebendiges kulturelles Erbe und ein starkes Identitätsbewusstsein. Gerade diese Merkmale sorgen für das sehr positive Bild vom Gebirge in den Augen der Flachlandbewohner.

Dennoch weisen selbst innerhalb des relativ homogenen Raums der Europäischen Union die Berggebiete eine große Vielfalt an unterschiedlichen sozio-ökonomischen Gegebenheiten auf. Während einige Bergregionen unter einem fortschreitenden Bevölkerungsschwund leiden, stellt sich in anderen die Situation durch den anhaltenden Zuzug einer jungen Bevölkerung im Erwerbsalter sehr viel günstiger dar. Diese Zweiteilung lässt sich sogar innerhalb desselben Gebirgsmassivs beobachten, wie z. B. in den Alpen, wo ein ausgeprägter Gegensatz zwischen der Alpennordseite und der Alpensüdseite besteht. Dieselben Ungleichheiten zeigen sich im Hinblick auf die Verkehrsanbindung, die Diversifizierung der Wirtschaftstätigkeiten, das Pro-Kopf-Einkommen, die Umweltqualität usw.

Chancen für die wirtschaftliche Entwicklung der Bergregionen

Für die Förderung der Berggebiete gibt es kein Einheitsrezept. Nur wenn der besonderen regionalen und infra-regionalen Dimension Rechnung getragen wird, können die Fördermaßnahmen effizient sein.

Da ich selbst aus einer Gebirgsgegend der Region Rhône-Alpes in Frankreich stamme und siebzehn Jahre lang das Amt des Präsidenten des Generalrates im Departement Savoie bekleidet habe, kenne ich die Probleme der in einer Bergregion lebenden Bevölkerung gut, aber auch das Potenzial, das dieser Bevölkerung zu eigen ist und das es zu bewahren und zu entwickeln gilt.

Damit die Bergregionen weiterhin attraktive Lebensräume mit einer nachhaltigen Ökonomie bleiben, müssen sie mit einer möglichst umfassenden Palette von Wirtschaftstätigkeiten ausgestattet sein, zugleich aber ihrem außergewöhnlichen und daher so wertvollen natürlichen Erbe gebührende Achtung entgegenbringen.

In allzu vielen Bergregionen bilden ein oder zwei – manchmal auch noch saisonabhängige – Wirtschaftstätigkeiten die ökonomische Basis. In diesen Regionen kommt es darauf an, stärker diversifizierte und nachhaltigere Wirtschaftstätigkeiten zu erschließen, selbstverständlich ohne dass hier blindlings das Produktivitätsstreben städtischer Ballungsräume nachgeahmt werden soll. Es geht nicht darum, etwa eine noch nicht vorhandene Industrieproduktion aufzubauen; sondern das Wirtschaftsgefüge bestimmter Regionen soll bei Bedarf gestärkt werden durch Förderung in folgenden Bereichen: Verarbeitung der lokalen Landwirtschaftserzeugnisse, Handwerk, Ausbau umweltverträglicher Verkehrsträger, gesteuertes sanftes Tourismusangebot und Entdeckung des kulturellen Erbes für den Tourismus, aber auch Verbreitung der neuen Informations- und Kommunikationstechnologien sowie Forschungs- und Entwicklungstätigkeit. Dank der gesteuerten Förderung dieser Wirtschaftstätigkeiten und häufig dank der Kombination von Landwirtschaft und anderen Erwerbstätigkeiten wird es den Berggebieten gelingen, ihren Bevölkerungsstand zu halten, für die Stadtbevölkerung und die Bewohner des Flachlands attraktiv zu bleiben und sich zugleich ihr einzigartiges Lebensumfeld zu bewahren.

Einige Beispiele aus jüngster Zeit haben deutlich gezeigt, dass eine vernünftige Steuerung der ökonomischen Entwicklung von Berggebieten eine absolute Notwendigkeit darstellt. So haben die tragischen Unfälle in mehreren alpenquerenden Straßentunnels bewiesen, dass eine behutsame globale Verkehrspolitik für den gesamten Alpenraum unerlässlich ist. Hierbei bieten sich mehrere Möglichkeiten an: Die Integration der verschiedenen Verkehrsträger und insbesondere der Huckepackverkehr erlauben es hier, den Verkehrsfluss bei der Querung eines Gebirgsmassivs nicht zu behindern und zugleich die Umwelt zu schonen und für mehr Verkehrssicherheit zu sorgen. Ein anderer Bereich, wo es unbedingt einer besser gesteuerten Entwicklung bedarf, ist der Tourismus, der im Gebirge besonders in der Wintersportsaison häufig zum Massentourismus wird. Wohl gemerkt ist der Tourismus insgesamt gesehen durchaus förderlich für die Bergregionen – das kann ich aus eigener Erfahrung bezeugen –, doch muss seine Entwicklung gesteuert werden, damit seine positiven Auswirkungen für die einheimische Bevölkerung und die lokale Wirtschaft sich nicht in ihr Gegenteil verkehren.

Meiner Ansicht nach liegt heute eine der wichtigsten Herausforderungen für die Berggebiete in der Erhaltung und Pflege der Landschaften für die Zukunft. Der Bevölkerungsrückgang, die Aufgabe von Landwirtschaftsflächen, eine stellenweise Verstädterung sowie eine übermäßige touristische Nutzung führen in bestimmten Bergregionen zu einer »durchlöcherten« Landschaftsstruktur. In einigen Fällen ist damit sogar das allseits bekannte authentische Landschaftsbild dieser Regionen bedroht. Daher ist es von herausragender Wichtigkeit, dass die Maßnahmen zur sozio-ökonomischen Entwicklung der Berggebiete in die weiter gefasste Perspektive einer Raumordnungspolitik für die Bergregionen eingebettet werden und auch die Verbindung mit der Raumplanung für das Flachland hergestellt wird. Eine solche mit Umsicht betriebene Raumordnungspolitik fällt als allgemeine Aufgabenstellung vor allem in die Zuständigkeit der Mitgliedstaaten, an deren vorrangiger Handlungskompetenz kein Zweifel bestehen kann. Dennoch sind auch hier Maßnahmen auf europäischer Ebene notwendig, um in der gesamten Europäischen Union eine gewisse Kohärenz zwischen den Politiken der verschiedenen Mitgliedstaaten zu gewährleisten. Zugleich dürfen im Streben um die Landschaftserhaltung die Berggebiete nicht zu unantastbaren Reservaten erstarren. Die Bergregionen müssen ihren Bewohnern weiterhin einen Lebensraum und eine Erwerbsgrundlage unter den bestmöglichen Bedingungen bieten.

Die Tätigkeit der Europäischen Union in den Bergregionen

Um die Risiken besser zu kontrollieren und die Vorzüge der Berggebiete weiter auszubauen, bedarf es umfangreicher Maßnahmen, die häufig einen langen Atem erfordern.

Meine Jahre an der Spitze eines fast ausschließlich aus Gebirgsregionen bestehenden Departements haben mich in meiner Überzeugung bestärkt, dass die Maßnahmen zugunsten der Berggebiete nur dann wirklich greifen können, wenn auf verschiedenen Ebenen angesetzt wird: auf der lokalen und regionalen Ebene, was sich von selbst versteht, da die lokalen Akteure – seien es Volksvertreter, professionelle Veranstalter, Verbände oder die Bürger selbst – über die örtlichen Gegebenheiten am besten Bescheid wissen, aber auch auf der nationalen und der europäischen Ebene.

Die Tätigkeit auf lokaler und regionaler Ebene ist für die Bergregionen entscheidend, und ich weiß, wie sehr die lokalen Volksvertreter, in welchem Land sie auch sein mögen, sich für ihre Gemeinde oder ihre Region engagieren. Angesichts der Höhe der betreffenden Investitionen oder des geografischen Umfangs der durchzuführenden Maßnahmen ist die Tätigkeit auf lokaler und regionaler Ebene aber häufig nicht ausreichend, so dass sie in einen umfassenderen Rahmen nationaler und gemeinschaftlicher Aktionen eingebettet werden muss. Die meisten europäischen Länder mit Berggebieten haben eine besondere Politik oder spezifische Maßnahmen zugunsten dieser Gebiete, wobei es zumeist um den Ausgleich natürlicher Benachteiligungen geht. So gibt es Ausnahmeregelungen für die Gewährung von staatlichen Beihilfen für einen bestimmten Wirtschaftszweig, spezifische Beihilfen für Bergbauern, gezielte Investitionen (Bergstraßen, Renovierung von öffentlichen Gebäuden) usw. Allerdings sind die Maßnahmen der einzelnen Länder nicht miteinander harmonisiert, wenn man von dem umfassenderen Rahmen der Gemeinschaftspolitiken absieht, der von allen Mitgliedstaaten der Europäischen Union beachtet werden muss.

Mit der Tätigkeit auf europäischer Ebene wird nun eben bezweckt, eine Gesamtsicht von den Berggebieten Europas zu gewinnen und die Maßnahmen zu koordinieren, um so die Initiativen auf der lokalen und regionalen Ebene zu unterstützen.

Wege zu einer besseren Einbeziehung der lokalen Akteure

Im Rahmen der Regionalpolitik, für die ich als europäischer Kommissar zuständig bin, werden die Bergregionen daher in hohem Maße berücksichtigt. So erhalten 95 Prozent der Bergregionen in der Union Fördermittel für ihre Entwicklung bzw. ihre sozioökonomische Umstellung, eine beachtliche Zahl, wenn man sie mit anderen Arten von Gebieten vergleicht. Die Tätigkeiten der Kommission betreffen viele Bereiche wie z. B. die Förderung von lokalen KMU (kleine und mittlere Unternehmen) und von Forschungszentren, die Wiederbelebung einer traditionellen Erzeugung (Lavendel in den südlichen Alpen, Safran in den griechischen Bergen, pflanzliche Arzneimittel in Bayern, die Brillenanfertigung in der italienischen Provinz Belluno usw.), die Entwicklung notwendiger Verkehrsinfrastrukturen (Schnellstraße Rias Bajas in Spanien), den Ausbau bzw. die Verbesserung des touristischen Angebots (Wanderwege im schottischen Hochland), die Förderung von Initiativen für eine nachhaltige Entwicklung (Bau von Ökohäusern in Kärnten, umweltverträgliche Wasserversorgung im Trentino) oder die Erhaltung des Kulturerbes (Restaurierung des Hospizes am Kleinen Sankt Bernhard in Savoyen, Förderung der Transhumanz in Italien und Spanien).

Parallel zu diesen rein regionalen Programmen führt die Kommission Programme zur transnationalen Zusammenarbeit durch (die so genannten *Interreg*-Programme), mit denen der Austausch zwischen Gebieten sowie die Entwicklung gemeinsamer Maßnahmen und transnationaler Netzwerke gefördert werden. Eines dieser Programme ist eigens einem Bergmassiv gewidmet: dem Alpenraum, der sämtliche Alpenregionen der vier betreffenden Mitgliedstaaten (Deutschland, Frankreich, Italien, Österreich) sowie die Schweiz, Liechtenstein und Slowenien umfasst. Es ist dies das erste Mal, dass ein Gemeinschaftsprogramm das gesamte Gebiet der Alpenkonvention abdeckt. Dies ist sicherlich ein wichtiger Schritt hin zu einer systematischeren Berücksichtigung der Besonderheiten der Berggebiete im Rahmen der europäischen und der nationalen Politik. Die Bergregionen können – mehr vielleicht noch als andere Regionen – durch eine gegenseitige Zusammenarbeit über die Landesgrenzen hinweg nur gewinnen, da sie vieles gemein haben.

Daneben führt die Kommission in spezifischen Sektoren weitere Arten von Aktionen durch.

Dies gilt insbesondere für die Agrarpolitik und die Politik zur Entwicklung des ländlichen Raumes, für die mein Kollege Franz Fischler zuständig ist. So erhalten die Landwirte in den Berggebieten Ausgleichszulagen, mit denen die natürlichen Benachteiligungen, denen sie ausgesetzt sind, kompensiert werden sollen. Darüber hinaus werden Maßnahmen namentlich zur Dorferneuerung, zur Modernisierung der land- und forstwirtschaftliche Erzeugnisse verarbeitenden Unternehmen und zur Diversifizierung der Wirtschaftstätigkeit insbesondere hin zu einem sanften Tourismus finanziert. Außerdem – und dies betrifft ebenfalls den Agrarbereich – stehen die Berge bei der Bevölkerung in hohem Maße im Ruf der Echtheit und Authentizität. Dieses Image ist gerechtfertigt und muss – zumal in einer Zeit, in der auf die Qualität von Erzeugnissen und Dienstleistungen geachtet wird und der Begriff der »Region« in das allgemeine Bewusstsein gerückt ist – ausgebaut werden. Aus diesem Grund hat die Kommission die Förderung regionalspezifischer Erzeugnisse unterstützt. Als Beispiel sei der Verband *Viande bovine des Pyrénées* genannt, der in Zusammenarbeit mit den Vertriebsunternehmen die regionale Erzeugung fördern will. Aktionen dieser Art gibt es mittlerweile in zahlreichen Bergmassiven. In diesem Zusammenhang sei erwähnt, dass die Alpen bei der Förderung regionalspezifischer Erzeugnisse eine Vorreiterrolle gespielt haben. Beispiel hierfür sind die Käsesorten mit geschützter Ursprungsbezeichnung in Frankreich, Italien und Österreich, die ein großer wirtschaftlicher Erfolg sind und vielen Regionen zu einem Aufschwung auf der Grundlage einer traditionellen lokalen Erzeugung verholfen haben. Die Entwicklung der Landwirtschaft in den Bergregionen dürfte über solche Initiativen laufen, bei denen die Erzeuger mit in die Verantwortung genommen werden.

Auch im Rahmen anderer Gemeinschaftspolitiken wird den Berggebieten eine Förderung zuteil. Dies gilt insbesondere für die Umweltschutzmaßnahmen, für die Forschungs- und Entwicklungspolitik, für die Informationsgesellschaft usw.

Wie man sieht, sind die von der Kommission in den Berggebieten finanzierten Maßnahmen sehr verschiedenartig und hängen von den Bedürfnissen ab, die von den Akteuren vor Ort zum Ausdruck gebracht werden. Ihr gemeinsames Ziel ist es, die Lebensbedingungen für die Bergbevölkerung zu verbessern.

In erster Linie ist es jedoch an den Akteuren vor Ort selbst, mit nationaler und europäischer finanzieller Unterstützung in ihrer Region tätig zu werden, darüber hinaus aber auch mit anderen Bergregionen zusammenzuarbeiten. Europa ist da, um einen Aktionsrahmen vorzuschlagen und eine finanzielle Unterstützung für Projekte bereitzustellen, die es den Bergregionen ermöglichen, auf dem Wege zu einer nachhaltigen und kontrollierten Entwicklung voranzuschreiten.

Das Internationale Jahr der Berge 2002 kann eine besondere Gelegenheit bieten, um die Anliegen der in den Bergregionen ansässigen Bevölkerung zu Gehör zu bringen. Ich hoffe, dass es den Bergbewohnern die Möglichkeit geben wird, ihre Wünsche zu äußern und konkrete Aktionslinien aufzuzeigen, die unter Berücksichtigung der Besonderheiten der einzelnen Gebiete einzuschlagen bzw. auszubauen sind.

Auf europäischer Ebene werde ich zusammen mit Franz Fischler, dem europäischen Kommissar für Landwirtschaft, ein speziell den Bergregionen gewidmetes Seminar veranstalten, das Ende 2002 stattfinden wird. Dieses Seminar, auf dem die Akteure vor Ort sowie die Entscheidungsträger auf regionaler, nationaler und europäischer Ebene zusammentreffen werden, wird es ermöglichen, eine »Bestandsaufnahme« für die europäischen Bergregionen unter wirtschaftlichem, sozialem und ökologischem Gesichtspunkt vorzunehmen und die Perspektiven für ein wiedervereintes Europa aufzuzeigen, in dem die Gebirgsregionen der neuen Mitgliedstaaten selbstverständlich mit berücksichtigt werden müssen.

In jedem Fall besteht das gemeinsame Ziel all derer, die sich für die Bergregionen einsetzen – seien es politische Vertreter, wirtschaftliche und soziale Akteure, Verbände oder einfache Bürger –, darin, die Lebensbedingungen in diesen Regionen zu verbessern und zugleich ihre außerordentlichen Vorzüge zu erhalten. Indem wir alle zusammenarbeiten, werden wir dieses Ziel erreichen.

Der Verfasser dieses Beitrages war von 1982 bis 1999 Präsident des Departementrats von Savoyen, von 1987 bis 1992 Kopräsident des Organisationskomitees der XVI. Olympischen Spiele von Albertville und Savoyen, von 1993 bis 1995 Minister für Umwelt und von 1995 bis 1997 Staatsminister für europäische Angelegenheiten der Republik Frankreich. Von 1997 bis 1999 war er Senator von Savoyen, von 1997 bis 1999 Präsident der französischen Sektion des Rates der Gemeinden und Regionen Europas, von 1998 bis 1999 Präsident der Senatsdelegation für die Beziehungen zur Europäischen Union, und seit September 1999 ist Michel Barnier Mitglied der Europäischen Kommission, in dieser zuständig für Regionalpolitik.

9. KAPITEL

Staatssekretär a. D. Luciano Caveri

Die Alpenkonvention ein internationales Instrument

Luciano Caveri

Für das Europa von Morgen stellen die Alpen eine interessante Herausforderung und ein Beispiel dessen dar, wie man sich gegenüber anderen Gebirgsgruppen inner- und außerhalb Europas verhalten soll. Das gilt sowohl vom rechtlichen als auch vom politischen, wirtschaftlichen und kulturellen Standpunkt aus. Gewiss, es gab die Alpen selbstverständlich schon lange vor dem Beginn der Geschichte, aber in diesen Jahren stellen die Alpen eine strategische Möglichkeit zur Entwicklung eines neuen territorialen Ansatzes innerhalb der Europäischen Union dar und eine neue Art, um sich die Zusammenarbeit und Entwicklung in den ärmeren Ländern vorzustellen.

Im Grunde genommen hat der Begriff »Alpinismus«, dessen etymologische Entstehung und Entwicklung im Herzen des Alten Kontinents wurzelt, im Laufe der faszinierenden Expeditionen und Entdeckungen vom Zeitalter der Aufklärung bis heute allmählich eine allgemeine Bedeutung erlangt. Unabhängig davon, versteht man unter einem Alpinisten jede Person, die sich auf irgendeinem Berg der Welt befindet, und dies gilt – wie es der Mann vom Hauslabjoch auf beeindruckende Weise bezeugt – auch für die Zeit vor dem Aufkommen des Alpinismus.

In dieser Perspektive der Besonderheit, die sich zur Allgemeinheit entwickelt, lässt der Globalisierungsprozess neue Hoffnungen aufflammen, aber nur in dem Maße, in dem er das Aufkommen eines regelrechten Netzwerks an Kenntnissen und an gegenseitigem Informationsaustausch ermöglicht. Hierbei bestehen, wie dies deutlich im Rahmen der im Internationalen Jahr der Berge 2002 behandelten Themen bewiesen wurde, Ähnlichkeiten und Analogien, die es zu berücksichtigen gilt. Die Definition »Berge«, mit der Verwendung des Plurals anstelle des Singulars, berücksichtigt diese Vielzahl von Gebirgszivilisationen, die ihren Einfallsreichtum in ihrer erforderlichen und bezeichnenden Anpassungsfähigkeit unter Beweis gestellt haben.

Aufgrund der mit der Zeit gesammelten Erfahrungen und der zahlreichen diesbezüglichen Überlegungen liefern die Alpen aber auch ein interessantes Modell, das für andere Gebiete übernommen werden kann. Dieser Umstand steigert die Notwendigkeit der Auseinandersetzung und Diskussion über die Alpen im Herzen des europäischen Integrationsprozesses. Bereichert wird diese Entwicklung durch die Präsenz in den Alpen der alten *Confoederatio Helvetica,* die ihrer Bezeichnung zum Trotz einem regelrechten Bundesstaat entspricht, aber auch durch die Präsenz der jungen slowenischen Demokratie und der alten Fürstentümer von Liechtenstein, im Herzen der Berge, und von Monaco, an der Nahtstelle vom Gebirge zum Mittelmeer. Ganz zu schweigen vom glücklichen Umstand, dass sich die österreichischen Bundesländer und wichtige deutsche Länder, wie zum Beispiel Bayern, in den Alpen befinden, ganz zu schweigen von den italienischen Sonderautonomien, wie Südtirol, Trentino, Vallée d'Aoste. Letztere sind ein lebendes Beispiel für das Vorhandensein nationaler und sprachlicher Minderheiten im Alpenraum: Deutsche und Ladiner in Südtirol, Ladiner, Fersentaler und Zimbern in der Provinz Trient, Frankophone und Walser im Aosta-Tal. Außerdem wird unter der Bezeichnung Walser die gesamte Bevölkerung der Alpen verstanden, ohne Rücksicht auf irgendwelche Grenzen, die hier mehr denn anderswo als »Wunden der Geschichte« bezeichnet werden können. Und wie sollte man in diesem Zusammenhang nicht von den Okzitanen in den Westalpen sprechen, vom Volk der Troubadoure?

Die Eigenart der Alpen, dieser geglückten Kombination zahlreicher Aspekte der Welt, besteht darin, dass die Alpen aufgrund ihrer geschichtlichen Entwicklung den anderen einen Schritt voraus sind. Dieser Vorsprung ist gerade deswegen besonders wertvoll, weil die hier besprochenen Themen eine wesentliche Vorreiterrolle erfüllen.

Als der Begriff der »nachhaltigen Entwicklung«, der heute sogar in der helvetischen Verfassung mit Bezug auf die Berge und in den Europäischen Verträgen mit allgemeinerer Gültigkeit sanktioniert wird, noch kein Schlagwort war, entstand im Alpenraum die Alpenkonvention, die – wie das häufig der Fall ist – zwar immer dieselbe bleibt, sich aber dennoch laufend verändert, weil der sie umgebende Kontext sich wandelt.

Diese Rahmenkonvention, die in Salzburg am 7. November 1991 von Deutschland, Österreich, Frankreich, Italien, Liechtenstein, Schweiz, Slowenien und der Europäischen Gemeinschaft unterzeichnet wurde, dient zum Schutz und zur nachhaltigen Entwicklung des Alpenraums. Die Rahmenkonvention trat am 6. März 1995 in Kraft und wurde von allen Ländern unterzeichnet, einschließlich des Fürstentums Monaco, das der Konvention durch ein eigenes Zusatzprotokoll am 20. Dezember 1994 beigetreten war.

Obwohl dieser Text andere juristische Instrumente inspiriert hat, ist seine Anwendung geographisch auf den Alpenraum begrenzt. Die Alpen sind das wichtigste Europäische Gebirgssystem. Sie erstrecken sich über ungefähr 250.000 Kilometer vom Mittelmeer bis zu den ungarischen Ebenen. Mit seinen hohen Bergen und majestätischen Landschaften ist der von Gletschertälern zerfurchte Alpenraum europaweit die Gebirgsregion mit der größten Bevölkerungsdichte.

Das Alpensystem, an dem Italien, Frankreich, Schweiz, Deutschland, Österreich, Slowenien, Liechtenstein und Monaco unterschiedlich stark beteiligt sind, stellt aber auch ein Hindernis zwischen diesen Ländern dar und einen Ort des intensiven Verkehrs. Das Vorhandensein zahlreicher leicht überwindbarer Pässe, wie des Sankt-Bernhard-Passes, des Sankt-Gotthard-Passes, des Mont-Cenis-Passes oder des Brennerpasses, um nur einige Beispiele aufzuzählen, hat in der Vergangenheit wie in der Gegenwart die Entwicklung wichtiger Verkehrsachsen ermöglicht.

Wie es in der Präambel der Alpenkonvention deutlich heißt, entstand die Konvention im Bewusstsein, dass die Alpen ein durch »Natur, Kultur und Geschichte ausgezeichneter Lebens-,

Wirtschafts-, Kultur- und Erholungsraum im Herzen Europas sind«. Durch die Anerkennung dieser Besonderheiten verpflichten sich die unterzeichnenden Staaten, eine umfassende Politik zum Schutz und zur Erhaltung der Alpen zu fördern und die grenzüberschreitende Kooperation und Zusammenarbeit in diesem Raum zu unterstützen. Ein gebührender Platz wird dem Vorsichts- und Verursacherprinzip eingeräumt, das die Ressourcenverwendung im Hinblick auf eine nachhaltige Nutzung regeln soll. Um diese Ziele zu erreichen, haben die Unterzeichner im Artikel 2 die Verabschiedung geeigneter Maßnahmen in den zwölf Kapiteln vorgesehen. Und gerade in diesem Bereich wurden die folgenden Anwendungsprotokolle ausgearbeitet und unterzeichnet:

Naturschutz und Landschaftspflege, 1994; Berglandwirtschaft, 1994; Raumplanung und nachhaltige Entwicklung, 1994; Bergwälder, 1996; Tourismus, 1998; Energie, 1998; Bodenschutz, 1998; Verkehrswesen, 2000.

Gemeinsam ermöglichen diese Protokolle durch die Entwicklung spezifischer politischer Maßnahmen, die besonders sensible Bereiche regeln, einen kohärenten und integrierten Ansatz gegenüber den zahlreichen typischen Problembereichen dieser gebirgigen Gegenden. Das vorrangige Ziel der Harmonisierung der Umweltschutzbestimmungen einerseits und der wirtschaftlichen Bedürfnisse andererseits wird durch die Anwendung von effektiven Strategien ermöglicht, die eine mit dem Umwelt- und Landschaftsschutz kompatible Entwicklung gewährleisten. Im landwirtschaftlichen Bereich sind konkrete Programme für die Vermarktung und die Förderung der typischen Produkte und für die Verbesserung der Arbeitsbedingungen vorgesehen; im Tourismusbereich wurden Projekte zur Steigerung der Angebotsqualität gestartet. Um das Verkehrsaufkommen und die Umweltbelastung zu verringern, ist die Optimierung der Führung der bestehenden Infrastrukturen und die Koordinierung der verschiedenen Verkehrsmöglichkeiten und Verkehrsmittel vor allem auf grenzüberschreitender Ebene sehr erstrebenswert.

Nun sollte jedoch unterstrichen werden, dass keines der Protokolle bisher ratifiziert wurde: Das bedeutet, dass diese Prinzipien vorläufig noch keine Verpflichtung darstellen, da die Unterzeichnung nur bedeutet, dass die Vereinbarung diesen spezifischen Text betrifft. Die Verabschiedung »geeigneter Maßnahmen« gemäß Artikel 2 der Konvention hat noch nicht die gewünschte Wirkung erzielt, und die Rahmenkonvention bleibt das einzige juristische Instrument. Die einzigen Bestimmungen, die in Kraft getreten sind, betreffen nicht die Problembereiche des Alpenraums an sich, sondern vielmehr die Mechanismen zur Koordinierung und gegenseitigen Abstimmung zwischen den Unterzeichnerstaaten.

Die Alpenkonvention ist also danach bestrebt, ein effektives internationales Instrument zur wissenschaftlichen Kooperation und zur Entwicklung von Gemeinschaftsprojekten auszuarbeiten. Allerdings besteht die Gefahr, dass die Alpenkonvention nicht zur Anwendung kommt, wenn die Staaten die Protokolle nicht ratifizieren und keine angemessenen Fonds bereitstellen.

Außerdem ist die Tatsache, dass das Protokoll über die Bevölkerung und Kultur noch nicht ausgearbeitet wurde, von grundlegender Bedeutung: Obwohl dieser Aspekt in der Liste der von der Konvention geregelten Themenbereiche an erster Stelle angeführt wird, ist er als letzte offenstehende Frage übriggeblieben. Und dabei wäre es für die Alpengemeinschaft sehr wichtig gewesen, diese Frage vorrangig zu behandeln.

Im Hinblick auf die Ratifizierung des Dokuments durch die Parlamente und den Rat der Europäischen Union wurde in den Kreisen der Gewählten von Bergregionen der Vorschlag geäußert, die Ratifizierung an die Genehmigung der Europäischen Charta der Bergregionen zu koppeln, die von Dino Viérin, dem Präsidenten des Aosta-Tals und Referenten beim Kongress der lokalen und regionalen Behörden Europas, wie folgt beschrieben wurde:

»In Europa stellen die Gebirgsregionen mehr als eine Million Quadratkilometer dar, das heißt 50 Prozent des europäischen Gebietes. Diese Regionen erfüllen in den Bereichen Umwelt, Wirtschaft, Sozialwesen, Politik und Kultur äußerst wichtige Funktionen von allgemeinem Interesse.

Jede europäische Bergregion hat spezifische Probleme, die auf strukturelle und institutionelle Eigenheiten zurückgeführt werden können.

Diese Besonderheiten sind für die Ausarbeitung von gemeinsamen Aktionsstrategien im Hinblick auf eine nachhaltige Entwicklung in den Gebirgsregionen und somit für die Verbesserung der Lebensqualität der Einwohner keineswegs förderlich.

Übrigens kann das Fehlen einer angemessenen Politik für die Gebirgsregionen oder das Verfolgen unkohärenter und nicht koordinierter Politiken zu einer Verwahrlosung der Gebirgsregionen und somit zur Abwanderung der einheimischen Bevölkerung mit schwerwiegenden Auswirkungen für das ökologische und soziale Gleichgewicht des ganzen europäischen Kontinents führen.

Angesichts dieser Perspektive muss der Bevölkerung der Gebirgsregionen eine nachhaltige und ausgewogene wirtschaftliche Entwicklung gewährleistet werden, das Recht, in diesen Regionen zu leben und zu arbeiten, die Erhaltung ihres Lebensraums und gleichwertige Lebensbedingungen wie die der anderen günstiger gelegenen ländlichen und urbanen Gebiete.

Die europäischen Gebirge stellen ein außerordentliches soziokulturelles Vermögen dar, das aufgewertet, geschützt und verteidigt werden muss. Hierbei müssen der Respekt und Schutz der sozialen Identität, der Traditionen und der Kultur ihrer Bevölkerung gewährleistet werden.

Um trotz der Schwierigkeiten, die sich aus den Unterschieden und Besonderheiten der europäischen Gebirgsregionen ergeben, all diese Bedingungen erfüllen zu können, wurde der Europarat beauftragt, als Konventionsinstrument Leitlinien zur nachhaltigen und ausgewogenen Entwicklung aller europäischen Gebirgsregionen auszuarbeiten.

In dieser Perspektive hat sich der Kongress der lokalen und europäischen Behörden Europas im Rahmen des Ausschusses der Regionen für dieses schwierige Unterfangen verpflichtet.

In diesem Bericht möchten wir das Ergebnis unserer Arbeit präsentieren, die Europäische Charta der Bergregionen, ein Projekt, das sich durch den Willen auszeichnet, die Besonderheiten der Bergregionen und deren Wirtschaft sowie die Autonomie der Gebirgsbevölkerung zu berücksichtigen.«

Aber kehren wir zurück zur Alpenkonvention: Wenn Italien – mit Ausnahme der Schweizerischen Eidgenossenschaft – der letzte Staat ist, der die Konvention ratifiziert, ist dies einzig und allein auf die Verspätungen der Regierungen zurückzuführen, aber in den letzten Jahren auch auf die heftige Diskussion zwischen jenen, die – wie das italienische Umweltministerium – aus der Konvention eine Gelegenheit zur Schaffung eines zentralistischen Modells und zur Auferlegung einer dirigistischen Logik seitens des Staats machen wollten, welche die Funktionen und Zuständigkeiten der lokalen Autonomien untergraben will, und jenen, die – wie ich – diese Gelegenheit nutzen wollten, um den demokratischen Grundsatz der Einbeziehung der italienischen Alpenbevölkerung und ihrer Vertretungen auf regionaler und lokaler Ebene wiederherzustellen. Letzterer war der obsiegende Ansatz, wie sich aus den Bestimmungen des Gesetzes Nr. 403 vom 14. Oktober 1999 ergibt, in dem es im Artikel 3 heißt:

1. Die Umsetzung der unter Artikel 1 genannten Konvention obliegt dem Umweltministerium im Einvernehmen mit den von den jeweiligen Protokollen betroffenen Ministerien und mit dem im Artikel 2 angeführten Beirat zwischen den Staaten und Regionen des Alpenraumes, dem die Protokolle im Laufe der Verhandlungsphase vor ihrer Genehmigung auf internationaler Ebene unterbreitet werden müssen.

2. Der Beirat zwischen den Staaten und Regionen des Alpenraumes setzt sich zusammen aus dem Präsidenten oder dem von jeder Region oder autonomen Provinz im territorialen System des Alpenraums beauftragten Assessor/Landesrat, aus einem Vertreter der Konferenz der Präsidenten der Regionen und autonomen Provinzen, aus zwei Vertretern der gesamtstaatlichen Vereinigung der Gemeinden, Berggemeinschaften und

Bergeinrichtungen (UNCEM – Unione nazionale comuni, comunità ed enti montani), aus zwei Vertretern des gesamtstaatlichen Verbandes der italienischen Gemeinden (ANCI – Associazione nazionale dei comuni italiani), aus zwei Vertretern der Vereinigung der italienischen Provinzen (UPI – Unione delle province d'Italia) und vom beauftragten Staatssekretär für jede der folgenden Verwaltungen: Umweltministerium, Ministerium für Industrie, Handel und Handwerk, Ministerium für die Landwirtschaftspolitik, Ministerium für Verkehrswesen und Schifffahrt, Ministerium für öffentliche Arbeiten, Innenministerium, Ministerium für Kulturgüter und Kulturtätigkeiten, Präsidium des Ministerrats – Abteilung für den öffentlichen Dienst.
3. Der Beirat zwischen den Staaten und Regionen des Alpenraumes wird von der Ständigen Konferenz für die Beziehungen zwischen dem Staat, den Regionen und autonomen Provinzen von Trient und Bozen in regelmäßigen Abständen einberufen.
4. Der Beirat zwischen den Staaten und Regionen des Alpenraumes ermittelt die regionalen und lokalen Strategien zur Umsetzung der unter Artikel 1 angeführten Konvention und der entsprechenden spezifischen Protokolle.
5. Die Befugnisse und Vorrechte, die gemäß den Statuten und jeweiligen Durchführungsbestimmungen den Regionen mit Sonderstatut und den autonomen Provinzen gewährt wurden, bleiben davon unbeschadet.

Allerdings ist es auch wichtig, die Stellung der Europäischen Union zu verstehen. Vor einiger Zeit habe ich dazu der Europäischen Kommission die folgenden Fragen übermittelt: »Die Europäische Union hat 1991 die Alpenkonvention unterzeichnet, die 1996 ratifiziert und ab 1998 angewandt wurde (1999 trat auch das Protokoll von München in Kraft).

Die Europäische Union hat außerdem drei Durchführungsprotokolle unterzeichnet (Raumplanung und nachhaltige Entwicklung, Berglandwirtschaft, Naturschutz und Landschaftspflege), wohingegen sie die anderen vier Protokolle niemals unterzeichnet hat (Bergwälder, Tourismus, Bodenschutz, Energie), bis Ende Oktober hatte sie das neue Protokoll über das Verkehrswesen noch nicht unterzeichnet. Bei der Sechsten Alpenkonferenz, die in Luzern (Schweiz) am 30./31. Oktober 2000 stattfand, war die Abwesenheit der Kommission besonders aufgefallen.

Man stellt sich die Frage, welche Bedeutung dieser Abwesenheit und der nicht erfolgten Unterzeichnung der nach 1994 verabschiedeten Protokolle beigemessen werden kann; ob überhaupt ein Interesse der Kommission an der Alpenkonvention besteht und ob man beabsichtigt, die bereits unterzeichneten Protokolle zu ratifizieren; ob es in Zukunft eine aktive Beteiligung der Kommission an den Arbeiten des Ständigen Ausschusses und der Konferenz geben wird und welche Bedeutung die Kommission der Europäischen Charta der Bergregionen beimisst.«

Die EU-Kommissarin Margot Walström antwortete auf meine Fragen wie folgt: »Die Durchführung der Alpenkonvention und insbesondere der Protokolle über die Bergwälder, Tourismus, Bodenschutz und Energie wird auf der Ebene der Mitgliedstaaten des Alpenraums und ihrer Regionen besser gewährleistet als auf gemeinschaftlicher Ebene. Demzufolge wurden diese Protokolle von der Gemeinschaft nicht unterzeichnet.

Andererseits hat sich die Gemeinschaft aktiv an der Verhandlung des Protokolls über das Verkehrswesen beteiligt, das erst bei der letzten Ministerialsitzung am 31. Oktober 2000 für die Unterzeichnung der Partner der Alpenkonvention freigegeben wurde. Da allerdings das Verfahren zur Unterzeichnung des Protokolls durch die Gemeinschaft zu dem Zeitpunkt im Gange war, konnte es nicht im Zuge der Sitzung selbst unterzeichnet werden.

Die Abwesenheit der Kommission bei den Arbeiten im Rahmen der Alpenkonvention, insbesondere bei der letzten Ministerialsitzung, sollte nicht als Mangel an Interesse an den Entwicklungen über die Durchführung der Konvention interpretiert werden. Obwohl die Teilnahme der Kommission an den Arbeiten des Ständigen Ausschusses der Konvention wegen budgetärer Sparmaßnahmen und wegen des Mangels an Humankapital weniger intensiv ist und obwohl die Kommission zur Zeit nicht vorgesehen hat, die Ratifizierungsverfahren der bereits unterzeichneten Protokolle einzuleiten, wird die Situation der Gebirgsregionen in den strukturpolitischen Entscheidungen der Gemeinschaft und in den regionalen und ländlichen Entwicklungsprogrammen sehr wohl berücksichtigt.

Die europäische Regionalpolitik interveniert tatsächlich vorrangig in den weniger begünstigten Regionen oder in den Zonen, die sich im Laufe einer wirtschaftlichen Umstellungsphase befinden. Die meisten Gebirgsregionen, die sich in diesen Situationen befinden, haben Anspruch auf wirtschaftliche Beihilfen. Andererseits berücksichtigen auch einige Gemeinschaftsinitiativen wie zum Beispiel *Interreg III* und *Leader+* die Bedürfnisse der Berggebiete. *Leader+* stellt insbesondere eine gute Gelegenheit für die Finanzierung der ländlichen Gebirgszonen dar.

Für die neue Programmplanungsperiode des Europäischen Fonds für regionale Entwicklung (EFRE) 2000–2006 wird das gesamte Gebiet der Alpen und der Alpenkonvention zu einem Programm für den Alpenraum gehören, an dem Frankreich, Italien, Schweiz, Österreich, Deutschland, Slowenien und Liechtenstein teilnehmen. Die Gesamtdotierung sollte mindestens 120 Millionen Euro betragen, davon 60 Millionen Euro des EFRE, um die in der vorigen Förderperiode begonnene grenzüberschreitende Kooperation weiterzuführen.

Im Bereich der ländlichen Entwicklung scheint der von der Kommission abgesteckte allgemeine Rahmen der multifunktionellen Rolle der Gebirgszonen und ihrer Vielfalt weitestgehend zu entsprechen. Im Laufe der Umstrukturierung der ländlichen Entwicklungspolitik muss tatsächlich eine bessere Integration der verschiedenen existierenden Instrumente und eine wesentliche Dezentralisierung bei deren Umsetzung erzielt werden. Durch geeignete regionale Programme können unter anderem die Besonderheiten der verschiedenen Regionen der Gemeinschaft berücksichtigt werden, und die Gebirgszonen sollten angesichts ihrer spezifischen Eigenschaften daraus einen besonderen Vorteil ziehen. Die Teilnahme der Kommission am ersten Weltgebirgsforum im Juni des Jahres 2000 bestätigt wiederum das Interesse der Kommission für die spezifischen Problembereiche der Gebirgszonen.

Schließlich ist auch darauf hinzuweisen, dass unlängst eine Broschüre mit dem Titel »Die Strukturpolitik und das Gebirge« veröffentlicht wurde. Es handelt sich um das erste Dokument seit elf Jahren, welches die Kommission ausschließlich dem Gebirge gewidmet hat.

Die Europäische Charta der Bergregionen ist eine Initiative des Europarates, die darauf abzielt, die Politik zugunsten der Bergregionen zu fördern. An seiner Ausarbeitung haben die Vertreter der Mitgliedstaaten und der Nichtregierungsorganisationen mitgewirkt, die sie anschließend genehmigt haben. Die Kommission fördert diese Initiativen, ohne jedoch selbst einzugreifen.« Daraus ergibt sich ein komplexes Bild, dem einige Schlussfolgerungen beigefügt werden können. Diese würde ich wie folgt resümieren: Der erste Punkt betrifft die grenzüberschreitende Zusammenarbeit sowohl aufgrund der einschlägigen EU-Bestimmungen *(Interreg)* als auch aufgrund der Konvention von Madrid, einschließlich der Zusatzprotokolle, durch die ihr Inhalt verbessert wird. Damit sich die Euroregionen behaupten können, ist dieser rechtliche Rahmen und seine Weiterentwicklung von grundlegender Bedeutung.

Der zweite Punkt, der bereits mehrmals angeführt wurde, betrifft die Notwendigkeit, die verfügbaren EU-Mittel zugunsten der Gebirgsregionen soweit wie möglich auszuschöpfen, wohl wissentlich, dass für den Zeitraum nach 2007 ein günstiges Klima für die Einrichtung eines spezifischen Fonds für die Gebirgsregionen geschaffen werden soll, durch den die Nachteile der Bergwirtschaft ausgeglichen werden können.

Jetzt, wo die Kommission endlich eine Studie über die Europäischen Bergzonen in Angriff genommen hat, liefert der Bericht über die Berglandwirtschaft, der vom Südtiroler Abgeordneten Michl Ebner im Jahre 2001 für das Europäische Parlament ausgearbeitet wurde, eine wichtige Datengrundlage. Durch diesen Bericht, der ein punktuelles Bild der Situation wiedergibt, wurde jener aus dem Jahre 1998 des Trentiner Europaparlamentariers Giacomo Santini aktualisiert.

Selbstverständlich bleibt ein Bedürfnis, das immer stärker in den Vordergrund rückt: Die Eingliederung der Gebirgszonen in die Verträge und in die zukünftige europäische Verfassung. Die Verträge, in denen bereits Inseln und ultraperiphere Regionen angeführt werden, müssen aus offensichtlichen Gründen der Gleichbehandlung auch die europäischen Gebirgsregionen mit einschließen.

Der Verfasser dieses Beitrages ist seit 2000 Abgeordneter des Europäischen Parlaments in der Fraktion der Liberalen und Demokratischen Partei Europas (ELDR). Von 1987 bis 2000 war er Abgeordneter in der Römischen Kammer und von 1999 bis 2000 Staatssekretär für Minderheiten im Ministerpräsidium. Er gehört der Minderheiten-Partei Union Valdôtaine an. Luciano Caveri ist außerdem Vorsitzender der Vereinigung der gewählten Vertreter aus den Berggebieten Europas und Autor von verschiedenen Büchern über Berge.

10. KAPITEL

Die Alpenkonvention und die entsprechenden Zusatzprotokolle im Wortlaut

Die Alpenkonvention

Das Übereinkommen zum Schutz der Alpen (Alpenkonvention)[1]

Die Bundesrepublik Deutschland, die Französische Republik, die Italienische Republik, die Republik Slowenien, das Fürstentum Liechtenstein, die Republik Österreich, die Schweizerische Eidgenossenschaft sowie die Europäische Wirtschaftsgemeinschaft

im Bewußtsein, daß die Alpen einer der größten zusammenhängenden Naturräume Europas und ein durch seine spezifische und vielfältige Natur, Kultur und Geschichte ausgezeichneter Lebens-, Wirtschafts-, Kultur- und Erholungsraum im Herzen Europas sind, an dem zahlreiche Völker und Länder teilhaben,
in der Erkenntnis, daß die Alpen Lebens- und Wirtschaftsraum für die einheimische Bevölkerung sind und auch größte Bedeutung für außeralpine Gebiete haben, unter anderem als Träger bedeutender Verkehrswege,
in Anerkennung der Tatsache, daß die Alpen unverzichtbarer Rückzugs- und Lebensraum vieler gefährdeter Pflanzen- und Tierarten sind,
im Bewußtsein der großen Unterschiede in den einzelnen Rechtsordnungen, den naturräumlichen Gegebenheiten, der Besiedlung, der Land- und Forstwirtschaft, dem Stand und der Entwicklung der Wirtschaft, der Verkehrsbelastung sowie der Art und Intensität der touristischen Nutzung,
in Kenntnis der Tatsache, daß die ständig wachsende Beanspruchung durch den Menschen den Alpenraum und seine ökologischen Funktionen in zunehmendem Maße gefährdet und daß Schäden nicht oder nur mit hohem Aufwand, beträchtlichen Kosten und in der Regel nur in großen Zeiträumen behoben werden können,
in der Überzeugung, daß wirtschaftliche Interessen mit den ökologischen Erfordernissen in Einklang gebracht werden müssen –
sind im Gefolge der Ergebnisse der ersten Alpenkonferenz der Umweltminister vom 9. bis 11. Oktober 1989 in Berchtesgaden **wie folgt übereingekommen:**

Artikel 1: Anwendungsbereich
(1) Gegenstand dieses Übereinkommens ist das Gebiet der Alpen, wie es in der Anlage beschrieben und dargestellt ist.
(2) Jede Vertragspartei kann bei der Hinterlegung ihrer Ratifikations-, Annahme- oder Genehmigungsurkunde oder jederzeit danach durch eine an die Republik Österreich als Verwahrer gerichtete Erklärung die Anwendung dieses Übereinkommens auf weitere Teile ihres Hoheitsgebiets erstrecken, sofern dies für die Vollziehung der Bestimmungen dieses Übereinkommens als erforderlich angesehen wird.

1 *Amtsblatt der Europäischen Gemeinschaften, Nr. L 061 vom 12. März 1996, S. 32–36.*
Die Alpenkonvention wurde am 7. November 1991 in Salzburg von folgenden Delegationsleitern unterzeichnet: Deutschland: Bundesminister Dr. Klaus Töpfer, Frankreich: Botschafter André Lewin, Italien: Minister Prof. Giorgio Ruffolo, Liechtenstein: Regierungschefstellvertreter Dr. Herbert Wille, Österreich: Bundesministerin Dkfm. Ruth Feldgrill-Zankel, Schweiz: Bundespräsident Dr. Flavio Cotti, Slowenien: Minister Miha Jazbinsek Europäische Gemeinschaft: Umweltkommissar Dr. Carlo Ripa di Meana. Monaco unterzeichnete die Konvention auf der 3. Alpenkonferenz in Chambéry am 20. Dezember 1994.

(3) Jede nach Absatz 2 abgegebene Erklärung kann in bezug auf jedes darin genannte Hoheitsgebiet durch eine an den Verwahrer gerichtete Notifikation zurückgenommen werden. Die Zurücknahme wird am ersten Tag des Monats wirksam, der auf einen Zeitabschnitt von sechs Monaten nach Eingang der Notifikation beim Verwahrer folgt.

Artikel 2: Allgemeine Verpflichtungen

(1) Die Vertragsparteien stellen unter Beachtung des Vorsorge-, des Verursacher- und des Kooperationsprinzips eine ganzheitliche Politik zur Erhaltung und zum Schutz der Alpen unter ausgewogener Berücksichtigung der Interessen aller Alpenstaaten, ihrer alpinen Regionen sowie der Europäischen Wirtschaftsgemeinschaft unter umsichtiger und nachhaltiger Nutzung der Ressourcen sicher. Die grenzüberschreitende Zusammenarbeit für den Alpenraum wird verstärkt sowie räumlich und fachlich erweitert.

(2) Zur Erreichung des in Absatz 1 genannten Ziels werden die Vertragsparteien geeignete Maßnahmen insbesondere auf folgenden Gebieten ergreifen:

a) Bevölkerung und Kultur – mit dem Ziel der Achtung, Erhaltung und Förderung der kulturellen und gesellschaftlichen Eigenständigkeit der ansässigen Bevölkerung und der Sicherstellung ihrer Lebensgrundlagen, namentlich der umweltverträglichen Besiedlung und wirtschaftlichen Entwicklung sowie der Förderung des gegenseitigen Verständnisses und partnerschaftlichen Verhaltens zwischen alpiner und außeralpiner Bevölkerung;

b) Raumplanung – mit dem Ziel der Sicherung einer sparsamen und rationellen Nutzung und einer gesunden, harmonischen Entwicklung des Gesamtraums unter besonderer Beachtung der Naturgefahren, der Vermeidung von Über- und Unternutzungen sowie der Erhaltung oder Wiederherstellung von natürlichen Lebensräumen durch umfassende Klärung und Abwägung der Nutzungsansprüche, vorausschauende integrale Planung und Abstimmung der daraus resultierenden Maßnahmen;

c) Luftreinhaltung – mit dem Ziel der drastischen Verminderung von Schadstoffemissionen und -belastungen im Alpenraum und der Schadstoffverfrachtung von außen, auf ein Maß, das für Menschen, Tiere und Pflanzen nicht schädlich ist;

d) Bodenschutz – mit dem Ziel der Verminderung der quantitativen und qualitativen Bodenbeeinträchtigungen, insbesondere durch Anwendung bodenschonender land- und forstwirtschaftlicher Produktionsverfahren, sparsamen Umgang mit Grund und Boden, Eindämmung von Erosion sowie durch Beschränkung der Versiegelung von Böden;

e) Wasserhaushalt – mit dem Ziel, gesunde Wassersysteme zu erhalten oder wiederherzustellen, insbesondere durch die Reinhaltung der Gewässer, durch naturnahen Wasserbau und durch eine Nutzung der Wasserkraft, die die Interessen der ansässigen Bevölkerung und das Interesse an der Erhaltung der Umwelt gleichermaßen berücksichtigt;

f) Naturschutz und Landschaftspflege – mit dem Ziel, Natur und Landschaft so zu schützen, zu pflegen und, soweit erforderlich, wiederherzustellen, daß die Funktionsfähigkeit der Ökosysteme, die Erhaltung der Tier- und Pflanzenwelt einschließlich ihrer Lebensräume, die Regenerationsfähigkeit und nachhaltige Leistungsfähigkeit der Naturgüter sowie die Vielfalt, Eigenart und Schönheit der Natur und Landschaft in ihrer Gesamtheit dauerhaft gesichert werden;

g) Berglandwirtschaft – mit dem Ziel, im Interesse der Allgemeinheit die Bewirtschaftung der traditionellen Kulturlandschaften und eine standortgerechte, umweltverträgliche Landwirtschaft zu erhalten und unter Berücksichtigung der erschwerten Wirtschaftsbedingungen zu fördern;

h) Bergwald – mit dem Ziel, Erhaltung, Stärkung und Wiederherstellung der Waldfunktionen, insbesondere der Schutzfunktion durch Verbesserung der Widerstandskraft der Waldökosysteme, namentlich mittels einer naturnahen Waldbewirtschaftung und durch die Verhinderung waldschädigender Nutzungen unter Berücksichtigung der erschwerten Wirtschaftsbedingungen im Alpenraum;

i) Tourismus und Freizeit – mit dem Ziel, unter der Einschränkung umweltschädigender Aktivitäten, die touristischen und Freizeitaktivitäten mit den ökologischen und sozialen Erfordernissen in Einklang zu bringen, insbesondere durch Festlegung von Ruhezonen;

j) Verkehr – mit dem Ziel, Belastungen und Risiken im Bereich des inneralpinen und alpenquerenden Verkehrs auf ein Maß zu senken, das für Menschen, Tiere und Pflanzen sowie deren Lebensräume erträglich ist, unter anderem durch eine verstärkte Verlagerung des Verkehrs, insbesondere des Güterverkehrs, auf die Schiene, vor allem durch Schaffung geeigneter Infrastrukturen und marktkonformer Anreize, ohne Diskriminierung aus Gründen der Nationalität;

k) Energie – mit dem Ziel, eine natur- und landschaftsschonende sowie umweltverträgliche Erzeugung, Verteilung und Nutzung der Energie durchzusetzen und energiesparende Maßnahmen zu fördern;

l) Abfallwirtschaft – mit dem Ziel, unter besonderer Berücksichtigung der Abfallvermeidung eine den besonderen topographischen, geologischen und klimatischen Bedürfnissen des Alpenraums angepaßte Abfallerfassung, -verwertung und -entsorgung sicherzustellen.

(3) Die Vertragsparteien vereinbaren Protokolle, in denen Einzelheiten zur Durchführung dieses Übereinkommens festgelegt werden.

Artikel 3: Forschung und systematische Beobachtung
Die Vertragsparteien vereinbaren, auf den in Artikel 2 genannten Gebieten
a) Forschungsarbeiten und wissenschaftliche Bewertungen durchzuführen und dabei zusammenzuarbeiten;
b) gemeinsame oder einander ergänzende Programme zur systematischen Beobachtung zu entwickeln;
c) Forschung und Beobachtung sowie die dazugehörige Datenerfassung zu harmonisieren.

Artikel 4: Zusammenarbeit im rechtlichen, wissenschaftlichen, wirtschaftlichen und technischen Bereich
(1) Die Vertragsparteien erleichtern und fördern den Austausch rechtlicher, wissenschaftlicher, wirtschaftlicher und technischer Informationen, die für dieses Übereinkommen erheblich sind.
(2) Die Vertragsparteien informieren einander zur größtmöglichen Berücksichtigung grenzüberschreitender und regionaler Erfordernisse über geplante juristische oder wirtschaftliche Maßnahmen, von denen besondere Auswirkungen auf den Alpenraum oder Teile desselben zu erwarten sind.
(3) Die Vertragsparteien arbeiten mit internationalen staatlichen und nichtstaatlichen Organisationen soweit erforderlich zusammen, um das Übereinkommen und die Protokolle, deren Vertragspartei sie sind, wirksam durchzuführen.
(4) Die Vertragsparteien sorgen in geeigneter Weise für eine regelmäßige Information der Öffentlichkeit über die Ergebnisse von Forschungen, Beobachtungen und getroffene Maßnahmen.
(5) Die Verpflichtungen der Vertragsparteien aus diesem Übereinkommen im Informationsbereich gelten vorbehaltlich der nationalen Gesetze über die Vertraulichkeit. Vertraulich bezeichnete Informationen müssen als solche behandelt werden.

Artikel 5: Konferenz der Vertragsparteien (Alpenkonferenz)
(1) Die gemeinsamen Anliegen der Vertragsparteien und ihre Zusammenarbeit sind Gegenstand regelmäßig stattfindender Tagungen der Konferenz der Vertragsparteien (Alpenkonferenz).
Die erste Tagung der Alpenkonferenz wird spätestens ein Jahr nach Inkrafttreten dieses Übereinkommens durch eine einvernehmlich zu bestimmende Vertragspartei einberufen.
(2) Danach finden in der Regel alle zwei Jahre ordentliche Tagungen der Alpenkonferenz bei der Vertragspartei statt, die den Vorsitz führt. Vorsitz und Sitz wechseln nach jeder ordentlichen Tagung der Alpenkonferenz. Beides wird von der Alpenkonferenz festgelegt.
(3) Die vorsitzführende Vertragspartei schlägt jeweils die Tagesordnung für die Tagung der Alpenkonferenz vor. Jede Vertragspartei hat das Recht, weitere Punkte auf die Tagesordnung setzen zu lassen.
(4) Die Vertragsparteien übermitteln der Alpenkonferenz Informationen über die von ihnen zur Durchführung dieses Übereinkommens und der Protokolle, deren Vertragspartei sie sind, getroffenen Maßnahmen, vorbehaltlich der nationalen Gesetze über die Vertraulichkeit.
(5) Die Vereinten Nationen, ihre Sonderorganisationen, der Europarat sowie jeder europäische Staat können auf den Tagungen der Alpenkonferenz als Beobachter teilnehmen. Das gleiche gilt für grenzüberschreitende Zusammenschlüsse alpiner Gebietskörperschaften. Die Alpenkonferenz kann außerdem einschlägig tätige internationale nichtstaatliche Organisationen als Beobachter zulassen.
(6) Eine außerordentliche Tagung der Alpenkonferenz findet statt, wenn sie von ihr beschlossen oder wenn es zwischen zwei Tagungen von einem Drittel der Vertragsparteien bei der vorsitzführenden Vertragspartei schriftlich beantragt wird.

Artikel 6: Aufgaben der Alpenkonferenz
Die Alpenkonferenz prüft auf ihren Tagungen die Durchführung des Übereinkommens sowie der Protokolle samt Anlagen und nimmt auf ihren Tagungen insbesondere folgende Aufgaben wahr:
a) Sie beschließt Änderungen des Übereinkommens im Rahmen des Verfahrens des Artikels 10.
b) Sie beschließt Protokolle und deren Anlagen sowie deren Änderungen im Rahmen des Verfahrens des Artikels 11.
c) Sie beschließt ihre Geschäftsordnung.
d) Sie trifft die notwendigen finanziellen Entscheidungen.
e) Sie beschließt die Einrichtung von zur Durchführung des Übereinkommens für notwendig erachteten Arbeitsgruppen.
f) Sie nimmt die Auswertung wissenschaftlicher Informationen zur Kenntnis.
g) Sie beschließt oder empfiehlt Maßnahmen zur Verwirklichung der in Artikel 3 und Artikel 4 vorgesehenen Ziele, legt Form, Gegenstand und Zeitabstände für die Übermittlung der nach Artikel 5 Absatz 4 vorzulegenden Informationen fest und nimmt diese Informationen sowie die von den Arbeitsgruppen vorgelegten Berichte zur Kenntnis.
h) Sie stellt die Durchführung der notwendigen Sekretariatsarbeiten sicher.

Artikel 7: Beschlußfassung in der Alpenkonferenz

(1) Soweit im folgenden nichts anderes bestimmt ist, faßt die Alpenkonferenz ihre Beschlüsse mit Einstimmigkeit. Sind hinsichtlich der in Artikel 6 Buchstabe c), f) und g) genannten Aufgaben alle Bemühungen um eine Einstimmigkeit erschöpft und stellt der Vorsitzende dies ausdrücklich fest, so wird der Beschluß mit Dreiviertelmehrheit der auf der Sitzung anwesenden und abstimmenden Vertragsparteien gefaßt.

(2) In der Alpenkonferenz hat jede Vertragspartei eine Stimme. In ihrem Zuständigkeitsbereich übt die Europäische Wirtschaftsgemeinschaft ihr Stimmrecht mit einer Stimmenzahl aus, die der Anzahl ihrer Mitgliedstaaten entspricht, die Vertragsparteien dieses Übereinkommens sind; die Europäische Wirtschaftsgemeinschaft übt ihr Stimmrecht nicht aus, wenn die betreffenden Mitgliedstaaten ihr Stimmrecht ausüben.

Artikel 8: Ständiger Ausschuß

(1) Ein Ständiger Ausschuß der Alpenkonferenz, der aus den Delegierten der Vertragsparteien besteht, wird als ausführendes Organ eingerichtet.

(2) Unterzeichnerstaaten, welche die Konvention noch nicht ratifiziert haben, haben in den Sitzungen des Ständigen Ausschusses Beobachterstatus. Dieser kann darüber hinaus jedem Alpenstaat, der diese Konvention noch nicht unterzeichnet hat, auf Antrag gewährt werden.

(3) Der Ständige Ausschuß beschließt seine Geschäftsordnung.

(4) Der Ständige Ausschuß bestimmt außerdem über die Modalitäten der allfälligen Teilnahme von Vertretern staatlicher und nichtstaatlicher Organisationen an seinen Sitzungen.

(5) Die in der Alpenkonferenz vorsitzführende Vertragspartei stellt den Vorsitz im Ständigen Ausschuß.

(6) Der Ständige Ausschuß nimmt insbesondere folgende Aufgaben wahr:

a) er sichtet die von den Vertragsparteien übermittelten Informationen gemäß Artikel 5 Absatz 4 zur Berichterstattung an die Alpenkonferenz;

b) er sammelt und bewertet Unterlagen im Hinblick auf die Durchführung des Übereinkommens sowie der Protokolle samt Anlagen und legt sie der Alpenkonferenz gemäß Artikel 6 zur Überprüfung vor;

c) er unterrichtet die Alpenkonferenz über die Durchführung ihrer Beschlüsse;

d) er bereitet inhaltlich die Tagungen der Alpenkonferenz vor und kann Tagesordnungspunkte sowie sonstige Maßnahmen betreffend die Durchführung des Übereinkommens und seiner Protokolle vorschlagen;

e) er setzt entsprechend Artikel 6 Buchstabe e) Arbeitsgruppen für die Erarbeitung von Protokollen und Empfehlungen ein und koordiniert deren Tätigkeit;

f) er überprüft und harmonisiert Inhalte von Protokollentwürfen unter ganzheitlichen Aspekten und schlägt sie der Alpenkonferenz vor;

g) er schlägt Maßnahmen und Empfehlungen zur Verwirklichung der in dem Übereinkommen und den Protokollen enthaltenen Ziele der Alpenkonferenz vor.

(7) Die Beschlußfassung im Ständigen Ausschuß erfolgt entsprechend den Bestimmungen des Artikels 7.

Artikel 9: Sekretariat

Die Alpenkonferenz kann die Errichtung eines ständigen Sekretariats mit Einstimmigkeit beschließen.

Artikel 10: Änderungen des Übereinkommens

Jede Vertragspartei kann der in der Alpenkonferenz vorsitzführenden Vertragspartei Vorschläge für Änderungen dieses Übereinkommens unterbreiten. Solche Vorschläge werden von der in der Alpenkonferenz vorsitzführenden Vertragspartei mindestens sechs Monate vor Beginn der Tagung der Alpenkonferenz, die sich mit ihnen befassen wird, den Vertragsparteien und Unterzeichnerstaaten übermittelt.

Die Änderungen des Übereinkommens treten gemäß den Absätzen 2, 3 und 4 des Artikels 12 in Kraft.

Artikel 11: Protokolle und ihre Änderung

(1) Protokollentwürfe im Sinne des Artikels 2 Absatz 3 werden von der in der Alpenkonferenz vorsitzführenden Vertragspartei mindestens sechs Monate vor Beginn der Tagung der Alpenkonferenz, die sich mit ihnen befassen wird, den Vertragsparteien und Unterzeichnerstaaten übermittelt.

(2) Die von der Alpenkonferenz beschlossenen Protokolle werden anläßlich ihrer Tagungen oder danach beim Verwahrer unterzeichnet. Sie treten für diejenigen Vertragsparteien in Kraft, die sie ratifiziert, angenommen oder genehmigt haben. Für das Inkrafttreten eines Protokolls sind mindestens drei Ratifikationen, Annahmen oder Genehmigungen erforderlich. Die betreffenden Urkunden werden bei der Republik Österreich als Verwahrer hinterlegt.

(3) Soweit im Protokoll nichts anderes vorgesehen ist, gelten für das Inkrafttreten und die Kündigung eines Protokolls die Artikel 10, 13 und 14 sinngemäß.

(4) Für Änderungen der Protokolle gelten entsprechend die Absätze 1 bis 3.

Artikel 12: Unterzeichnung und Ratifizierung
(1) Dieses Übereinkommen liegt ab dem 7. November 1991 bei der Republik Österreich als Verwahrer zur Unterzeichnung auf.
(2) Das Übereinkommen bedarf der Ratifikation, Annahme oder Genehmigung. Die Ratifikations-, Annahme- oder Genehmigungsurkunden werden beim Verwahrer hinterlegt.
(3) Das Übereinkommen tritt drei Monate nach dem Tag in Kraft, nach dem drei Staaten ihre Zustimmung gemäß Absatz 2 ausgedrückt haben, durch das Übereinkommen gebunden zu sein.
(4) Für jeden Unterzeichnerstaat, der später seine Zustimmung gemäß Absatz 2 ausdrückt, durch das Übereinkommen gebunden zu sein, tritt es drei Monate nach Hinterlegung der Ratifikations-, Annahme- oder Genehmigungsurkunde in Kraft.

Artikel 13: Kündigung
(1) Jede Vertragspartei kann dieses Übereinkommen jederzeit durch eine an den Verwahrer gerichtete Notifikation kündigen.
(2) Die Kündigung wird am ersten Tag des Monats wirksam, der auf einen Zeitabschnitt von sechs Monaten nach Eingang der Notifikation beim Verwahrer folgt.

Artikel 14: Notifikationen
Der Verwahrer notifiziert den Vertragsparteien und Unterzeichnerstaaten
a) jede Unterzeichnung;
b) jede Hinterlegung einer Ratifikations-, Annahme- oder Genehmigungsurkunde;
c) jeden Zeitpunkt des Inkrafttretens dieses Übereinkommens nach Artikel 12;
d) jede nach Artikel 1 Absätze 2 und 3 abgegebene Erklärung;
e) jede nach Artikel 13 vorgenommene Notifikation und den Zeitpunkt, zu dem die Kündigung wirksam wird.

Zu Urkund dessen haben die hierzu gehörig befugten Unterzeichneten dieses Übereinkommens unterschrieben. Geschehen zu Salzburg am 7. November 1991 in deutscher, französischer, italienischer und slowenischer Sprache, wobei jeder Wortlaut gleichermaßen verbindlich ist, in einer Urschrift, die im Staatsarchiv der Republik Österreich hinterlegt wird. Der Verwahrer übermittelt den Unterzeichnerstaaten beglaubigte Abschriften.

Protokoll zur Durchführung der Alpenkonvention von 1991 im Bereich Berglandwirtschaft

Präambel

Die Bundesrepublik Deutschland, die Französische Republik, die Italienische Republik, das Fürstentum Liechtenstein, das Fürstentum Monaco, die Republik Österreich, die Schweizerische Eidgenossenschaft, die Republik Slowenien sowie die Europäische Gemeinschaft –

in Erfüllung ihres Auftrags aufgrund des Übereinkommens vom 7. November 1991 zum Schutz der Alpen (Alpenkonvention), eine ganzheitliche Politik zum Schutz und zur nachhaltigen Entwicklung des Alpenraums sicherzustellen,
in Erfüllung ihrer Verpflichtungen gemäß Artikel 2 Absätze 2 und 3 der Alpenkonvention,
im Bewußtsein ihrer Verantwortung, im Interesse der Allgemeinheit die Bewirtschaftung der traditionellen Kulturlandschaften und eine standortgemäße, umweltverträgliche Landwirtschaft zu erhalten und unter Berücksichtigung der erschwerten Wirtschaftsbedingungen zu fördern,
in Kenntnis der Tatsache, daß der Alpenraum mit seinem Reichtum an natürlichen Ressourcen, seinen Wasservorkommen, seinem landwirtschaftlichen Po-

tential, seiner historischen und kulturellen Bedeutung, seinem Wert als europäischer Lebens-, Wirtschafts- und Erholungsraum sowie mit den durch ihn führenden Verkehrsachsen auch in Zukunft insbesondere für die ansässige Bevölkerung, aber auch für die Menschen anderer Gebiete lebenswichtig ist,
in der Überzeugung, daß die ansässige Bevölkerung in der Lage sein muß, ihre Vorstellungen von der gesellschaftlichen, kulturellen und wirtschaftlichen Entwicklung selbst zu definieren und an deren Umsetzung im Rahmen der geltenden staatlichen Ordnung mitzuwirken,
in der Überzeugung, daß die wirtschaftlichen Interessen mit den ökologischen Erfordernissen in Einklang gebracht werden müssen, wobei den Eigenständigkeiten der einzelnen Regionen sowie der zentralen Rolle der Landwirtschaft Rechnung zu tragen ist,
in Anbetracht der Bedeutung, die der Landwirtschaft im Alpenraum seit jeher zugekommen ist, und des unverzichtbaren Beitrags, den dieser Wirtschaftszweig auch in Zukunft als Lebensgrundlage zur Aufrechterhaltung einer angemessenen Besiedlungsdichte, zur Versorgung der Bevölkerung mit Nahrungsmitteln, zur Erzeugung typischer Qualitätsprodukte, zur Erhaltung und Pflege der Kulturlandschaft, unter anderem auch für ihre touristische Nutzung, sowie zum Schutz des Bodens vor Erosionen, Lawinen und Überschwemmungen insbesondere in den Berggebieten leisten wird,
in der Erkenntnis, daß Art und Intensität der landwirtschaftlichen Nutzung maßgeblichen Einfluß auf Natur und Landschaft ausüben und daß der extensiv bewirtschafteten Kulturlandschaft eine wesentliche Funktion als Lebensraum für die Pflanzen- und Tierwelt der Alpen zukommt,
in Anerkennung der Tatsache, daß die Landwirte aufgrund der geomorphologischen und klimatischen Verhältnisse in den Berggebieten unter erschwerten Lebens- und Produktionsbedingungen tätig sind,
in der Überzeugung, daß bestimmte Probleme nur grenzübergreifend gelöst werden können und gemeinsame Maßnahmen der Alpenstaaten erforderlich machen und daß insbesondere wirtschaftliche und soziale Anpassungs- und Begleitmaßnahmen sowohl auf nationaler als auch auf europäischer Ebene notwendig sind, damit die Existenz der Landwirte und ihrer Betriebe in den Berggebieten nicht durch ausschließliche Anwendung ökonomischer Maßstäbe in Frage gestellt wird – sind wie folgt übereingekommen:

Kapitel I
Allgemeine Bestimmungen

Artikel 1: Ziele
(1) Dieses Protokoll bestimmt Maßnahmen auf internationaler Ebene, um die standortgerechte und umweltverträgliche Berglandwirtschaft so zu erhalten und zu fördern, daß ihr wesentlicher Beitrag zur Aufrechterhaltung der Besiedlung und der nachhaltigen Bewirtschaftung, insbesondere durch Erzeugung von typischen Qualitätsprodukten, zur Sicherung der natürlichen Lebensgrundlagen, zum Schutz vor den Naturgefahren, zur Wahrung der Schönheit und des Erholungswerts der Natur- und Kulturlandschaft sowie zur Kultur im Alpenraum dauerhaft anerkannt und gewährleistet wird.
(2) Die Vertragsparteien streben bei der Durchführung dieses Protokolls die Optimierung der multifunktionalen Aufgaben der Berglandwirtschaft an.

Artikel 2: Berücksichtigung der Ziele in den anderen Politiken
Die Vertragsparteien verpflichten sich, die Ziele dieses Protokolls auch in ihren anderen Politiken zu berücksichtigen.

Artikel 3: Grundverpflichtungen im gesamtwirtschaftlichen Rahmen
Die Vertragsparteien sind sich einig über die Notwendigkeit, die Agrarpolitik in Übereinstimmung mit der gesamten Wirtschaftspolitik auf allen Ebenen an den Erfordernissen einer nachhaltigen und ausgewogenen Entwicklung auszurichten, um unter den gegebenen finanzpolitischen Rahmenbedingungen

a) insbesondere in den Berggebieten die Förderung einer umweltverträglichen Landwirtschaft und ihrer Funktionen von öffentlichem Interesse gemäß Artikel 7 dieses Protokolls zu ermöglichen;
b) durch sozial- und strukturpolitische Maßnahmen im Verbund mit agrar- und umweltpolitischen Maßnahmen auch in den Berggebieten angemessene Lebensbedingungen zu sichern und damit einer Abwanderung in wirksamer Weise entgegenzutreten.

Artikel 4: Rolle der Landwirte
Die Vertragsparteien sind sich darüber einig, daß insbesonders in den Berggebieten die Landwirtschaft im Laufe der Jahrhunderte die Landschaft geprägt und ihr historischen Charakter sowie kulturellen Wert verliehen hat. Die Landwirte sind deshalb auch in Zukunft aufgrund ihrer multifunktionalen Aufgaben als wesentliche Träger der Erhaltung der Natur- und Kulturlandschaft anzuerkennen und in die Entscheidungen und Maßnahmen für die Berggebiete einzubeziehen.

Artikel 5: Beteiligung der Gebietskörperschaften
(1) Jede Vertragspartei bestimmt im Rahmen der geltenden staatlichen Ordnung die für die Abstimmung und Zusammenarbeit zwischen den unmittelbar betroffenen Institutionen und Gebietskörperschaften am besten geeignete Ebene, um eine gemeinsame Verantwortung zu fördern, namentlich um sich gegenseitig verstärkende Kräfte beim Vollzug der Landwirtschaftspolitiken für die Berggebiete sowie der sich daraus ergebenden Maßnahmen zu nutzen und zu entwickeln.
(2) Die unmittelbar betroffenen Gebietskörperschaften werden in den verschiedenen Stadien der Vorbereitung und Umsetzung dieser Politiken und Maßnahmen unter Wahrung ihrer Zuständigkeit im Rahmen der geltenden staatlichen Ordnung beteiligt.

Artikel 6: Internationale Zusammenarbeit
Die Vertragsparteien vereinbaren,

a) gemeinsame Bewertungen der agrarpolitischen Entwicklung vorzunehmen sowie die gegenseitige Konsultation vor wichtigen agrarpolitischen Entscheidungen zur Durchführung dieses Protokolls zu gewährleisten;
b) durch die grenzüberschreitende Zusammenarbeit aller zuständigen Behörden, insbesondere der regionalen Verwaltungen und lokalen Gebietskörperschaften, die Verwirklichung der in diesem Protokoll bestimmten Ziele und Maßnahmen sicherzustellen;
c) durch die internationale Zusammenarbeit unter Forschungs- und Bildungsstätten, unter Landwirtschafts- und Umweltorganisationen sowie zwischen den Medien sowohl den Kenntnis- und Erfahrungsaustausch als auch gemeinsame Initiativen zu fördern.

Kapitel II
Spezifische Maßnahmen

Artikel 7: Förderung der Berglandwirtschaft
(1) Die Vertragsparteien sind bestrebt, die Maßnahmen der Agrarpolitik auf allen Ebenen den unterschiedlichen Standortvoraussetzungen entsprechend zu differenzieren und die Berglandwirtschaft unter Berücksichtigung der natürlichen Standortnachteile zu fördern. Betriebe, die in Extremlagen eine Mindestbewirtschaftung sichern, sind besonders zu unterstützen.
(2) Der Beitrag, den die Berglandwirtschaft zur Erhaltung und Pflege der Natur- und Kulturlandschaft sowie zur Sicherung vor Naturgefahren im Interesse der Allgemeinheit leistet und der über den allgemeinen Verpflichtungsrahmen hinausgeht, wird auf der Grundlage vertraglicher, projekt- und leistungsbezogener Vereinbarungen angemessen abgegolten.

Artikel 8: Raumplanung und Kulturlandschaft
(1) Die Vertragsparteien verpflichten sich, den besonderen Bedingungen der Berggebiete bei Raumplanung, Flächenausweisung, Flurbereinigung und Bodenverbesserung unter Berücksichtigung der Natur- und Kulturlandschaft Rechnung zu tragen.
(2) Vor allem sind zur Erfüllung der vielfältigen Aufgaben der Berglandwirtschaft die erforderlichen Flächen für eine standortgemäße und umweltverträgliche landwirtschaftliche Nutzung vorzusehen.

(3) Dabei sind die traditionellen Kulturlandschaftselemente (Wälder, Waldränder, Hecken, Feldgehölze, Feucht-, Trocken- und Magerwiesen, Almen) und deren Bewirtschaftung zu erhalten oder wiederherzustellen.
(4) Besondere Maßnahmen sind zur Erhaltung der traditionellen Hofanlagen und landwirtschaftlichen Bauelemente sowie zur weiteren Anwendung der charakteristischen Bauweisen und -materialien erforderlich.

Artikel 9: Naturgemäße Bewirtschaftungsmethoden und typische Produkte
Die Vertragsparteien verpflichten sich, alle erforderlichen Maßnahmen zu ergreifen und dabei gemeinsame Kriterien anzustreben, um die Anwendung und Verbreitung von extensiven, naturgemäßen und gebietscharakteristischen Bewirtschaftungsmethoden in den Berggebieten zu begünstigen sowie die typischen Agrarprodukte, die sich durch ihre örtlich begrenzten, einzigartigen und naturgemäßen Produktionsweisen auszeichnen, zu schützen und aufzuwerten.

Artikel 10: Standortgemäße Viehhaltung und genetische Vielfalt
(1) Die Vertragsparteien sind sich einig, daß die standortgemäße flächengebundene Viehhaltung als Erwerbsquelle wie auch als ein die landschaftliche und kulturelle Eigenart prägendes Element einen wesentlichen Bestandteil der Berglandwirtschaft darstellt. Deshalb ist die Viehhaltung, unter Einschluß der traditionellen Haustiere, mit ihrer charakteristischen Rassenvielfalt und ihren typischen Erzeugnissen standortgemäß, flächengebunden und ökologisch verträglich aufrechtzuerhalten.
(2) Im Einklang damit sind die notwendigen land-, weide- und forstwirtschaftlichen Strukturen zu erhalten, wobei unter der Bedingung extensiv betriebener Grünlandbewirtschaftung ein für die jeweiligen Standorte geeignetes Verhältnis zwischen Viehbestand und Futterflächen zu beachten ist.
(3) Darüber hinaus sind die erforderlichen Maßnahmen, insbesondere im Bereich der Forschung und Beratung, zur Erhaltung der genetischen Vielfalt der Nutztierrassen und Kulturpflanzen zu treffen.

Artikel 11: Vermarktung
(1) Die Vertragsparteien bemühen sich darum, günstige Vermarktungsbedingungen für die Produkte der Berglandwirtschaft zu schaffen, und zwar sowohl für ihren stärkeren Absatz vor Ort als auch für ihre erhöhte Wettbewerbsfähigkeit auf den nationalen und internationalen Märkten.
(2) Die Förderung erfolgt unter anderem durch Ursprungsmarken mit kontrollierter Herkunftsbezeichnung und Qualitätsgarantie, die dem Schutz von Produzenten und Konsumenten gleichermaßen dienen.

Artikel 12: Produktionsbeschränkungen
Die Vertragsparteien sind bestrebt, bei der Einführung von Produktionsbeschränkungen für die Landwirtschaft die besonderen Erfordernisse einer standortgemäßen und umweltverträglichen Bewirtschaftung der Berggebiete zu berücksichtigen.

Artikel 13: Land- und Forstwirtschaft als Einheit
Die Vertragsparteien stimmen darin überein, daß eine ganzheitliche Konzeption von Land- und Forstwirtschaft aufgrund ihrer sich ergänzenden und zum Teil voneinander abhängigen Funktionen in den Berggebieten erforderlich ist. Sie setzen sich deshalb dafür ein, daß
a) die naturgemäße Waldbewirtschaftung sowohl als zusätzliche Einkommensgrundlage der landwirtschaftlichen Betriebe als auch als Nebenerwerbstätigkeit der in der Landwirtschaft Beschäftigten gefördert wird;
b) den Schutz-, Nutz- und Erholungsfunktionen sowie den ökologischen und biogenetischen Funktionen des Waldes in einem standortgemäßen, landschaftlich ausgewogenen Verhältnis zu den landwirtschaftlich genutzten Flächen Rechnung getragen wird;
c) die Weidewirtschaft und der Wildbestand durch geeignete Maßnahmen so geregelt werden, daß nicht tragbare Schäden im Wald sowie auf landwirtschaftlichen Nutzflächen vermieden werden.

Artikel 14: Zusätzliche Erwerbsquellen
In Anerkennung der traditionellen Bedeutung der Familienbetriebe in der Berglandwirtschaft und zu ihrer Unterstützung setzen sich die Vertragsparteien dafür ein, daß Entstehung und Entwicklung zusätzlicher Erwerbsquellen in den Berggebieten, vor allem durch und für die ansässige Bevölkerung und besonders in den mit der Landwirtschaft verbundenen Bereichen wie Forstwirtschaft, Tourismus und Handwerk, zur Erhaltung der Voll-, Zu- und Nebenerwerbsbetriebe im Einklang mit der Erhaltung der Natur- und Kulturlandschaft gefördert werden.

Artikel 15: Verbesserung der Lebens- und Arbeitsbedingungen
Die Vertragsparteien setzen sich dafür ein, daß die erforderlichen Dienstleistungen zur Überwindung der nachteiligen Verhältnisse der in den Berggebieten in der Land- und Forstwirtschaft Tätigen ausgebaut und verbessert werden, um die Entwicklung ihrer Lebens- und Arbeitsbedingungen mit der wirtschaftlichen und sozialen Entwicklung in den anderen Bereichen und Gebieten im Alpenraum zu verbinden.

Dabei dürfen nicht ausschließlich ökonomische Kriterien entscheidend sein. Das gilt vor allem für die Verkehrsverbindungen, für die Errichtung und Erneuerung von Wohn- und Wirtschaftsgebäuden sowie für die Beschaffung und Instandhaltung von technischen Anlagen und Maschinen.

Artikel 16

Weitergehende Maßnahmen

Die Vertragsparteien können Maßnahmen zur Berglandwirtschaft treffen, welche über die in diesem Protokoll vorgesehenen Maßnahmen hinausgehen.

Kapitel III
Forschung, Bildung und Information

Artikel 17: Forschung und Beobachtung

(1) Die Vertragsparteien fördern und harmonisieren in enger Zusammenarbeit Forschungen und systematische Beobachtungen, die zur Erreichung der Ziele dieses Protokolls dienlich sind.
(2) Insbesondere setzen sie sich dafür ein, die für die Berglandwirtschaft spezifische agrarwissenschaftliche Forschung verstärkt, praxisnah und gebietsbezogen fortzuführen, in die Bestimmung und Überprüfung der agrarpolitischen Ziele und Maßnahmen einzubeziehen und ihre Ergebnisse bei Bildung und Beratung in der Landwirtschaft anzuwenden.
(3) Die Vertragsparteien sorgen dafür, daß die jeweiligen Ergebnisse nationaler Forschung und systematischer Beobachtung in ein gemeinsames System zur dauernden Beobachtung und Information einfließen und im Rahmen der geltenden staatlichen Ordnung öffentlich zugänglich gemacht werden.
(4) Insbesondere erstellen sie für die jeweiligen Berggebiete mit Bezug auf die in diesem Protokoll bestimmten Ziele und Maßnahmen eine vergleichbare Bestandsaufnahme der wirtschaftlichen und sozialen Situation der Berglandwirtschaft.
(5) Die Bestandsaufnahme ist periodisch fortzuschreiben und dabei mit Hinweisen auf besondere Problembereiche oder -gebiete sowie auf die Wirksamkeit der getroffenen oder auf die Notwendigkeit von zu treffenden Maßnahmen zu versehen. Das gilt in erster Linie für die Daten der demographischen, sozialen und wirtschaftlichen Entwicklung im Zusammenhang mit den jeweiligen geographischen, ökologischen und infrastrukturellen Standortindikatoren sowie für die Erstellung von entsprechenden Kriterien einer ausgewogenen, nachhaltigen Entwicklung im Sinne der Alpenkonvention und dieses Protokolls.
(6) Darüber hinaus sind die im Anhang angeführten Themen als vorrangig zu betrachten.

Artikel 18: Bildung und Information

(1) Die Vertragsparteien fördern die Aus- und Weiterbildung sowie die Information der Öffentlichkeit im Hinblick auf Ziele, Maßnahmen und Durchführung dieses Protokolls.
(2) Sie setzen sich insbesondere dafür ein,
a) Ausbildung, Weiterbildung und Beratung in den landwirtschaftlichen und den entsprechenden betriebs- und marktbezogenen Fachgebieten weiterzuentwickeln und dabei den Natur- und Umweltschutz einzubeziehen. Das Angebot ist so auszubauen, daß es auch die Hinwendung und Befähigung zu anderen, mit der Landwirtschaft verbundenen Haupt- und Nebenerwerbstätigkeiten ermöglicht;
b) zu einer umfassenden und sachlichen Information beizutragen, die sich nicht allein auf die unmittelbar betroffenen Personen und Behörden beschränkt, sondern sich auch über die Medien an eine breite Öffentlichkeit innerhalb und außerhalb des alpinen Raumes wendet, um in ihr die Kenntnis der Leistungen der Berglandwirtschaft zu verbreiten und das Interesse dafür anzuregen.
(3) Darüber hinaus sind die im Anhang angeführten Themen als vorrangig zu betrachten.

Kapitel IV
Durchführung, Kontrolle und Bewertung

Artikel 19: Durchführung

Die Vertragsparteien verpflichten sich, die Durchführung dieses Protokolls durch geeignete Maßnahmen im Rahmen der geltenden staatlichen Ordnung sicherzustellen.

Artikel 20: Kontrolle der Einhaltung der Verpflichtungen

(1) Die Vertragsparteien erstatten dem Ständigen Ausschuß regelmäßig Bericht über die aufgrund dieses Protokolls getroffenen Maßnahmen. In den Berichten ist auch die Wirksamkeit der getroffenen Maßnahmen darzulegen. Die Alpenkonferenz bestimmt die zeitliche Abfolge der Berichterstattung.
(2) Der Ständige Ausschuß prüft die Berichte daraufhin, ob die Vertragsparteien ihren Verpflichtungen aus diesem Protokoll nachgekommen sind. Er kann dabei auch zusätzliche Informationen von den Vertragsparteien anfordern oder Informationen aus anderen Quellen beiziehen.
(3) Der Ständige Ausschuß erstellt für die Alpenkonferenz einen Bericht über die Einhaltung der Verpflichtungen aus diesem Protokoll durch die Vertragsparteien.

(4) Die Alpenkonferenz nimmt diesen Bericht zur Kenntnis. Falls sie eine Verletzung der Verpflichtungen feststellt, kann sie Empfehlungen verabschieden.

Artikel 21: Bewertung der Wirksamkeit der Bestimmungen
(1) Die Vertragsparteien überprüfen und beurteilen regelmäßig die in diesem Protokoll enthaltenen Bestimmungen auf ihre Wirksamkeit. Soweit zur Erreichung der Ziele dieses Protokolls erforderlich, werden sie geeignete Änderungen des Protokolls in die Wege leiten.
(2) Im Rahmen der geltenden staatlichen Ordnung werden die Gebietskörperschaften an dieser Bewertung beteiligt. Die einschlägig tätigen nichtstaatlichen Organisationen können angehört werden.

Kapitel V
Schlußbestimmungen

Artikel 22: Verhältnis zwischen der Alpenkonvention und dem Protokoll
(1) Dieses Protokoll ist ein Protokoll der Alpenkonvention im Sinne des Artikels 2 und der anderen einschlägigen Artikel der Alpenkonvention.
(2) Nur Vertragsparteien der Alpenkonvention können Vertragspartei dieses Protokolls werden. Eine Kündigung der Alpenkonvention gilt zugleich als Kündigung dieses Protokolls.
(3) Entscheidet die Alpenkonferenz über Fragen in bezug auf dieses Protokoll, so sind lediglich die Vertragsparteien dieses Protokolls abstimmungsberechtigt.

Artikel 23: Unterzeichnung und Ratifikation
(1) Dieses Protokoll liegt für die Unterzeichnerstaaten der Alpenkonvention und die Europäische Gemeinschaft am 20. Dezember 1994 sowie ab dem 15. Januar 1995 bei der Republik Österreich als Verwahrer zur Unterzeichnung auf.
(2) Dieses Protokoll tritt für die Vertragsparteien, die ihre Zustimmung ausgedrückt haben, durch das Protokoll gebunden zu sein, drei Monate nach dem Tage in Kraft, an dem drei Staaten ihre Ratifikations-, Annahme- oder Genehmigungsurkunde hinterlegt haben.
(3) Für die Vertragsparteien, die später ihre Zustimmung ausdrücken, durch dieses Protokoll gebunden zu sein, tritt das Protokoll drei Monate nach dem Tag der Hinterlegung der Ratifikations-, Annahme- oder Genehmigungsurkunde in Kraft. Nach dem Inkrafttreten einer Änderung des Protokolls wird jede neue Vertragspartei dieses Protokolls Vertragspartei des Protokolls in der geänderten Fassung.

Artikel 24: Notifikationen
Der Verwahrer notifiziert jedem in der Präambel genannten Staat und der Europäischen Gemeinschaft in bezug auf dieses Protokoll
a) jede Unterzeichnung,
b) jede Hinterlegung einer Ratifikations-, Annahme- oder Genehmigungsurkunde,
c) jeden Zeitpunkt des Inkrafttretens,
d) jede von einer Vertrags- oder Unterzeichnerpartei abgegebene Erklärung,
e) jede von einer Vertragspartei notifizierte Kündigung, einschließlich des Zeitpunkts ihres Wirksamwerdens.

Zu Urkund dessen haben die hierzu gehörig befugten Unterzeichneten dieses Protokoll unterschrieben. Geschehen zu Chambéry am 20. Dezember 1994 in deutscher, französischer, italienischer und slowenischer Sprache, wobei jeder Wortlaut gleichermaßen verbindlich ist, in einer Urschrift, die im Staatsarchiv der Republik Österreich hinterlegt wird. Der Verwahrer übermittelt den Unterzeichnerparteien beglaubigte Abschriften.

Anhang
Vorrangige Forschungs- und Bildungsthemen gemäß den Artikeln 17 und 18

Forschung

Bestimmung und Klassifizierung der Berggebiete aufgrund ihrer Höhenlage sowie ihrer klimatischen und geomorphologischen, infrastrukturellen und wirtschaftlichen Standortbedingungen.
Untersuchungen über die Auswirkungen der auf den verschiedenen politischen Entscheidungsebenen (EU/GAP, Staaten, Regionen, Gebietskörperschaften) getroffenen Maßnahmen auf die Berglandwirtschaft und ihre ökologische Funktion (Sozial- und Umweltverträglichkeit).
Bewertung der wirtschaftlichen und ökologischen, sozialen und kulturellen Funktionen der Land- und Forstwirtschaft sowie ihrer Entwicklungsmöglichkeiten unter den besonderen lokalen Bedingungen in den verschiedenen Berggebieten.

Erzeugungs- und Verarbeitungsmethoden, Verbesserungs- und Qualitätskriterien der landwirtschaftlichen Produkte der Berggebiete.
Genetische Forschung und fachliche Beratung für eine differenzierte, standortgemäße und umweltverträgliche Erhaltung der Vielfalt der Nutztierrassen und Kulturpflanzen.

Bildung

Technisch-wissenschaftliche und sozioökonomische Beratung und Fortbildung für die landwirtschaftlichen Betriebe wie auch für die ihre Produkte verarbeitenden Nahrungsmittelbetriebe.
Technische und wirtschaftliche Betriebsführung, besonders in bezug auf eine Anreicherung des Produkteangebots sowie auf entsprechende Produktions- und Einkommensalternativen innerhalb und außerhalb der Landwirtschaft.
Technische und finanzielle Voraussetzungen sowie Auswirkungen der Anwendung umweltverträglicher und naturnaher Bewirtschaftung und Produktion.
Medien, Vermittlung oder Verbreitung von Informationen zur Orientierung der Öffentlichkeit, der Politik und der Wirtschaft innerhalb und außerhalb des Alpenraums.

Protokoll zur Durchführung der Alpenkonvention von 1991 im Bereich Bergwald

Präambel

Die Bundesrepublik Deutschland, die Französische Republik, die Italienische Republik, das Fürstentum Liechtenstein, das Fürstentum Monaco, die Republik Österreich, die Schweizerische Eidgenossenschaft, die Republik Slowenien sowie die Europäische Gemeinschaft –

in Erfüllung ihres Auftrags aufgrund des Übereinkommens vom 7. November 1991 zum Schutz der Alpen (Alpenkonvention), eine ganzheitliche Politik zum Schutz und zur nachhaltigen Entwicklung des Alpenraums sicherzustellen,
in Erfüllung ihrer Verpflichtungen gemäß Artikel 2 Absätze 2 und 3 der Alpenkonvention,
in der Überzeugung, daß die ansässige Bevölkerung in der Lage sein muß, ihre Vorstellungen von der gesellschaftlichen, kulturellen und wirtschaftlichen Entwicklung selbst zu definieren und an deren Umsetzung im Rahmen der geltenden staatlichen Ordnung mitzuwirken,
in der Erkenntnis, daß der Bergwald jene Vegetationsform ist, welche – oft weit über die Berggebiete hinausreichend – den wirksamsten, wirtschaftlichsten und landschaftsgerechtesten Schutz gegen Naturgefahren, insbesondere Erosionen, Hochwasser, Lawinen, Muren und Steinschlag, leisten kann,
im Wissen, daß der Wald Kohlendioxid der Atmosphäre entnimmt und den Kohlenstoff im Holz über sehr lange Zeiträume klimawirksam bindet,
in dem Bewußtsein, daß der Bergwald für den regionalen Klimaausgleich, für die Reinigung der Luft sowie für den Wasserhaushalt unentbehrlich ist,
in Anbetracht der Tatsache, daß der Erholungsfunktion des Bergwalds eine für alle Menschen wachsende Bedeutung zukommt,
im Wissen, daß der Bergwald eine Quelle erneuerbarer Rohstoffe ist, deren Bedeutung in einer Welt des steigenden Ressourcenverbrauchs besonderes wich-

tig ist, daß er aber auch als Arbeitsplatz und Einkommensquelle gerade im ländlichen Raum von existentieller Bedeutung ist,
in Kenntnis der Tatsache, daß die Bergwaldökosysteme wichtige Lebensräume für eine vielfältige Tier- und Pflanzenwelt sind,
in der Überzeugung, daß vor allem die Einhaltung des Grundsatzes der Nachhaltigkeit, wie er traditionell in der europäischen Forstwirtschaft geprägt und weiterentwickelt wird, alle wichtigen Waldfunktionen auch für künftige Generationen sicherstellt,
in der Überzeugung, daß bestimmte Probleme nur grenzübergreifend gelöst werden können und gemeinsame Maßnahmen der Alpenstaaten erforderlich machen sind wie folgt übereingekommen:

Kapitel I
Allgemeine Bestimmungen

Artikel 1: Ziel
(1) Ziel dieses Protokolls ist es, den Bergwald als naturnahen Lebensraum zu erhalten, erforderlichenfalls zu entwickeln oder zu vermehren und seine Stabilität zu verbessern. Als Voraussetzung für die Erfüllung der in der Präambel angeführten Funktionen ist eine pflegliche, naturnahe und nachhaltig betriebene Bergwaldwirtschaft erforderlich.
(2) Insbesondere verpflichten sich die Vertragsparteien, dafür Sorge zu tragen, daß vor allem
- natürliche Waldverjüngungsverfahren angewendet werden,
- ein gut strukturierter, stufiger Bestandesaufbau mit standortgerechten Baumarten angestrebt wird,
- autochthones forstliches Vermehrungsgut eingesetzt wird und
- Bodenerosionen und -verdichtungen durch schonende Nutzungs- und Bringungsverfahren vermieden werden.

Artikel 2: Berücksichtigung der Ziele in den anderen Politiken
Die Vertragsparteien verpflichten sich, die Ziele dieses Protokolls auch in ihren anderen Politiken zu berücksichtigen. Dies gilt vor allem für folgende Bereiche:
a) Luftschadstoffbelastungen – Luftschadstoffbelastungen werden schrittweise auf jenes Maß reduziert, welches für die Waldökosysteme nicht schädlich ist. Dies gilt auch für Belastungen durch grenzüberschreitende Luftschadstoffe.
b) Schalenwildbestand – Schalenwildbestände werden auf jenes Maß begrenzt, welches eine natürliche Verjüngung standortgerechter Bergwälder ohne besondere Schutzmaßnahmen ermöglicht. Für grenznahe Gebiete verpflichten sich die Vertragsparteien, ihre Maßnahmen zur Regulierung der Wildbestände aufeinander abzustimmen. Zur Wiederherstellung eines natürlichen Selektionsdrucks auf die Schalenwildarten sowie im Interesse des Naturschutzes befürworten die Vertragsparteien eine mit den Gesamtbedürfnissen der Region abgestimmte Wiedereinbürgerung von Beutegreifern.
c) Waldweide – Die Erhaltung eines funktionsfähigen Bergwalds hat Vorrang vor der Waldweide. Die Waldweide wird daher soweit eingeschränkt oder erforderlichenfalls gänzlich abgelöst, daß die Verjüngung standortgerechter Wälder möglich ist, Bodenschäden vermieden werden und vor allem die Schutzfunktion des Waldes erhalten bleibt.
d) Erholungsnutzung – Die Inanspruchnahme des Bergwalds für Erholungszwecke wird soweit gelenkt und notfalls eingeschränkt, daß die Erhaltung und Verjüngung von Bergwäldern nicht gefährdet werden. Dabei sind die Bedürfnisse der Waldökosysteme zu berücksichtigen.
e) Waldwirtschaftliche Nutzung – Im Hinblick auf die Bedeutung einer nachhaltig ausgeübten Holznutzung für die Volkswirtschaft und die Waldpflege fördern die Vertragsparteien den verstärkten Einsatz von Holz aus nachhaltig bewirtschafteten Wäldern.
f) Waldbrandgefahr – Die Vertragsparteien tragen der Waldbrandgefahr durch angemessene Vorsorgemaßnahmen und wirksame Brandbekämpfung Rechnung.
g) Fachpersonal – Da ein naturnaher und auf die Erfüllung aller Waldfunktionen ausgerichteter Waldbau ohne entsprechendes qualifiziertes Personal nicht möglich ist, verpflichten sich die Vertragsparteien, für ausreichendes und fachkundiges Personal Sorge zu tragen.

Artikel 3: Beteiligung der Gebietskörperschaften
(1) Jede Vertragspartei bestimmt im Rahmen der geltenden staatlichen Ordnung die für die Abstimmung und Zusammenarbeit zwischen den unmittelbar betroffenen Institutionen und Gebietskörperschaften am

besten geeignete Ebene, um eine gemeinsame Verantwortung zu fördern, namentlich um sich gegenseitig verstärkende Kräfte beim Vollzug der Forstpolitiken sowie der sich daraus ergebenden Maßnahmen zu nutzen und zu entwickeln.
(2) Die unmittelbar betroffenen Gebietskörperschaften werden in den verschiedenen Stadien der Vorbereitung und Umsetzung dieser Politiken und Maßnahmen unter Wahrung ihrer Zuständigkeit im Rahmen der geltenden staatlichen Ordnung beteiligt.

Artikel 4: Internationale Zusammenarbeit
Die Vertragsparteien vereinbaren,
a) gemeinsame Bewertungen der forstpolitischen Entwicklung vorzunehmen sowie die gegenseitige Konsultation vor wichtigen Entscheidungen zur Durchführung dieses Protokolls zu gewährleisten,
b) durch die grenzüberschreitende Zusammenarbeit aller zuständigen Behörden, insbesondere der regionalen Verwaltungen und lokalen Gebietskörperschaften, die Verwirklichung der in diesem Protokoll bestimmten Ziele und Maßnahmen sicherzustellen,
c) durch die internationale Zusammenarbeit unter Forschungs- und Bildungsstätten, unter Forstwirtschafts- und Umweltorganisationen sowie zwischen den Medien sowohl den Kenntnis- und Erfahrungsaustausch als auch gemeinsame Initiativen zu fördern.

Kapitel II
Spezifische Maßnahmen

Artikel 5: Planungsgrundlagen
Zur Umsetzung der in diesem Protokoll genannten Ziele sorgen die Vertragsparteien für die Erstellung der notwendigen Planungsgrundlagen. Diese umfassen auch Erhebungen der Waldfunktionen unter besonderer Berücksichtigung der Schutzfunktionen sowie eine ausreichende Standortserkundung.

Artikel 6: Schutzfunktionen des Bergwalds
(1) Für Bergwälder, die in hohem Maß den eigenen Standort oder vor allem Siedlungen, Verkehrsinfrastrukturen, landwirtschaftliche Kulturflächen und ähnliches schützen, verpflichten sich die Vertragsparteien, dieser Schutzwirkung eine Vorrangstellung einzuräumen und deren forstliche Behandlung am Schutzziel zu orientieren. Diese Bergwälder sind an Ort und Stelle zu erhalten.
(2) Die notwendigen Maßnahmen sind im Rahmen von Schutzwaldpflegeprojekten beziehungsweise Schutzwaldverbesserungsprojekten fachkundig zu planen und durchzuführen. Die Zielsetzung des Naturschutzes und der Landschaftspflege sind zu berücksichtigen.

Artikel 7: Nutzfunktion des Bergwalds
(1) In jenen Bergwäldern, in denen die Nutzfunktion überwiegt und die regionalwirtschaftlichen Verhältnisse es erfordern, wirken die Vertragsparteien darauf hin, daß sich die Bergwaldwirtschaft in ihrer Bedeutung als Arbeits- und Einkommensquelle der örtlichen Bevölkerung entfalten kann.
(2) Sie sorgen dafür, daß die Waldverjüngung mit standortgerechten Baumarten sowie die forstliche Nutzung pfleglich, boden- und bestandesschonend durchgeführt wird.

Artikel 8: Soziale und ökologische Funktionen des Bergwalds
Da der Bergwald wichtige soziale und ökologische Funktionen zu erfüllen hat, verpflichten sich die Vertragsparteien zu Maßnahmen, welche
- seine Wirkungen auf Wasserressourcen, Klimaausgleich, Reinigung der Luft und Lärmschutz,
- seine biologische Vielfalt sowie
- Naturerlebnis und Erholung

sicherstellen.

Artikel 9: Walderschließung
Die Vertragsparteien stimmen überein, daß zum Schutz des Waldes vor Schäden sowie zur naturnahen Bewirtschaftung und Pflege Erschließungsmaßnahmen notwendig sind, die sorgfältig zu planen und auszuführen sind, wobei den Erfordernissen des Natur- und Landschaftsschutzes Rechnung zu tragen ist.

Artikel 10: Naturwaldreservate
(1) Die Vertragsparteien verpflichten sich, Naturwaldreservate in ausreichender Größe und Anzahl auszuweisen und diese zur Sicherung der natürlichen Dynamik und der Forschung entsprechend zu behandeln, mit der Absicht, jede Nutzung grundsätzlich einzustellen oder dem Ziel des Reservats gemäß anzupassen. Bei der Auswahl dieser Flächen ist darauf Bedacht zu nehmen, daß möglichst alle Bergwaldökosysteme repräsentiert sind. Die notwendige Schutzfunktion dieser Waldbestände ist jedenfalls sicherzustellen.
(2) Die Ausweisung von Naturwaldreservaten soll grundsätzlich im Sinne eines langfristig wirksamen Vertragsnaturschutzes erfolgen.

(3) Die Vertragsparteien sichern die notwendige Zusammenarbeit bei der Planung und Ausweisung grenzüberschreitender Naturwaldreservate.

Artikel 11: Förderung und Abgeltung

(1) Unter Berücksichtigung der erschwerten Wirtschaftsbedingungen im Alpenraum und unter Bedachtnahme auf die von der Bergwaldwirtschaft erbrachten Leistungen verpflichten sich die Vertragsparteien unter den gegebenen finanzpolitischen Rahmenbedingungen und solange dies zur Sicherung dieser Leistungen notwendig ist, zu einer ausreichenden forstlichen Förderung – insbesondere der in den Artikeln 6 bis 10 angeführten Maßnahmen.

(2) Werden von der Bergwaldwirtschaft Leistungen beansprucht, die über bestehende gesetzliche Verpflichtungen hinausgehen, und wird deren Notwendigkeit in Projekten begründet, dann hat der Waldeigentümer Anspruch auf eine angemessene und leistungsbezogene Abgeltung.

(3) Die Vertragsparteien verpflichten sich, die notwendigen Instrumentarien zur Finanzierung von Förderungs- und Abgeltungsmaßnahmen zu schaffen. Bei der Finanzierung ist neben dem volkswirtschaftlichen Vorteil für die gesamte Bevölkerung auch der Vorteil einzelner zu berücksichtigen.

Artikel 12: Weitergehende Maßnahmen

Die Vertragsparteien können Maßnahmen zur Bergwaldwirtschaft treffen, welche über die in diesem Protokoll vorgesehenen Maßnahmen hinausgehen.

Kapitel III
Forschung, Bildung und Information

Artikel 13: Forschung und Beobachtung

(1) Die Vertragsparteien fördern und harmonisieren in enger Zusammenarbeit Forschungen und systematische Beobachtungen, die zur Erreichung der Ziele dieses Protokolls dienlich sind.

(2) Insbesondere fördern sie Forschungsvorhaben, die in Zusammenhang mit der Begründung, der Pflege und dem Schutz sowie den Leistungen des Ökosystems Bergwald stehen, sowie wissenschaftliche Projekte, die eine internationale Vergleichbarkeit einzelstaatlicher Inventuren und Erhebungen ermöglichen.

(3) Die Vertragsparteien sorgen dafür, daß die jeweiligen Ergebnisse nationaler Forschung und systematischer Beobachtung in ein gemeinsames System zur dauernden Beobachtung und Information einfließen und im Rahmen der geltenden staatlichen Ordnung öffentlich zugänglich gemacht werden.

(4) Insbesondere erstellen sie für die in diesem Protokoll bestimmten Ziele und Maßnahmen eine vergleichbare Bestandsaufnahme, die periodisch fortzuschreiben ist.

Artikel 14: Bildung und Information

(1) Die Vertragsparteien fördern die Aus- und Weiterbildung sowie die Information der Öffentlichkeit im Hinblick auf Ziele, Maßnahmen und Durchführung dieses Protokolls.

(2) Sie sorgen insbesondere für eine dem Protokollinhalt gerecht werdende Beratung und Weiterbildung der Waldeigentümer.

Kapitel IV
Durchführung, Kontrolle und Bewertung

Artikel 15: Durchführung

Die Vertragsparteien verpflichten sich, die Durchführung dieses Protokolls durch geeignete Maßnahmen im Rahmen der geltenden staatlichen Ordnung sicherzustellen.

Artikel 16: Kontrolle der Einhaltung der Verpflichtungen

(1) Die Vertragsparteien erstatten dem Ständigen Ausschuß regelmäßig Bericht über die aufgrund dieses Protokolls getroffenen Maßnahmen. In den Berichten ist auch die Wirksamkeit der getroffenen Maßnahmen darzulegen. Die Alpenkonferenz bestimmt die zeitliche Abfolge der Berichterstattung.

(2) Der Ständige Ausschuß prüft die Berichte daraufhin, ob die Vertragsparteien ihren Verpflichtungen aus diesem Protokoll nachgekommen sind. Er kann dabei auch zusätzliche Informationen von den Vertragsparteien anfordern oder Informationen aus anderen Quellen beiziehen.

(3) Der Ständige Ausschuß erstellt für die Alpenkonferenz einen Bericht über die Einhaltung der Verpflichtungen aus diesem Protokoll durch die Vertragsparteien.

(4) Die Alpenkonferenz nimmt diesen Bericht zur Kenntnis. Falls sie eine Verletzung der Verpflichtungen feststellt, kann sie Empfehlungen verabschieden.

Artikel 17: Bewertung der Wirksamkeit der Bestimmungen

(1) Die Vertragsparteien überprüfen und beurteilen regelmäßig die in diesem Protokoll enthaltenen Bestimmungen auf ihre Wirksamkeit. Soweit zur Erreichung der Ziele dieses Protokolls erforderlich, werden sie geeignete Änderungen des Protokolls in die Wege leiten.

(2) Im Rahmen der geltenden staatlichen Ordnung werden die Gebietskörperschaften an dieser Bewertung beteiligt. Die einschlägig tätigen nichtstaatlichen Organisationen können angehört werden.

Kapitel V
Schlußbestimmungen

Artikel 18: Verhältnis zwischen der Alpenkonvention und dem Protokoll
(1) Dieses Protokoll ist ein Protokoll der Alpenkonvention im Sinne des Artikels 2 und der anderen einschlägigen Artikel der Alpenkonvention.
(2) Nur Vertragsparteien der Alpenkonvention können Vertragspartei dieses Protokolls werden. Eine Kündigung der Alpenkonvention gilt zugleich als Kündigung dieses Protokolls.
(3) Entscheidet die Alpenkonferenz über Fragen in bezug auf dieses Protokoll, so sind lediglich die Vertragsparteien dieses Protokolls abstimmungsberechtigt.

Artikel 19: Unterzeichnung und Ratifikation
(1) Dieses Protokoll liegt für die Unterzeichnerstaaten der Alpenkonvention und die Europäische Gemeinschaft am 27. Februar 1996 sowie ab dem 29. Februar 1996 bei der Republik Österreich als Verwahrer zur Unterzeichnung auf.
(2) Dieses Protokoll tritt für die Vertragsparteien, die ihre Zustimmung ausgedrückt haben, durch das Protokoll gebunden zu sein, drei Monate nach dem Tag in Kraft, an dem drei Staaten ihre Ratifikations-, Annahme- oder Genehmigungsurkunde hinterlegt haben.
(3) Für die Vertragsparteien, die später ihre Zustimmung ausdrücken, durch dieses Protokoll gebunden zu sein, tritt das Protokoll drei Monate nach dem Tag der Hinterlegung der Ratifikations-, Annahme- oder Genehmigungsurkunde in Kraft. Nach dem Inkrafttreten einer Änderung des Protokolls wird jede neue Vertragspartei dieses Protokolls Vertragspartei des Protokolls in der geänderten Fassung.

Artikel 20: Notifikationen
Der Verwahrer notifiziert jedem in der Präambel genannten Staat und der Europäischen Gemeinschaft in bezug auf dieses Protokoll
a) jede Unterzeichnung,
b) jede Hinterlegung einer Ratifikations-, Annahme- oder Genehmigungsurkunde,
c) jeden Zeitpunkt des Inkrafttretens,
d) jede von einer Vertrags- oder Unterzeichnerpartei abgegebene Erklärung,
e) jede von einer Vertragspartei notifizierte Kündigung, einschließlich des Zeitpunkts ihres Wirksamwerdens.

Zu Urkund dessen haben die hierzu gehörig befugten Unterzeichneten dieses Protokoll unterschrieben. Geschehen zu Brdo am 27. Februar 1996 in deutscher, französischer, italienischer und slowenischer Sprache, wobei jeder Wortlaut gleichermaßen verbindlich ist, in einer Urschrift, die im Staatsarchiv der Republik Österreich hinterlegt wird. Der Verwahrer übermittelt den Unterzeichnerparteien beglaubigte Abschriften.

Protokoll zur Durchführung der Alpenkonvention von 1991 im Bereich Bodenschutz

Präambel

Die Bundesrepublik Deutschland, die Französische Republik, die Italienische Republik, das Fürstentum Liechtenstein, das Fürstentum Monaco, die Republik Österreich, die Schweizerische Eidgenossenschaft, die Republik Slowenien sowie die Europäische Gemeinschaft –

in Erfüllung ihres Auftrags aufgrund des Übereinkommens vom 7. November 1991 zum Schutz der Alpen (Alpenkonvention), eine ganzheitliche Politik zum Schutz und zur nachhaltigen Entwicklung des Alpenraums sicherzustellen,

in Erfüllung ihrer Verpflichtungen gemäß Artikel 2 Absätze 2 und 3 der Alpenkonvention,
mit dem Ziel der Verminderung der quantitativen und qualitativen Bodenbeeinträchtigungen, insbesondere durch Anwendung bodenschonender land- und forstwirtschaftlicher Produktionsverfahren, sparsamen Umgang mit Grund und Boden, Eindämmung von Erosion sowie durch Beschränkung der Versiegelung von Böden,
in Kenntnis der Tatsache, daß der Schutz der Alpenböden, ihre nachhaltige Bewirtschaftung und die Wiederherstellung ihrer natürlichen Funktionen an beeinträchtigten Standorten von allgemeinem Interesse sind,
in der Erkenntnis, daß die Alpen als einer der größten zusammenhängenden Naturräume Europas durch ökologische Vielfalt und hochempfindliche Ökosysteme geprägt sind, die in ihrer Funktionsfähigkeit erhalten werden müssen,
in der Überzeugung, daß die ansässige Bevölkerung in der Lage sein muß, ihre Vorstellungen von der gesellschaftlichen, kulturellen und wirtschaftlichen Entwicklung selbst zu definieren und an deren Umsetzung im Rahmen der geltenden staatlichen Ordnung mitzuwirken,
in dem Bewußtsein, daß die Alpen einerseits wichtiger Lebens- und Wirtschaftsraum der ansässigen Bevölkerung und Erholungsraum für Menschen anderer Regionen sind, andererseits der Erhalt der Bodenfunktionen durch die unterschiedlichen Nutzungsansprüche, die in dem eng begrenzten Alpenraum aufeinandertreffen, gefährdet wird und deshalb wirtschaftliche Interessen mit den ökologischen Erfordernissen in Einklang gebracht werden müssen,
in Kenntnis der Tatsache, daß der Boden innerhalb der Ökosysteme eine Sonderstellung einnimmt, seine Neubildung sowie eine Regeneration beeinträchtigter Böden nur sehr langsam verläuft, auf Grund der topographischen Gegebenheiten im Alpenraum verstärkt Bodenabträge zu erwarten sind, er einerseits eine Senke für Schadstoffe darstellt und andererseits kontaminierte Böden Quelle von Schadstoffeinträgen in angrenzende Ökosysteme und eine Gefahr für Menschen, Tiere und Pflanzen sein können,
in dem Bewußtsein, daß Beanspruchungen des Bodens insbesondere durch Siedlungsentwicklung, Industrie und Gewerbe, Infrastrukturen, Abbau von Bodenschätzen, Tourismus, Land- und Forstwirtschaft sowie Verkehr zu quantitativen oder qualitativen Bodenbeeinträchtigungen führen können und deshalb bereichsübergreifend für den Bodenschutz entsprechende Maßnahmen zur Vorsorge sowie zur Schadensbegrenzung und -beseitigung vorgeschlagen werden sollen,
in der Erwägung, daß der Bodenschutz vielfältige Auswirkungen auf andere Politikbereiche im Alpenraum hat und deshalb fach- und bereichsübergreifend zu koordinieren ist,
in der Überzeugung, daß bestimmte Probleme nur grenzübergreifend gelöst werden können und gemeinsame Maßnahmen der Alpenstaaten erforderlich machen, die von den Unterzeichnern nach Maßgabe der vorhandenen Mittel umgesetzt werden – sind wie folgt übereingekommen:

Kapitel I
Allgemeine Bestimmungen

Artikel 1: Ziele

(1) Dieses Protokoll dient der Umsetzung der zwischen den Vertragsparteien in der Alpenkonvention vereinbarten Verpflichtungen zum Bodenschutz.

(2) Der Boden ist
1. in seinen natürlichen Funktionen als
a) Lebensgrundlage und Lebensraum für Menschen, Tiere, Pflanzen und Mikroorganismen,
b) prägendes Element von Natur und Landschaft,
c) Teil des Naturhaushalts, insbesondere mit seinen Wasser- und Nährstoffkreisläufen,
d) Umwandlungs- und Ausgleichsmedium für stoffliche Einwirkungen, insbesondere auf Grund der Filter-, Puffer- und Speichereigenschaften, besonders zum Schutz des Grundwassers,
e) genetisches Reservoir,
2. in seiner Funktion als Archiv der Natur- und Kulturgeschichte sowie
3. zur Sicherung seiner Nutzungen als
a) Standort für die Landwirtschaft einschließlich der Weidewirtschaft und der Forstwirtschaft,
b) Fläche für Siedlung und touristische Aktivitäten,
c) Standort für sonstige wirtschaftliche Nutzungen, Verkehr, Ver- und Entsorgung,
d) Rohstofflagerstätte

nachhaltig in seiner Leistungsfähigkeit zu erhalten. Insbesondere die ökologischen Bodenfunktionen sind als wesentlicher Bestandteil des Naturhaushalts langfristig qualitativ und quantitativ zu sichern und zu erhalten. Die Wiederherstellung beeinträchtigter Böden ist zu fördern.

(3) Die zu ergreifenden Maßnahmen zielen insbesondere auf eine standortgerechte Bodennutzung, einen sparsamen Umgang mit den Flächen, die Vermeidung von Erosion und nachteiligen Veränderungen der Bodenstruktur sowie auf eine Minimierung der Einträge von bodenbelastenden Stoffen.

(4) Insbesondere sind auch die im Alpenraum typische Vielfalt der Böden und charakteristische Standorte zu bewahren und zu fördern.

(5) Hierbei kommt dem Vorsorgeprinzip, welches die Sicherung der Funktionsfähigkeit und Nutzungsmöglichkeit der Böden für verschiedene Zwecke sowie ihre Verfügbarkeit für künftige Generationen im Hinblick auf nachhaltige Entwicklung einschließt, besondere Bedeutung zu.

Artikel 2: Grundverpflichtungen

(1) Die Vertragsparteien verpflichten sich, die erforderlichen rechtlichen und administrativen Maßnahmen zu ergreifen, um den Schutz der Böden im Alpenraum sicherzustellen. Die Überwachung dieser Maßnahmen erfolgt unter der Verantwortung der nationalen Behörden.

(2) Besteht die Gefahr schwerwiegender und nachhaltiger Beeinträchtigungen der Funktionsfähigkeit der Böden, ist grundsätzlich den Schutzaspekten der Vorrang vor Nutzungsaspekten einzuräumen.

(3) Die Vertragsparteien prüfen die Möglichkeiten, die mit diesem Protokoll angestrebten Maßnahmen zum Bodenschutz im Alpenraum mit fiskalischen und/oder finanziellen Maßnahmen zu unterstützen. Maßnahmen, die mit dem Schutz des Bodens und mit den Zielen einer sparsamen und umweltschonenden Bodennutzung im Einklang stehen, sollen besonders unterstützt werden.

Artikel 3: Berücksichtigung der Ziele in den anderen Politiken

Die Vertragsparteien verpflichten sich, die Ziele dieses Protokolls auch in ihren anderen Politiken zu berücksichtigen. Im Alpenraum gilt dies insbesondere für Raumordnung, Siedlungs- und Verkehrswesen, Energiewirtschaft, Land- und Forstwirtschaft, Rohstoffgewinnung, Industrie, Gewerbe, Tourismus, Naturschutz und Landschaftspflege, Wasser- und Abfallwirtschaft und Luftreinhaltung.

Artikel 4: Beteiligung der Gebietskörperschaften

(1) Jede Vertragspartei bestimmt im Rahmen der geltenden staatlichen Ordnung die für die Abstimmung und Zusammenarbeit zwischen den unmittelbar betroffenen Institutionen und Gebietskörperschaften am besten geeignete Ebene, um eine gemeinsame Verantwortung zu fördern, namentlich um sich gegenseitig verstärkende Kräfte beim Vollzug der Politiken des Bodenschutzes sowie der sich daraus ergebenden Maßnahmen im Alpenraum zu nutzen und zu entwickeln.

(2) Die unmittelbar betroffenen Gebietskörperschaften werden in den verschiedenen Stadien der Vorbereitung und Umsetzung dieser Politiken und Maßnahmen unter Wahrung ihrer Zuständigkeit im Rahmen der geltenden staatlichen Ordnung beteiligt.

Artikel 5: Internationale Zusammenarbeit

(1) Die Vertragsparteien unterstützen eine verstärkte internationale Zusammenarbeit zwischen den jeweils zuständigen Institutionen, insbesondere bei der Erstellung von Bodenkatastern, bei der Bodenbeobachtung, bei der Ausweisung und Überwachung von Bodenschutz- und Bodenbelastungsgebieten so-

wie Gefahrenzonen, der Bereitstellung und Harmonisierung von Datengrundlagen, der Koordinierung der alpenbezogenen Bodenschutzforschung sowie bei der gegenseitigen Berichterstattung.
(2) Die Vertragsparteien verpflichten sich, Hindernisse der internationalen Zusammenarbeit zwischen Gebietskörperschaften des Alpenraums zu beseitigen und die Lösung gemeinsamer Probleme auf der am besten geeigneten Ebene zu fördern.
(3) Wenn die Festlegung von bodenschutzbezogenen Maßnahmen in der nationalen oder internationalen Zuständigkeit liegt, sind den Gebietskörperschaften Möglichkeiten einzuräumen, die Interessen der Bevölkerung wirksam darzulegen.

Kapitel II
Spezifische Maßnahmen

Artikel 6: Gebietsausweisungen
Die Vertragsparteien achten darauf, daß bei der Ausweisung von Schutzgebieten auch schützenswerte Böden einbezogen werden. Insbesondere sind Boden- und Felsbildungen von besonders charakteristischer Eigenart oder von besonderer Bedeutung für die Dokumentation der Erdgeschichte zu erhalten.

Artikel 7: Sparsamer und schonender Umgang mit Böden
(1) Bei der Erstellung und Umsetzung der Pläne und/oder Programme nach Artikel 9 Absatz 3 des Protokolls »Raumplanung und nachhaltige Entwicklung« sind die Belange des Bodenschutzes, insbesondere der sparsame Umgang mit Grund und Boden zu berücksichtigen.
(2) Zur Begrenzung der Bodenversiegelung und des Bodenverbrauchs sorgen die Vertragsparteien für ein flächensparendes und bodenschonendes Bauen. Sie richten die Siedlungsentwicklung bevorzugt auf den Innenbereich und begrenzen das Siedlungswachstum nach außen.
(3) Bei der Prüfung der Raum- und Umweltverträglichkeit von Großvorhaben im Industrie-, Bau- und Infrastrukturbereich insbesondere des Verkehrs, der Energie und des Tourismus, ist im Rahmen der nationalen Verfahren dem Bodenschutz und dem begrenzten Flächenangebot im alpinen Raum Rechnung zu tragen.
(4) Wenn die natürlichen Gegebenheiten dies zulassen, sind nicht mehr genutzte oder beeinträchtigte Böden, insbesondere Abfalldeponien, Bergwerkshalden, Infrastrukturen, Skipisten, zu renaturieren oder zu rekultivieren.

Artikel 8: Sparsame Verwendung und bodenschonender Abbau von Bodenschätzen
(1) Die Vertragsparteien sorgen für einen sparsamen Umgang mit Bodenschätzen. Sie wirken darauf hin, daß vorzugsweise Ersatzstoffe verwendet und Möglichkeiten der Wiederverwertung ausgeschöpft werden oder deren Entwicklung gefördert wird.
(2) Bei Abbau, Aufbereitung und Nutzung von Bodenschätzen sind Belastungen der anderen Bodenfunktionen möglichst gering zu halten. In zum Schutz der Bodenfunktionen besonders bedeutsamen Gebieten und in ausgewiesenen Gebieten zur Trinkwassergewinnung soll auf den Abbau von Bodenschätzen verzichtet werden.

Artikel 9: Erhaltung der Böden in Feuchtgebieten und Mooren
(1) Die Vertragsparteien verpflichten sich, Hoch- und Flachmoore zu erhalten. Dazu ist mittelfristig anzustreben, die Verwendung von Torf vollständig zu ersetzen.
(2) In Feuchtgebieten und Mooren sollen Entwässerungsmaßnahmen außer in begründeten Ausnahmefällen auf die Pflege bestehender Netze begrenzt werden. Rückbaumaßnahmen bei bestehenden Entwässerungen sollen gefördert werden.
(3) Moorböden sollen grundsätzlich nicht genutzt oder unter landwirtschaftlicher Nutzung derart bewirtschaftet werden, daß ihre Eigenart erhalten bleibt.

Artikel 10: Ausweisung und Behandlung gefährdeter Gebiete
(1) Die Vertragsparteien vereinbaren, Alpengebiete, die durch geologische, hydrogeologische und hydrologische Risiken, insbesondere Massenbewegungen (Hangbewegungen, Murenbildungen, Erdfälle), Lawinen und Überschwemmungen, gefährdet sind, zu kartieren und in Kataster aufzunehmen und, soweit erforderlich, Gefahrenzonen auszuweisen. Gegebenenfalls sind auch seismische Risiken zu berücksichtigen.
(2) Die Vertragsparteien sorgen dafür, daß in gefährdeten Gebieten möglichst naturnahe Ingenieurtechniken angewendet sowie örtliche und traditionelle, an die landschaftlichen Gegebenheiten angepaßte Baumaterialien eingesetzt werden. Diese Maßnahmen sind durch geeignete Waldbaumaßnahmen zu unterstützen.

Artikel 11: Ausweisung und Behandlung erosionsgefährdeter Alpengebiete
(1) Die Vertragsparteien vereinbaren, nach vergleichbaren Kriterien zur Quantifizierung der Erosion von

Böden die durch flächenhafte Erosion betroffenen Alpengebiete zu kartieren und in Bodenkataster aufzunehmen, soweit dies für den Schutz von Sachgütern erforderlich ist.
(2) Die Bodenerosion ist auf das unvermeidbare Maß einzuschränken. Erosions- und rutschungsgeschädigte Flächen sollen saniert werden, soweit dies der Schutz des Menschen und von Sachgütern erfordert.
(3) Zum Schutz des Menschen und von Sachgütern sind bei Maßnahmen zur Eindämmung der Erosion durch Gewässer und zur Minderung des Oberflächenabflusses vorzugsweise naturnahe wasserwirtschaftliche, ingenieurbauliche und forstwirtschaftliche Techniken einzusetzen.

Artikel 12: Land-, Weide- und Forstwirtschaft
(1) Zum Schutz vor Erosion und schädigenden Bodenverdichtungen verpflichten sich die Vertragsparteien zur Anwendung einer guten, an die örtlichen Verhältnisse angepaßten ackerbaulichen, weidewirtschaftlichen und forstwirtschaftlichen Praxis.
(2) Im Hinblick auf Stoffeinträge durch Düngemittel- und Pflanzenschutzmittelanwendung streben die Vertragsparteien an, gemeinsame Maßstäbe für eine gute fachliche Praxis zu erarbeiten und umzusetzen. Die Düngung ist nach Art, Menge und Zeit auf den Bedarf der Pflanzen unter Berücksichtigung der im Boden verfügbaren Nährstoffe und der organischen Substanz sowie der Standort- und Anbaubedingungen auszurichten. Dazu dienen die Anwendung von ökologischen/biologischen und integrierten Anbaumethoden sowie die Abstimmung des Viehbesatzes auf die natürlichen Standort- und Aufwuchsbedingungen.
(3) Auf Alpflächen ist insbesondere der Einsatz mineralischer Düngemittel und synthetischer Pflanzenschutzmittel zu minimieren. Auf den Einsatz von Klärschlämmen soll verzichtet werden.

Artikel 13: Waldbauliche und sonstige Maßnahmen
(1) Für Bergwälder, die in hohem Maß den eigenen Standort oder vor allem Siedlungen, Verkehrsinfrastrukturen, landwirtschaftliche Kulturflächen und ähnliches schützen, verpflichten sich die Vertragsparteien, dieser Schutzwirkung eine Vorrangstellung einzuräumen und deren forstliche Behandlung am Schutzziel zu orientieren. Diese Bergwälder sind an Ort und Stelle zu erhalten.
(2) Insbesondere ist der Wald so zu nutzen und zu pflegen, daß Bodenerosion und schädliche Bodenverdichtungen vermieden werden. Zu diesem Zweck sind auch standortgerechter Waldbau und natürliche Waldverjüngung zu fördern.

Artikel 14: Auswirkungen touristischer Infrastrukturen
(1) Die Vertragsparteien wirken in der geeignetsten Weise darauf hin, daß
– nachteilige Auswirkungen von touristischen Aktivitäten auf die alpinen Böden vermieden werden,
– die durch eine intensive touristische Nutzung beeinträchtigten Böden stabilisiert werden, insbesondere und soweit möglich durch die Wiederherstellung der Vegetationsdecke und die Anwendung naturnaher Ingenieurtechniken. Die weitere Nutzung soll so gelenkt werden, daß derartige Schäden nicht mehr auftreten,
– Genehmigungen für den Bau und die Planierung von Skipisten in Wäldern mit Schutzfunktionen nur in Ausnahmefällen und bei Durchführung von Ausgleichsmaßnahmen erteilt und in labilen Gebieten nicht erteilt werden.
(2) Chemische und biologische Zusätze für die Pistenpräparierung werden nur dann zugelassen, wenn sie nachgewiesenermaßen umweltverträglich sind.
(3) Wenn bedeutende Schäden an Böden und Vegetation festgestellt werden, ergreifen die Vertragsparteien zum frühestmöglichen Zeitpunkt die erforderlichen Maßnahmen zur Wiederherstellung.

Artikel 15: Begrenzung von Schadstoffeinträgen
(1) Die Vertragsparteien unternehmen alle Anstrengungen, um den Schadstoffeintrag in die Böden über Luft, Wasser, Abfälle und umweltbelastende Stoffe soweit wie möglich und vorsorglich zu verringern. Bevorzugt werden Maßnahmen, die Emissionen an ihrer Quelle begrenzen.
(2) Zur Vermeidung der Kontamination von Böden beim Umgang mit gefährlichen Stoffen treffen die Vertragsparteien technische Regelungen, sehen Kontrollen vor und führen Forschungsprogramme und Aufklärungsmaßnahmen durch.

Artikel 16: Umweltverträglicher Einsatz von Streumitteln
Die Vertragsparteien verpflichten sich, den Einsatz von Streusalz zu minimieren und, soweit möglich, abstumpfende und weniger kontaminierende Mittel wie Kies und Sand einzusetzen.

Artikel 17: Kontaminierte Böden, Altlasten, Abfallkonzepte
(1) Die Vertragsparteien verpflichten sich zur Erhebung und Dokumentation ihrer Altlasten und Altlastenverdachtsflächen (Altlastenkataster), zur Untersuchung des Zustands dieser Flächen sowie zur Abschätzung des Gefährdungspotentials nach vergleichbaren Methoden.
(2) Zur Vermeidung der Kontamination von Böden sowie zur umweltverträglichen Vorbehandlung, Behandlung und Ablagerung von Abfällen und Reststoffen sind Abfallkonzepte zu erstellen und umzusetzen.

Artikel 18: Weitergehende Maßnahmen
Die Vertragsparteien können Maßnahmen zum Bodenschutz treffen, welche über die in diesem Protokoll vorgesehenen Maßnahmen hinausgehen.

Kapitel III
Forschung, Bildung und Information

Artikel 19: Forschung und Beobachtung
(1) Die Vertragsparteien fördern und harmonisieren in enger Zusammenarbeit Forschungen und systematische Beobachtungen, die zur Erreichung der Ziele dieses Protokolls dienlich sind.
(2) Die Vertragsparteien sorgen dafür, daß die jeweiligen Ergebnisse nationaler Forschung und systematischer Beobachtung in ein gemeinsames System zur dauernden Beobachtung und Information einfließen und im Rahmen der geltenden staatlichen Ordnung öffentlich zugänglich gemacht werden.
(3) Die Vertragsparteien vereinbaren, ihre alpenbezogenen Forschungsvorhaben zum Bodenschutz unter Berücksichtigung anderer nationaler und internationaler Forschungsentwicklungen zu koordinieren, und nehmen gemeinsame Forschungsaktivitäten in Aussicht.
(4) Besondere Aufmerksamkeit ist den Bewertungen der Bodenempfindlichkeit im Hinblick auf unterschiedliche menschliche Tätigkeiten, den Bewertungen der Regenerationsfähigkeit der Böden sowie der Prüfung der bestgeeigneten entsprechenden Technologien beizumessen.

Artikel 20: Erstellung harmonisierter Datengrundlagen
(1) Die Vertragsparteien kommen überein, im Rahmen des Beobachtungs- und Informationssystems der Alpen vergleichbare Datengrundlagen (Bodenparameter, Probenahme, Analytik, Auswertung) und die Möglichkeit des Datenaustauschs zu schaffen.
(2) Die Vertragsparteien verständigen sich über vorrangig zu untersuchende bodengefährdende Stoffe und streben vergleichbare Bewertungsmaßstäbe an.
(3) Die Vertragsparteien streben an, den Zustand der Böden im Alpenraum unter Berücksichtigung der geologischen und hydrogeologischen Situation nach gleichen Bewertungsgrundlagen und harmonisierten Methoden repräsentativ zu erfassen.

Artikel 21: Einrichtung von Dauerbeobachtungsflächen und Koordinierung der Umweltbeobachtung
(1) Die Vertragsparteien verpflichten sich, für den Alpenraum Dauerbeobachtungsflächen (Monitoring) einzurichten und in ein alpenweites Netz zur Bodenbeobachtung zu integrieren.
(2) Die Vertragsparteien vereinbaren, ihre nationale Bodenbeobachtung mit den Umweltbeobachtungseinrichtungen in den Bereichen Luft, Wasser, Flora und Fauna zu koordinieren.
(3) Im Rahmen dieser Untersuchungen werden die Vertragsparteien nach vergleichbaren Vorgaben Bodenprobenbanken aufbauen.

Artikel 22: Bildung und Information
Die Vertragsparteien fördern die Aus- und Weiterbildung sowie die Information der Öffentlichkeit im Hinblick auf Ziele, Maßnahmen und Durchführung dieses Protokolls.

Kapitel IV
Durchführung, Kontrolle und Bewertung

Artikel 23: Durchführung
Die Vertragsparteien verpflichten sich, die Durchführung dieses Protokolls durch geeignete Maßnahmen im Rahmen der geltenden staatlichen Ordnung sicherzustellen.

Artikel 24: Kontrolle der Einhaltung der Verpflichtungen
(1) Die Vertragsparteien erstatten dem Ständigen Ausschuß regelmäßig Bericht über die aufgrund dieses Protokolls getroffenen Maßnahmen. In den Berichten ist auch die Wirksamkeit der getroffenen Maßnahmen darzulegen. Die Alpenkonferenz bestimmt die zeitliche Abfolge der Berichterstattung.
(2) Der Ständige Ausschuß prüft die Berichte daraufhin, ob die Vertragsparteien ihren Verpflichtungen aus diesem Protokoll nachgekommen sind. Er kann dabei auch zusätzliche Informationen von den Vertragsparteien anfordern oder Informationen aus anderen Quellen beiziehen.
(3) Der Ständige Ausschuß erstellt für die Alpenkonferenz einen Bericht über die Einhaltung der Verpflichtungen aus diesem Protokoll durch die Vertragsparteien.
(4) Die Alpenkonferenz nimmt diesen Bericht zur Kenntnis. Falls sie eine Verletzung der Verpflichtungen feststellt, kann sie Empfehlungen verabschieden.

Artikel 25: Bewertung der Wirksamkeit der Bestimmungen
(1) Die Vertragsparteien überprüfen und beurteilen regelmäßig die in diesem Protokoll enthaltenen Bestimmungen auf ihre Wirksamkeit. Soweit zur Erreichung der Ziele dieses Protokolls erforderlich, werden sie geeignete Änderungen des Protokolls in die Wege leiten.

(2) Im Rahmen der geltenden staatlichen Ordnung werden die Gebietskörperschaften an dieser Bewertung beteiligt. Die einschlägig tätigen nichtstaatlichen Organisationen können angehört werden.

Kapitel V
Schlußbestimmungen

Artikel 26: Verhältnis zwischen der Alpenkonvention und dem Protokoll
(1) Dieses Protokoll ist ein Protokoll der Alpenkonvention im Sinne des Artikels 2 und der anderen einschlägigen Artikel der Alpenkonvention.
(2) Nur Vertragsparteien der Alpenkonvention können Vertragspartei dieses Protokolls werden. Eine Kündigung der Alpenkonvention gilt zugleich als Kündigung dieses Protokolls.
(3) Entscheidet die Alpenkonferenz über Fragen in bezug auf dieses Protokoll, so sind lediglich die Vertragsparteien dieses Protokolls abstimmungsberechtigt.

Artikel 27: Unterzeichnung und Ratifikation
(1) Dieses Protokoll liegt für die Unterzeichnerstaaten der Alpenkonvention und die Europäische Gemeinschaft am 16.Oktober 1998 sowie ab dem 16. November 1998 bei der Republik Österreich als Verwahrer zur Unterzeichnung auf.
(2) Dieses Protokoll tritt für die Vertragsparteien, die ihre Zustimmung ausgedrückt haben, durch das Protokoll gebunden zu sein, drei Monate nach dem Tag in Kraft, an dem drei Staaten ihre Ratifikations-, Annahme- oder Genehmigungsurkunde hinterlegt haben.
(3) Für die Vertragsparteien, die später ihre Zustimmung ausdrücken, durch dieses Protokoll gebunden zu sein, tritt das Protokoll drei Monate nach dem Tag der Hinterlegung der Ratifikations-, Annahme- oder Genehmigungsurkunde in Kraft. Nach dem Inkrafttreten einer Änderung des Protokolls wird jede neue Vertragspartei dieses Protokolls Vertragspartei des Protokolls in der geänderten Fassung.

Artikel 28: Notifikationen
Der Verwahrer notifiziert jedem in der Präambel genannten Staat und der Europäischen Gemeinschaft in bezug auf dieses Protokoll
a) jede Unterzeichnung,
b) jede Hinterlegung einer Ratifikations-, Annahme- oder Genehmigungsurkunde,
c) jeden Zeitpunkt des Inkrafttretens,
d) jede von einer Vertrags- oder Unterzeichnerpartei abgegebene Erklärung,
e) jede von einer Vertragspartei notifizierte Kündigung, einschließlich des Zeitpunkts ihres Wirksamwerdens.

Zu Urkund dessen haben die hierzu gehörig befugten Unterzeichneten dieses Protokoll unterschrieben.
Geschehen zu Bled am 16. Oktober 1998 in deutscher, französischer, italienischer und slowenischer Sprache, wobei jeder Wortlaut gleichermaßen verbindlich ist, in einer Urschrift, die im Staatsarchiv der Republik Österreich hinterlegt wird. Der Verwahrer übermittelt den Unterzeichnerparteien beglaubigte Abschriften.

Protokoll zur Durchführung der Alpenkonvention von 1991 im Bereich Energie

Präambel

Die Bundesrepublik Deutschland, die Französische Republik, die Italienische Republik, das Fürstentum Liechtenstein, das Fürstentum Monaco, die Republik Österreich, die Schweizerische Eidgenossenschaft, die Republik Slowenien sowie die Europäische Gemeinschaft –

in Erfüllung ihres Auftrags aufgrund des Übereinkommens vom 7. November 1991 zum Schutz der Alpen (Alpenkonvention), eine ganzheitliche Politik zum Schutz und zur nachhaltigen Entwicklung des Alpenraums sicherzustellen,

in Erfüllung ihrer Verpflichtungen gemäß Artikel 2 Absätze 2 und 3 der Alpenkonvention,
in der Überzeugung, daß eine natur- und landschaftsschonende sowie umweltverträgliche Erzeugung, Verteilung und Nutzung von Energie durchzusetzen und energiesparende Maßnahmen zu fördern sind,
in Anbetracht der Notwendigkeit, die Treibhausgasemissionen auch im Alpenraum zu verringern und damit auch die Verpflichtungen aus dem Rahmenübereinkommen der Vereinten Nationen über Klimaänderungen zu erfüllen,
in der Überzeugung, daß wirtschaftliche Interessen mit den ökologischen Erfordernissen in Einklang gebracht werden müssen,
in dem Bewußtsein, daß der Alpenraum ein Gebiet von europäischer Bedeutung ist und hinsichtlich seiner Geomorphologie, seines Klimas, seiner Gewässer, seiner Pflanzen- und Tierwelt, seiner Landschaft und seiner Kultur ein einzigartiges sowie vielfältiges Erbe darstellt und daß seine Hochgebirge, Täler und Vorgebirge ökologische Einheiten bilden, deren Erhaltung nicht nur Aufgabe der Alpenstaaten sein kann,
in dem Bewußtsein, daß die Alpen Lebens- und Wirtschaftsraum für die ansässige Bevölkerung sind und darüber hinaus größte Bedeutung für die außeralpinen Gebiete haben, unter anderem als Transitraum nicht nur für den transeuropäischen Personen- und Warenverkehr, sondern auch für die internationalen Energieversorgungsnetze,
in Anbetracht der ökologischen Anfälligkeit des Alpenraums auch hinsichtlich Energieproduktion, -transport und -verwendung, die bei Naturschutz, Raumplanung und Bodennutzung zu berücksichtigen ist,
unter Berücksichtigung der Tatsache, daß die bestehende Gefährdung der Umwelt und die möglichen durch den Menschen verursachten Klimaänderungen eine besondere Betrachtung der engen Zusammenhänge zwischen gesellschaftlichem und wirtschaftlichem Handeln des Menschen und Erhaltung der Ökosysteme verlangen, wobei insbesondere im Alpenraum geeignete sowie unterschiedlich gestaltete Maßnahmen im Einvernehmen mit der ansässigen Bevölkerung, den politischen Institutionen und den wirtschaftlichen und sozialen Organisationen erforderlich sind,
in der Überzeugung, daß die ansässige Bevölkerung in der Lage sein muß, ihre Vorstellungen von der gesellschaftlichen, kulturellen und wirtschaftlichen Entwicklung selbst zu definieren und an deren Umsetzung im Rahmen der geltenden staatlichen Ordnung mitzuwirken,
in der Überzeugung, daß bestimmte Probleme nur grenzübergreifend gelöst werden können und gemeinsame Maßnahmen der Alpenstaaten und der unmittelbar betroffenen Gebietskörperschaften erforderlich machen,
in der Überzeugung, daß die Deckung des Energiebedarfs einen wesentlichen Faktor für die wirtschaftliche und soziale Entwicklung sowohl innerhalb als auch außerhalb des Alpenraums darstellt,
in dem Bewußtsein, daß der Nutzung und der Weiterentwicklung von ökonomischen Instrumenten, mit denen die Kostenwahrheit stärker in die Berech-

nung der Energiepreise einbezogen werden könnte, eine wesentliche Bedeutung zukommt,
in der Überzeugung, daß der Alpenraum einen dauerhaften Beitrag zur Deckung des Energiebedarfs und zur Trinkwasserversorgung auf europäischer Ebene leistet und auch selbst eine ausreichende Energieversorgung zur Verbesserung der Lebensbedingungen der Bevölkerung sowie der wirtschaftlichen Leistungsfähigkeit benötigt,
in der Überzeugung, daß der Alpenraum eine besonders wichtige Rolle für den Verbund der Energiesysteme der europäischen Staaten spielt,
in der Überzeugung, daß im Alpenraum Maßnahmen zur rationellen Energienutzung sowie zur nachhaltigen Nutzung der Wasser- und Holzressourcen einen wesentlichen volkswirtschaftlichen Beitrag zur Energieversorgung leisten können und die Nutzung von Biomasse und Sonnenenergie zunehmend Bedeutung erlangt – sind wie folgt übereingekommen:

Kapitel I
Allgemeine Bestimmungen

Artikel 1: Ziele
Die Vertragsparteien verpflichten sich, im räumlichen Anwendungsbereich der Alpenkonvention Rahmenbedingungen zu schaffen und konkrete Maßnahmen in den Bereichen Energieeinsparung sowie Energieerzeugung, -transport, -versorgung und -verwendung zu ergreifen, um die energiewirtschaftlichen Voraussetzungen für eine nachhaltige, mit den für den Alpenraum spezifischen Belastbarkeitsgrenzen verträgliche Entwicklung zu schaffen; damit werden die Vertragsparteien einen wichtigen Beitrag zum Schutz der Bevölkerung und der Umwelt, zur Schonung der Ressourcen sowie zur Klimavorsorge leisten.

Artikel 2: Grundverpflichtungen
(1) Im Einklang mit diesem Protokoll streben die Vertragsparteien insbesondere folgendes an:
a) Harmonisierung ihrer energiewirtschaftlichen Planung mit der allgemeinen Raumplanung im Alpenraum,
b) Ausrichtung der Energieerzeugungs-, -transport- und -versorgungssysteme unter Berücksichtigung der Erfordernisse des Umweltschutzes auf die allgemeine Optimierung des gesamten Infrastruktursystems im Alpenraum,
c) Reduzierung der energiebedingten Umweltbelastungen im Zuge der Optimierung der Energiedienstleistungen für die Endverbraucher unter anderem nach Möglichkeit durch
- die Reduktion des Energiebedarfs durch den Einsatz effizienterer Technologien,
- die verstärkte Deckung des verbleibenden Energiebedarfs aus erneuerbaren Energieträgern,
- die Optimierung der bestehenden Anlagen zur Energieerzeugung aus nicht erneuerbaren Energieträgern,

d) Verminderung der Beeinträchtigungen von Umwelt und Landschaft durch die energietechnischen Infrastrukturen einschließlich jener zur Abfallentsorgung mittels Vorsorgemaßnahmen bei neuen Anlagen und, soweit erforderlich, mittels Sanierungsmaßnahmen bei bestehenden Anlagen.
(2) Bei Errichtung neuer und erheblichem Ausbau bestehender großer energietechnischer Infrastrukturen nehmen die Vertragsparteien im Rahmen der geltenden Rechtsordnung eine Umweltverträglichkeitsprüfung im alpinen Raum sowie eine Bewertung der räumlichen und sozioökonomischen Auswirkungen nach Artikel 12 vor; dies schließt das Anhörungsrecht auf internationaler Ebene ein, wenn möglicherweise grenzüberschreitende Auswirkungen bestehen.
(3) Sie berücksichtigen in ihrer Energiepolitik, daß der Alpenraum zur Nutzung der erneuerbaren Energieträger geeignet ist, und fördern die Zusammenarbeit im Rahmen der Entwicklungsprogramme in diesem Bereich.
(4) Sie bewahren die Schutzgebiete mit ihren Pufferzonen, die Schon- und Ruhezonen sowie die unversehrten naturnahen Gebiete und Landschaften und optimieren die energietechnischen Infrastrukturen im Hinblick auf die unterschiedlichen Empfindlichkeits-, Belastbarkeits- und Beeinträchtigungsgrade der alpinen Ökosysteme.
(5) Die Vertragsparteien sind sich dessen bewußt, daß eine geeignete Forschungs- und Entwicklungspolitik einen wichtigen Beitrag zum Schutz der Alpen vor Umweltbelastungen durch energietechnische

Infrastrukturen mittels Vorbeugungs- und Sanierungsmaßnahmen leisten kann. Sie fördern deshalb die entsprechenden Forschungs- und Entwicklungsvorhaben in den einschlägigen Bereichen sowie den Austausch relevanter Ergebnisse.
(6) Die Vertragsparteien werden im Energiebereich bei der Entwicklung von Methoden zur besseren Berücksichtigung der Kostenwahrheit zusammenarbeiten.

Artikel 3: Übereinstimmung mit dem Völkerrecht und mit den anderen Politiken
(1) Die Durchführung dieses Protokolls erfolgt in Übereinstimmung mit den geltenden völkerrechtlichen Normen, insbesondere mit denen der Alpenkonvention und ihrer Durchführungsprotokolle sowie mit den geltenden völkerrechtlichen Übereinkünften.
(2) Die Vertragsparteien verpflichten sich, die Ziele dieses Protokolls auch in ihren anderen Politiken zu berücksichtigen, insbesondere in den Bereichen der Raumordnung und Regionalentwicklung, des Verkehrs, der Land- und Forstwirtschaft sowie des Tourismus, um mögliche negative oder widersprüchliche Auswirkungen im Alpenraum zu vermeiden.

Artikel 4: Beteiligung der Gebietskörperschaften
(1) Jede Vertragspartei bestimmt im Rahmen der geltenden staatlichen Ordnung die für die Abstimmung und Zusammenarbeit zwischen den unmittelbar betroffenen Institutionen und Gebietskörperschaften am besten geeignete Ebene, um eine gemeinsame Verantwortung zu fördern, namentlich um sich gegenseitig verstärkende Kräfte beim Vollzug der Energiepolitiken im Alpenraum sowie der sich daraus ergebenden Maßnahmen zu nutzen und zu entwickeln.
(2) Die unmittelbar betroffenen Gebietskörperschaften werden in den verschiedenen Stadien der Vorbereitung und Umsetzung dieserPolitiken und Maßnahmen unter Wahrung ihrer Zuständigkeit im Rahmen der geltenden staatlichen Ordnung beteiligt.
(3) Die Vertragsparteien fördern die internationale Zusammenarbeit zwischen den mit Energie- und Umweltproblemen unmittelbar befaßten Institutionen mit dem Ziel, einvernehmliche Lösungen für die gemeinsamen Probleme zu erreichen.

Kapitel II
Spezifische Maßnahmen

Artikel 5: Energieeinsparung und rationelle Energieverwendung
(1) Der Alpenraum erfordert geeignete Maßnahmen zur Energieeinsparung und -verteilung sowie zur rationellen Energieverwendung, die
a) dem räumlich weitgestreuten, höhenmäßig und jahreszeitlich sowie tourismusbedingt sehr schwankenden Energiebedarf,
b) der örtlichen Verfügbarkeit von erneuerbaren Energieträgern,
c) den durch die geomorphologische Beschaffenheit bedingten besonderen Auswirkungen von Luftimmissionen auf Becken und Täler
Rechnung tragen.
(2) Die Vertragsparteien sorgen für eine umweltverträglichere Energienutzung und fördern vorrangig die Energieeinsparung sowie die rationelle Energieverwendung insbesondere bei Produktionsprozessen, öffentlichen Dienstleistungen, großen Hotelbetrieben sowie Transport-, Sport- und Freizeitanlagen.
(3) Sie beschließen Maßnahmen und erlassen Bestimmungen insbesondere in folgenden Bereichen:
a) Verbesserung der Wärmedämmung bei Gebäuden und der Effizienz von Wärmeverteilungssystemen,
b) Leistungsoptimierung der Heizungs-, Lüftungs- und Klimaanlagen,
c) Durchführung von periodischen Kontrollen und gegebenenfalls Reduktion der Schadstoffemissionen thermischer Anlagen,
d) Energieeinsparung durch moderne technologische Verfahren zur Energieverwendung und -umwandlung,
e) verbrauchsabhängige Abrechnung der Heiz- und Warmwasserkosten,
f) Planung und Förderung von Neubauten mit Niedrigenergietechnologie,
g) Förderung und Umsetzung kommunaler/lokaler Energie- und Klimaschutzkonzepte unter Berücksichtigung der Maßnahmen nach Artikel 2 Absatz 1 Buchstabe c,
h) energietechnische Gebäudesanierung bei Umbauten und Förderung des Einsatzes von umweltverträglichen Heizungssystemen.

Artikel 6: Erneuerbare Energieträger
(1) Die Vertragsparteien verpflichten sich im Rahmen ihrer finanziellen Möglichkeiten zur Förderung und zur bevorzugten Nutzung erneuerbarer Energieträger unter umwelt- und landschaftsverträglichen Bedingungen.
(2) Sie unterstützen auch den Einsatz dezentraler Anlagen zur Nutzung erneuerbarer Energieträger wie Wasser, Sonne und Biomasse.

(3) Sie unterstützen den Einsatz erneuerbarer Energieträger auch in Verbindung mit der bestehenden konventionellen Energieversorgung.
(4) Die Vertragsparteien fördern insbesondere die rationelle Nutzung von Wasserressourcen und von Holz aus nachhaltiger Bergwaldwirtschaft zur Energieerzeugung.

Artikel 7: Wasserkraft
(1) Die Vertragsparteien stellen sowohl bei neuen als auch soweit wie möglich bei schon bestehenden Wasserkraftanlagen die ökologische Funktionsfähigkeit der Fließgewässer und die Unversehrtheit der Landschaften durch geeignete Maßnahmen wie die Festlegung von Mindestabflußmengen, die Umsetzung von Vorschriften zur Reduzierung der künstlichen Wasserstandsschwankungen und die Gewährleistung der Durchgängigkeit für die Fauna sicher.
(2) Die Vertragsparteien können unter Einhaltung ihrer Sicherheits- und Umweltvorschriften Maßnahmen zur Erhöhung der Wettbewerbsfähigkeit bestehender Wasserkraftanlagen ergreifen.
(3) Sie verpflichten sich des weiteren, den Wasserhaushalt in den Trinkwasserschutz- und Naturschutzgebieten mit ihren Pufferzonen, in den Schon- und Ruhezonen sowie in den unversehrten naturnahen Gebieten und Landschaften zu erhalten.
(4) Die Vertragsparteien empfehlen die Wiederinbetriebnahme stillgelegter Wasserkraftwerke vor einem Neubau. Auch im Fall der Wiederinbetriebnahme gelten die Bestimmungen des Absatzes 1 über die Erhaltung der Funktionsfähigkeit der Gewässerökosysteme und anderer betroffener Systeme.
(5) Die Vertragsparteien können im Rahmen ihres nationalen Rechts prüfen, wie den Endverbrauchern alpiner Ressourcen marktgerechte Preise berechnet werden können und inwieweit die von der ansässigen Bevölkerung im öffentlichen Interesse erbrachten Leistungen angemessen abgegolten werden können.

Artikel 8: Energie aus fossilen Brennstoffen
(1) Die Vertragsparteien gewährleisten, daß bei neuen thermischen Anlagen zur Strom- und/oder Wärmeerzeugung aus fossilen Energieträgern die besten verfügbaren Techniken zum Einsatz gelangen. Sie beschränken bei bestehenden Anlagen im Alpenraum die Emissionen soweit wie möglich durch den Einsatz dazu geeigneter Technologien und/oder Brennstoffe.
(2) Die Vertragsparteien prüfen die technische und wirtschaftliche Machbarkeit sowie die ökologische Zweckmäßigkeit des Ersatzes von thermischen Anlagen, die mit fossilen Brennstoffen betrieben werden, durch Anlagen, in denen erneuerbare Energieträger zum Einsatz gelangen, und durch dezentrale Anlagen.
(3) Zur wirksameren Energienutzung treffen die Vertragsparteien geeignete Maßnahmen für die Förderung der Kraft-Wärme-Kopplung.
(4) In grenznahen Gebieten sorgen sie soweit wie möglich für eine Harmonisierung und Verknüpfung ihrer Emissions- und Immissionsüberwachungssysteme.

Artikel 9: Kernkraft
(1) Die Vertragsparteien verpflichten sich zu einem umfassenden Informationsaustausch im Rahmen der internationalen Übereinkünfte über Kernkraftwerke und andere kerntechnische Anlagen, die Auswirkungen auf den Alpenraum haben oder haben könnten, mit dem Ziel eines dauerhaften Schutzes der Gesundheit der Menschen, des Tier- und Pflanzenbestandes, ihrer Lebensgemeinschaften, Lebensräume und deren Wechselbeziehungen.
(2) Darüber hinaus sorgen die Vertragsparteien soweit wie möglich für eine Harmonisierung und Vernetzung ihrer Systeme zur Überwachung der Umweltradioaktivität.

Artikel 10: Energietransport und -verteilung
(1) Die Vertragsparteien streben die Rationalisierung und Optimierung der bestehenden Infrastrukturen an; dabei tragen sie den Erfordernissen des Umweltschutzes Rechnung, insbesondere der Notwendigkeit, die in hohem Maße empfindlichen Ökosysteme sowie die Landschaft zu erhalten, und ergreifen erforderlichenfalls Maßnahmen zum Schutz der Bevölkerung und der alpinen Umwelt.
(2) Bei Bauten von Stromleitungen und der entsprechenden Netzstationen, von Gas- und Ölleitungen einschließlich der Pump- und Kompressionsstationen und sonstigen Anlagen mit erheblichen Auswirkungen auf die Umwelt treffen die Vertragsparteien alle erforderlichen Vorkehrungen, um die Belastung von Bevölkerung und Umwelt gering zu halten, wobei soweit wie möglich bestehende Strukturen und Leitungsverläufe zu benutzen sind.
(3) Die Vertragsparteien tragen im Zusammenhang mit den Energieleitungen insbesondere der Bedeutung der Schutzgebiete, der dazu gehörenden Puffer-, Schon- und Ruhezonen, den unversehrten naturnahen Gebieten und Landschaften sowie der Vogelwelt Rechnung.

Artikel 11: Renaturierung und naturnahe ingenieurbauliche Methoden
Die Vertragsparteien legen bei Vorprojekten beziehungsweise bei den nach geltendem Recht vorgesehenen Umweltverträglichkeitsprüfungen die Bedingungen fest, unter welchen die Renaturierung der Stand-

orte und die Wiederherstellung der Gewässer nach der Fertigstellung öffentlicher und privater energiewirtschaftlicher Bauten mit Auswirkungen auf die Umwelt und die Ökosysteme im Alpenraum zu erfolgen hat; dabei sind soweit möglich, naturnahe ingenieurbauliche Methoden anzuwenden.

Artikel 12: Umweltverträglichkeitsprüfung
(1) Die Vertragsparteien führen bei der Planung energiewirtschaftlicher Anlagen nach den Artikeln 7, 8, 9 und 10 dieses Protokolls sowie bei wesentlichen Änderungen dieser Anlagen im voraus Umweltverträglichkeitsprüfungen gemäß den geltenden innerstaatlichen Rechtsvorschriften und den internationalen Übereinkünften und Vereinbarungen durch.
(2) Die Vertragsparteien stimmen überein, daß die beste verfügbare Technik zur Vermeidung oder Verringerung von Umweltbelastungen soweit wie möglich angewendet werden soll und daß unter den verschiedenen Möglichkeiten gegebenenfalls auch der Abbau stillgelegter umweltbelastender Anlagen vorzusehen ist.

Artikel 13: Abstimmung
(1) Die Vertragsparteien verpflichten sich, bei Vorhaben, die grenzüberschreitende Auswirkungen haben können, vorherige Konsultationen bezüglich ihrer Folgen durchzuführen.
(2) Bei Vorhaben, die grenzüberschreitende Auswirkungen haben können, muß den betroffenen Vertragsparteien Gelegenheit gegeben werden, rechtzeitig eine eigene Stellungnahme abzugeben; diese ist im Rahmen des Genehmigungsverfahrens angemessen zu berücksichtigen.

Artikel 14: Weitergehende Maßnahmen
Die Vertragsparteien können Maßnahmen im Energiebereich und solche zur nachhaltigen Entwicklung ergreifen, welche über die in diesem Protokoll vorgesehenen Maßnahmen hinausgehen.

Kapitel III
Forschung, Bildung und Information

Artikel 15: Forschung und Beobachtung
(1) Die Vertragsparteien fördern und harmonisieren in enger Zusammenarbeit und unter Berücksichtigung der auf den verschiedenen nationalen und internationalen Ebenen schon vorhandenen Ergebnisse Forschungen und systematische Beobachtungen, die der Umsetzung dieses Protokolls dienen, insbesondere über Methoden und Kriterien zur Analyse und Bewertung der Umwelt- und Klimaauswirkungen sowie über spezifische Technologien zur Energieeinsparung und rationellen Energienutzung im Alpenraum.
(2) Sie berücksichtigen die Forschungsergebnisse bei der Bestimmung und Überprüfung der energiepolitischen Ziele und Maßnahmen sowie bei der Bildung und Beratung der Bevölkerung, der Wirtschaft und der Gebietskörperschaften auf örtlicher Ebene.
(3) Die Vertragsparteien sorgen dafür, daß die jeweiligen Ergebnisse nationaler Forschung und systematischer Beobachtung in ein gemeinsames System zur dauernden Beobachtung und Information einfließen und im Rahmen der geltenden staatlichen Ordnung öffentlich zugänglich gemacht werden.

Artikel 16: Bildung und Information
(1) Die Vertragsparteien fördern die Aus- und Weiterbildung sowie die Information der Öffentlichkeit im Hinblick auf Ziele, Maßnahmen und Durchführung dieses Protokolls.
(2) Sie setzen sich insbesondere dafür ein, Ausbildung, Weiterbildung und Beratung im Energiebereich zu fördern und dabei den Umwelt-, Natur- und Klimaschutz einzubeziehen.

Kapitel IV
Durchführung, Kontrolle und Bewertung

Artikel 17: Durchführung
Die Vertragsparteien verpflichten sich, die Durchführung dieses Protokolls durch geeignete Maßnahmen im Rahmen der geltenden staatlichen Ordnung sicherzustellen.

Artikel 18: Kontrolle der Einhaltung der Verpflichtungen
(1) Die Vertragsparteien erstatten dem Ständigen Ausschuß regelmäßig Bericht über die aufgrund dieses Protokolls getroffenen Maßnahmen. In den Berichten ist auch die Wirksamkeit der getroffenen Maßnahmen darzulegen. Die Alpenkonferenz bestimmt die zeitliche Abfolge der Berichterstattung.
(2) Der Ständige Ausschuß prüft die Berichte daraufhin, ob die Vertragsparteien ihren Verpflichtungen aus diesem Protokoll nachgekommen sind. Er kann dabei auch zusätzliche Informationen von den Vertragsparteien anfordern oder Informationen aus anderen Quellen beiziehen.
(3) Der Ständige Ausschuß erstellt für die Alpenkonferenz einen Bericht über die Einhaltung der Verpflichtungen aus diesem Protokoll durch die Vertragsparteien.
(4) Die Alpenkonferenz nimmt diesen Bericht zur Kenntnis. Falls sie eine Verletzung der Verpflichtungen feststellt, kann sie Empfehlungen verabschieden.

Artikel 19: Bewertung der Wirksamkeit der Bestimmungen
(1) Die Vertragsparteien überprüfen und beurteilen regelmäßig die in diesem Protokoll enthaltenen Bestimmungen auf ihre Wirksamkeit. Soweit zur Erreichung der Ziele dieses Protokolls erforderlich, werden sie geeignete Änderungen des Protokolls in die Wege leiten.
(2) Im Rahmen der geltenden staatlichen Ordnung werden die Gebietskörperschaften an dieser Bewertung beteiligt. Die einschlägig tätigen nichtstaatlichen Organisationen können angehört werden.

Kapitel V
Schlußbestimmungen

Artikel 20: Verhältnis zwischen der Alpenkonvention und dem Protokoll
(1) Dieses Protokoll ist ein Protokoll der Alpenkonvention im Sinne des Artikels 2 und der anderen einschlägigen Artikel der Alpenkonvention.
(2) Nur Vertragsparteien der Alpenkonvention können Vertragspartei dieses Protokolls werden. Eine Kündigung der Alpenkonvention gilt zugleich als Kündigung dieses Protokolls.
(3) Entscheidet die Alpenkonferenz über Fragen in bezug auf dieses Protokoll, so sind lediglich die Vertragsparteien dieses Protokolls abstimmungsberechtigt.

Artikel 21: Unterzeichnung und Ratifikation
(1) Dieses Protokoll liegt für die Unterzeichnerstaaten der Alpenkonvention und die Europäische Gemeinschaft am 16. Oktober 1998 sowie ab dem 16. November 1998 bei der Republik Österreich als Verwahrer zur Unterzeichnung auf.
(2) Dieses Protokoll tritt für die Vertragsparteien, die ihre Zustimmung ausgedrückt haben, durch das Protokoll gebunden zu sein, drei Monate nach dem Tag in Kraft, an dem drei Staaten ihre Ratifikations-, Annahme- oder Genehmigungsurkunde hinterlegt haben.
(3) Für die Vertragsparteien, die später ihre Zustimmung ausdrücken, durch dieses Protokoll gebunden zu sein, tritt das Protokoll drei Monate nach dem Tag der Hinterlegung der Ratifikations-, Annahme- oder Genehmigungsurkunde in Kraft. Nach dem Inkrafttreten einer Änderung des Protokolls wird jede neue Vertragspartei dieses Protokolls Vertragspartei des Protokolls in der geänderten Fassung.

Artikel 22: Notifikationen
Der Verwahrer notifiziert jedem in der Präambel genannten Staat und der Europäischen Gemeinschaft in bezug auf dieses Protokoll
a) jede Unterzeichnung,
b) jede Hinterlegung einer Ratifikations-, Annahme- oder Genehmigungsurkunde,
c) jeden Zeitpunkt des Inkrafttretens,
d) jede von einer Vertrags- oder Unterzeichnerpartei abgegebene Erklärung,
e) jede von einer Vertragspartei notifizierte Kündigung, einschließlich des Zeitpunkts ihres Wirksamwerdens.

Zu Urkund dessen haben die hierzu gehörig befugten Unterzeichneten dieses Protokoll unterschrieben.
Geschehen zu Bled am 16. Oktober 1998 in deutscher, französischer, italienischer und slowenischer Sprache, wobei jeder Wortlaut gleichermaßen verbindlich ist, in einer Urschrift, die im Staatsarchiv der Republik Österreich hinterlegt wird. Der Verwahrer übermittelt den Unterzeichnerparteien beglaubigte Abschriften.

Protokoll zur Durchführung der Alpenkonvention von 1991 im Bereich Naturschutz und Landschaftspflege

Präambel

Die Bundesrepublik Deutschland, die Französische Republik, die Italienische Republik, das Fürstentum Liechtenstein, das Fürstentum Monaco, die Republik Österreich, die Schweizerische Eidgenossenschaft, die Republik Slowenien sowie die Europäische Gemeinschaft –

in Erfüllung ihres Auftrags aufgrund des Übereinkommens vom 7. November 1991 zum Schutz der Alpen (Alpenkonvention), eine ganzheitliche Politik zum Schutz und zur nachhaltigen Entwicklung des Alpenraums sicherzustellen,
in Erfüllung ihrer Verpflichtungen gemäß Artikel 2 Absätze 2 und 3 der Alpenkonvention,
in der Erkenntnis, daß die Alpen als einer der größten zusammenhängenden Naturräume Europas durch einzigartige Schönheit, ökologische Vielfalt und hochempfindliche Ökosysteme geprägt und zugleich Lebens- und Wirtschaftsraum der ansässigen Bevölkerung mit traditionsreicher Kultur sind,
in der Überzeugung, daß die ansässige Bevölkerung in der Lage sein muß, ihre Vorstellungen von der gesellschaftlichen, kulturellen und wirtschaftlichen Entwicklung selbst zu definieren und an deren Umsetzung im Rahmen der geltenden staatlichen Ordnung mitzuwirken,
in Anbetracht der räumlichen Struktur der Alpen, aufgrund deren sich zahlreiche, häufig miteinander konkurrierende Nutzungen in engen Tälern zusammendrängen und zur Belastung eines ökologisch bedeutsamen Umfeldes beitragen,
in dem Bewußtsein, daß Art und Intensität der Nutzung des Alpenraums in den letzten Jahrzehnten in weiten Gebieten zu unwiederbringlichen Verlusten an erhaltenswerten Bestandteilen von Landschaft, Biotopen und Arten geführt haben und bei unveränderter Fortführung zu weiteren Verlusten führen werden,
in der Erkenntnis, daß in einigen Gebieten des Alpenraums namentlich durch eine Konzentration von Verkehr, Tourismus, Sport, Siedlung, Entwicklung der Wirtschaft, Intensivierung der Land- und Forstwirtschaft eine Überbelastung von Natur und Landschaft entstanden ist oder entstehen kann,
in der Erkenntnis, daß namentlich den Gletschern, den alpinen Rasen, dem Bergwald und den Gewässern im Alpenraum als Lebensraum einer vielfältigen Flora und Fauna eine herausragende Bedeutung zukommt,
in dem Bewußtsein, daß der extensiven Land- und Forstwirtschaft bei der Erhaltung und Pflege der Kulturlandschaft und der damit verbundenen Naturelemente eine große Bedeutung zukommt,
in der Überzeugung, daß wirtschaftliche Interessen mit den ökologischen Erfordernissen in Einklang gebracht werden müssen,
in der Überzeugung, daß bei der Abwägung zwischen ökologischer Belastbarkeit und wirtschaftlichen Interessen den ökologischen Erfordernissen Vorrang einzuräumen ist, wenn es für die Erhaltung der natürlichen Lebensgrundlagen notwendig ist,
in dem Bewußtsein, daß die begrenzte Belastbarkeit des Alpenraums besondere Vorkehrungen und Maßnahmen zur Erhaltung und Wiederherstellung der Leistungsfähigkeit des Naturhaushalts erfordert,
in der Überzeugung, daß bestimmte Probleme nur grenzübergreifend gelöst werden können und gemeinsame Maßnahmen der Alpenstaaten erforderlich machen – sind wie folgt übereingekommen:

Kapitel I
Allgemeine Bestimmungen

Artikel 1: Ziel
Ziel dieses Protokolls ist es, in Erfüllung der Alpenkonvention und unter Mitberücksichtigung der Interessen der ansässigen Bevölkerung, internationale Regelungen zu treffen, um Natur und Landschaft so zu schützen, zu pflegen und, soweit erforderlich, wiederherzustellen, daß die Funktionsfähigkeit der Ökosysteme, die Erhaltung der Landschaftselemente und der wildlebenden Tier- und Pflanzenarten einschließlich ihrer natürlichen Lebensräume, die Regenerationsfähigkeit und nachhaltige Leistungsfähigkeit der Naturgüter und die Vielfalt, Eigenart und Schönheit der Natur- und Kulturlandschaft in ihrer Gesamtheit dauerhaft gesichert werden, sowie die hierfür erforderliche Zusammenarbeit der Vertragsparteien zu fördern.

Artikel 2: Grundverpflichtungen
Im Einklang mit diesem Protokoll verpflichtet sich jede Vertragspartei, die erforderlichen Maßnahmen zu ergreifen, um den Schutz, die Pflege und, soweit erforderlich, die Wiederherstellung von Natur und Landschaft im Alpenraum, einschließlich der wildlebenden Tier- und Pflanzenarten, ihrer Vielfalt und ihrer Lebensräume unter gleichzeitiger Berücksichtigung ihrer ökologisch tragbaren Nutzung sicherzustellen.

Artikel 3: Internationale Zusammenarbeit
(1) Die Vertragsparteien verpflichten sich zur Zusammenarbeit insbesondere bei der Kartierung, der Ausweisung, Pflege und Überwachung von Schutzgebieten und sonstigen schützenswerten Elementen von Natur- und Kulturlandschaft, der Biotopvernetzung, der Aufstellung von Konzepten, Programmen und/oder Plänen der Landschaftsplanung, der Vermeidung und dem Ausgleich von Beeinträchtigungen von Natur und Landschaft, der systematischen Beobachtung von Natur und Landschaft, der Forschung sowie bei allen sonstigen Maßnahmen zum Schutz von wildlebenden Tier- und Pflanzenarten, ihrer Vielfalt und ihrer Lebensräume einschließlich der Festlegung vergleichbarer Kriterien, soweit dies erforderlich und zweckmäßig ist.
(2) Die Vertragsparteien verpflichten sich, die grenzüberschreitende Zusammenarbeit im Naturschutz und in der Landschaftspflege auf regionaler und lokaler Ebene zu fördern, soweit dies zur Erreichung der Ziele dieses Protokolls erforderlich ist.
(3) Die Vertragsparteien bemühen sich bei nutzungsbeschränkenden Auflagen im Sinne der Ziele dieses Protokolls um eine Abstimmung der Rahmenbedingungen.

Artikel 4: Berücksichtigung der Ziele in den anderen Politiken
Die Vertragsparteien verpflichten sich, die Ziele dieses Protokolls auch in ihren anderen Politiken zu berücksichtigen, insbesondere in den Bereichen Raumplanung und Siedlungswesen, Luftreinhaltung, Bodenschutz, Sicherung des Wasserhaushalts und der Wasserqualität, Tourismus, Landwirtschaft, Forstwirtschaft, Verkehr, Energiewirtschaft, Gewerbe und Industrie, Abfallwirtschaft sowie in den Bereichen Bildung, Erziehung, Forschung und Information, einschließlich der grenzüberschreitenden Abstimmung der Maßnahmen.

Artikel 5: Beteiligung der Gebietskörperschaften
(1) Jede Vertragspartei bestimmt im Rahmen der geltenden staatlichen Ordnung die für die Abstimmung und Zusammenarbeit zwischen den unmittelbar betroffenen Institutionen und Gebietskörperschaften am besten geeignete Ebene, um eine gemeinsame Verantwortung zu fördern, namentlich um sich gegenseitig verstärkende Kräfte beim Vollzug der Politiken des Naturschutzes und der Landschaftspflege sowie der sich daraus ergebenden Maßnahmen zu nutzen und zu entwickeln.
(2) Die unmittelbar betroffenen Gebietskörperschaften werden in den verschiedenen Stadien der Vorbereitung und Umsetzung dieser Politiken und Maßnahmen unter Wahrung ihrer Zuständigkeit im Rahmen der geltenden staatlichen Ordnung beteiligt.

Kapitel II
Spezifische Maßnahmen

Artikel 6: Bestandsaufnahmen
Die Vertragsparteien verpflichten sich, drei Jahre nach Inkrafttreten dieses Protokolls zu den in Anhang I aufgezählten Sachverhalten die Situation des Naturschutzes und der Landschaftspflege darzulegen. Diese Darlegungen sind regelmäßig, mindestens alle zehn Jahre, fortzuschreiben.

Artikel 7: Landschaftsplanung
(1) Die Vertragsparteien stellen binnen fünf Jahren nach Inkrafttreten dieses Protokolls Konzepte, Programme und/oder Pläne auf, in denen die Erfordernisse und Maßnahmen zur Verwirklichung der Ziele des Naturschutzes und der Landschaftspflege für den Alpenraum festgelegt werden.

(2) Die Konzepte, Programme und/oder Pläne gemäß Absatz 1 sollen Darstellungen enthalten
a) des vorhandenen Zustands von Natur und Landschaft und seiner Bewertung;
b) des angestrebten Zustands von Natur und Landschaft und der dazu erforderlichen Maßnahmen, insbesondere
- der allgemeinen Schutz-, Pflege- und Entwicklungsmaßnahmen,
- der Maßnahmen zum Schutz, zur Pflege und zur Entwicklung bestimmter Teile von Natur und Landschaft
- und der Maßnahmen zum Schutz und zur Pflege wildlebender Tier- und Pflanzenarten.

Artikel 8: Planung
Die Vertragsparteien treffen die erforderlichen Maßnahmen, um auf der Grundlage der Landschaftsplanung in Abstimmung mit der Raumplanung darauf hinzuwirken, daß die natürlichen und naturnahen Lebensräume der wildlebenden Tier- und Pflanzenarten sowie die übrigen Strukturelemente der Natur- und Kulturlandschaft erhalten bleiben und entwickelt werden.

Artikel 9: Eingriffe in Natur und Landschaft
(1) Die Vertragsparteien schaffen die Voraussetzungen dafür, daß für private und öffentliche Maßnahmen und Vorhaben, die Natur und Landschaft erheblich oder nachhaltig beeinträchtigen können, die direkten und indirekten Auswirkungen auf den Naturhaushalt und das Landschaftsbild überprüft werden. Das Ergebnis der Prüfung ist bei der Zulassung beziehungsweise Verwirklichung zu berücksichtigen. Dabei ist insbesondere sicherzustellen, daß vermeidbare Beeinträchtigungen unterbleiben.
(2) Nach Maßgabe des nationalen Rechts sind unvermeidbare Beeinträchtigungen durch Maßnahmen des Naturschutzes und der Landschaftspflege auszugleichen und nicht ausgleichbare Beeinträchtigungen nur zuzulassen, wenn unter Abwägung aller Interessen die Belange des Naturschutzes und der Landschaftspflege nicht überwiegen; auch für solche Beeinträchtigungen sind Maßnahmen des Naturschutzes und der Landschaftspflege vorzunehmen.

Artikel 10: Grundschutz
(1) Die Vertragsparteien bemühen sich im gesamten Alpenraum unter Mitberücksichtigung der Interessen der ansässigen Bevölkerung um die Verringerung von Belastungen und Beeinträchtigungen von Natur und Landschaft. Sie wirken darauf hin, daß alle raumbedeutsamen Nutzungen natur- und landschaftsschonend erfolgen. Sie ergreifen ferner alle geeigneten Maßnahmen zur Erhaltung und, soweit erforderlich, Wiederherstellung besonderer natürlicher und naturnaher Landschaftsstrukturelemente, Biotope, Ökosysteme und traditioneller Kulturlandschaften.
(2) Weil der Land- und Forstwirtschaft beim Vollzug von Maßnahmen des Naturschutzes und der Landschaftspflege eine entscheidende Rolle zukommt, sollen Schutz, Erhaltung und Pflege von naturnahen und schützenswerten Biotopen, wo immer angebracht, aufgrund von Vereinbarungen mit den Grundeigentümern oder Bewirtschaftern durch angepaßte land- und forstwirtschaftliche Nutzung erreicht werden. Dazu eignen sich insbesondere auch marktwirtschaftliche Lenkungsinstrumente wie wirtschaftliche Anreize oder Abgeltungen.
(3) In Ergänzung der dem Naturschutz zur Verfügung stehenden Mittel sind die Förder- und Unterstützungsmaßnahmen für die Land- und Forstwirtschaft und andere Flächennutzer verstärkt zur Erreichung dieser Ziele einzusetzen.

Artikel 11: Schutzgebiete
(1) Die Vertragsparteien verpflichten sich, bestehende Schutzgebiete im Sinne ihres Schutzzwecks zu erhalten, zu pflegen und, wo erforderlich, zu erweitern sowie nach Möglichkeit neue Schutzgebiete auszuweisen. Sie treffen alle geeigneten Maßnahmen, um Beeinträchtigungen oder Zerstörungen dieser Schutzgebiete zu vermeiden.
(2) Sie fördern im weiteren die Einrichtung und die Unterhaltung von Nationalparks.
(3) Sie fördern die Einrichtung von Schon- und Ruhezonen, die wildlebenden Tier- und Pflanzenarten Vorrang vor anderen Interessen garantieren. Sie wirken darauf hin, in diesen Zonen die für den ungestörten Ablauf von arttypischen ökologischen Vorgängen notwendige Ruhe sicherzustellen, und reduzieren oder verbieten alle Nutzungsformen, die mit den ökologischen Abläufen in diesen Zonen nicht verträglich sind.
(4) Die Vertragsparteien prüfen, inwieweit besondere Leistungen der ansässigen Bevölkerung nach nationalem Recht zu entschädigen sind.

Artikel 12: Ökologischer Verbund
Die Vertragsparteien treffen die geeigneten Maßnahmen, um einen nationalen und grenzüberschreitenden Verbund ausgewiesener Schutzgebiete, Biotope und anderer geschützter oder schützenswerter Objekte zu schaffen. Sie verpflichten sich, die Ziele und Maßnahmen für grenzüberschreitende Schutzgebiete aufeinander abzustimmen.

Artikel 13: Schutz von Biotoptypen
(1) Die Vertragsparteien verpflichten sich, für natürliche und naturnahe Biotoptypen die notwendigen Maßnahmen zu ergreifen, um deren dauerhafte Erhaltung in ausreichendem Umfang und funktionsgerechter räumlicher Verteilung zu gewährleisten. Darüber hinaus können sie die Renaturierung beeinträchtigter Lebensräume fördern.
(2) Die Vertragsparteien verpflichten sich, für die Erstellung von alpenweiten Listen innerhalb von zwei Jahren nach Inkrafttreten dieses Protokolls diejenigen Biotoptypen zu benennen, für die Maßnahmen gemäß Absatz 1 zu treffen sind.

Artikel 14: Artenschutz
(1) Die Vertragsparteien verpflichten sich, geeignete Maßnahmen zu ergreifen, um einheimische Tier- und Pflanzenarten in ihrer spezifischen Vielfalt mit ausreichenden Populationen, namentlich durch die Sicherstellung genügend großer Lebensräume, zu erhalten.
(2) Die Vertragsparteien benennen innerhalb von zwei Jahren nach Inkrafttreten dieses Protokolls für die Erstellung von alpenweiten Listen diejenigen Arten, für die aufgrund ihrer spezifischen Gefährdung besondere Schutzmaßnahmen notwendig sind.

Artikel 15: Entnahme- und Handelsverbote
(1) Die Vertragsparteien verbieten, bestimmte Tierarten zu fangen, in Besitz zu nehmen, zu verletzen, zu töten und insbesondere während der Brut-, Aufzucht- und Überwinterungszeiten zu stören, sowie jede Zerstörung, Entnahme und Aufbewahrung von Eiern aus der Natur und den Besitz, das Anbieten, den Kauf und Verkauf von aus der Natur entnommenen Exemplaren derselben Tierarten oder Teilen davon.
(2) Für bestimmte Pflanzenarten verbieten die Vertragsparteien das Pflücken, Sammeln, Abschneiden, Ausgraben oder Ausreißen solcher Pflanzen oder von Teilen davon am natürlichen Standort sowie den Besitz, das Anbieten, den Kauf und Verkauf von aus der Natur entnommenen Exemplaren solcher Arten. Ausgenommen von diesem Verbot ist die bestandserhaltende Nutzung und Pflege der entsprechenden Standorte.
(3) Die Vertragsparteien benennen innerhalb von zwei Jahren nach Inkrafttreten dieses Protokolls die Tier- und Pflanzenarten, die unter dem Schutz der in den Absätzen 1 und 2 aufgezählten Maßnahmen stehen.
(4) Die Vertragsparteien können zu den obengenannten Vorschriften Ausnahmen vorsehen, falls
a) wissenschaftliche Zwecke,
b) der Schutz der wildlebenden Fauna und der wildwachsenden Flora oder der natürlichen Umwelt,
c) Gesundheit und öffentliche Sicherheit,
d) die Verhütung bedeutender wirtschaftlicher Schäden, insbesondere für Anbau, Viehhaltung, Forst, Fischerei und Gewässer,
es gebieten.
Diese Ausnahmen werden zugelassen unter der Bedingung, daß keine andere zufriedenstellende Lösung besteht und die Maßnahme nicht so beschaffen ist, daß das natürliche Gleichgewicht der betroffenen Arten insgesamt gefährdet wird. Diese Ausnahmen müssen mit Kontrollmaßnahmen und – falls erforderlich – mit Ausgleichsmaßnahmen versehen sein.
(5) Unbeschadet des Zeitpunkts des Inkrafttretens dieses Protokolls verpflichten sich die Vertragsparteien, so bald wie möglich in technischen Anlagen die Begriffe Brut-, Aufzucht- und Überwinterungszeiten, die in Absatz 1 genannt wurden, sowie jeden weiteren Begriff, der bei der wissenschaftlichen Interpretierung Schwierigkeiten bereiten könnte, klarzustellen.

Artikel 16: Wiederansiedlung einheimischer Arten
(1) Die Vertragsparteien verpflichten sich, die Wiederansiedlung und Ausbreitung einheimischer wildlebender Tier- und Pflanzenarten sowie von Unterarten, Rassen und Ökotypen zu fördern, wenn die hierfür notwendigen Voraussetzungen gegeben sind, dies zu deren Erhaltung und Stärkung beiträgt und sie keine untragbaren Auswirkungen für Natur und Landschaft sowie für menschliche Tätigkeiten haben.
(2) Wiederansiedlung und Ausbreitung müssen auf der Grundlage wissenschaftlicher Erkenntnisse erfolgen. Die Vertragsparteien vereinbaren hierfür gemeinsame Richtlinien. Nach der Wiederansiedlung ist die Entwicklung der betreffenden Tier- und Pflanzenarten zu überwachen und bei Bedarf zu regulieren.

Artikel 17: Ansiedlungsverbote
Die Vertragsparteien gewährleisten, daß wildlebende Tier- und Pflanzenarten, die in einer Region in einer überschaubaren Vergangenheit nicht natürlich vorkamen, dort nicht angesiedelt werden. Sie können hiervon Ausnahmen vorsehen, wenn die Ansiedlung für bestimmte Nutzungen erforderlich ist und keine nachteiligen Auswirkungen für Natur und Landschaft entstehen.

Artikel 18: Freisetzung gentechnisch veränderter Organismen
Die Vertragsparteien stellen sicher, daß gentechnisch veränderte Organismen nur dann in die Umwelt

freigesetzt werden, wenn auf der Grundlage einer förmlichen Prüfung feststeht, daß die Freisetzung ohne Risiken für Mensch und Umwelt erfolgt.

Artikel 19: Weitergehende Maßnahmen
Die Vertragsparteien können Maßnahmen zum Naturschutz und zur Landschaftspflege treffen, welche über die in diesem Protokoll vorgesehenen Maßnahmen hinausgehen.

Kapitel III
Forschung, Bildung und Information

Artikel 20: Forschung und Beobachtung
(1) Die Vertragsparteien fördern und harmonisieren in enger Zusammenarbeit Forschungen und systematische Beobachtungen, die als Grundlage für den Schutz von Natur und Landschaft sowie von Tier- und Pflanzenarten dienlich sind. Besondere Aufmerksamkeit werden sie dabei den in Anhang II festgelegten Forschungsthemen widmen.
(2) Die Vertragsparteien entwickeln gemeinsame oder einander ergänzende Programme für ökosystemare Analysen und Bewertungen mit dem Ziel der Erweiterung wissenschaftlich abgesicherter Kenntnisse, auf denen die gemäß diesem Protokoll zu ergreifenden Maßnahmen aufbauen können.
(3) Die Vertragsparteien sorgen dafür, daß die jeweiligen Ergebnisse nationaler Forschung und systematischer Beobachtung in ein gemeinsames System zur dauernden Beobachtung und Information einfließen und im Rahmen der geltenden staatlichen Ordnung öffentlich zugänglich gemacht werden.

Artikel 21: Bildung und Information
Die Vertragsparteien fördern die Aus- und Weiterbildung sowie die Information der Öffentlichkeit im Hinblick auf Ziele, Maßnahmen und Durchführung dieses Protokolls.

Kapitel IV
Durchführung, Kontrolle und Bewertung

Artikel 22: Durchführung
Die Vertragsparteien verpflichten sich, die Durchführung dieses Protokolls durch geeignete Maßnahmen im Rahmen der geltenden staatlichen Ordnung sicherzustellen.

Artikel 23: Kontrolle der Einhaltung der Verpflichtungen
(1) Die Vertragsparteien erstatten dem Ständigen Ausschuß regelmäßig Bericht über die aufgrund dieses Protokolls getroffenen Maßnahmen. In den Berichten ist auch die Wirksamkeit der getroffenen Maßnahmen darzulegen. Die Alpenkonferenz bestimmt die zeitliche Abfolge der Berichterstattung.
(2) Der Ständige Ausschuß prüft die Berichte daraufhin, ob die Vertragsparteien ihren Verpflichtungen aus diesem Protokoll nachgekommen sind. Er kann dabei auch zusätzliche Informationen von den Vertragsparteien anfordern oder Informationen aus anderen Quellen beiziehen.
(3) Der Ständige Ausschuß erstellt für die Alpenkonferenz einen Bericht über die Einhaltung der Verpflichtungen aus diesem Protokoll durch die Vertragsparteien.
(4) Die Alpenkonferenz nimmt diesen Bericht zur Kenntnis. Falls sie eine Verletzung der Verpflichtungen feststellt, kann sie Empfehlungen verabschieden.

Artikel 24: Bewertung der Wirksamkeit der Bestimmungen
(1) Die Vertragsparteien überprüfen und beurteilen regelmäßig die in diesem Protokoll enthaltenen Bestimmungen auf ihre Wirksamkeit. Soweit zur Erreichung der Ziele dieses Protokolls erforderlich, werden sie geeignete Änderungen des Protokolls in die Wege leiten.
(2) Im Rahmen der geltenden staatlichen Ordnung werden die Gebietskörperschaften an dieser Bewertung beteiligt. Die einschlägig tätigen nichtstaatlichen Organisationen können angehört werden.

Kapitel V
Schlußbestimmungen

Artikel 25: Verhältnis zwischen der Alpenkonvention und dem Protokoll
(1) Dieses Protokoll ist ein Protokoll der Alpenkonvention im Sinne des Artikels 2 und der anderen einschlägigen Artikel der Alpenkonvention.
(2) Nur Vertragsparteien der Alpenkonvention können Vertragspartei dieses Protokolls werden. Eine Kündigung der Alpenkonvention gilt zugleich als Kündigung dieses Protokolls.
(3) Entscheidet die Alpenkonferenz über Fragen in bezug auf dieses Protokoll so sind lediglich die Vertragsparteien dieses Protokolls abstimmungsberechtigt.

Artikel 26: Unterzeichnung und Ratifikation

(1) Dieses Protokoll liegt für die Unterzeichnerstaaten der Alpenkonvention und die Europäische Gemeinschaft am 20. Dezember 1994 sowie ab dem 15.Januar 1995 bei der Republik Österreich, als Verwahrer, zur Unterzeichnung auf.

(2) Dieses Protokoll tritt für die Vertragsparteien, die ihre Zustimmung ausgedrückt haben, durch das Protokoll gebunden zu sein, drei Monate nach dem Tag in Kraft, an dem drei Staaten ihre Ratifikations-, Annahme- oder Genehmigungsurkunde hinterlegt haben.

(3) Für die Vertragsparteien, die später ihre Zustimmung ausdrücken, durch dieses Protokoll gebunden zu sein, tritt das Protokoll drei Monate nach dem Tag der Hinterlegung der Ratifikations-, Annahme- oder Genehmigungsurkunde in Kraft. Nach dem Inkrafttreten einer Änderung des Protokolls wird jede neue Vertragspartei dieses Protokolls Vertragspartei des Protokolls in der geänderten Fassung.

Artikel 27: Notifikationen

Der Verwahrer notifiziert jedem in der Präambel genannten Staat und der Europäischen Gemeinschaft in bezug auf dieses Protokoll

a) jede Unterzeichnung,

b) jede Hinterlegung einer Ratifikations-, Annahme- oder Genehmigungsurkunde,

c) jeden Zeitpunkt des Inkrafttretens,

d) jede von einer Vertrags- oder Unterzeichnerpartei abgegebene Erklärung,

e) jede von einer Vertragspartei notifizierte Kündigung, einschließlich des Zeitpunkts ihres Wirksamwerdens.

Zu Urkund dessen haben die hierzu gehörig befugten Unterzeichneten dieses Protokoll unterschrieben. Geschehen zu Chanbery am 20. Dezember 1994 in deutscher, französischer, italienischer und slowenischer Sprache, wobei jeder Wortlaut gleichermaßen verbindlich ist, in einer Urschrift, die im Staatsarchiv der Republik Österreich hinterlegt wird. Der Verwahrer übermittelt den Unterzeichnerparteien beglaubigte Abschriften.

Anhang I

Liste der Sachverhalte, für die gemäß Artikel 6 eine Bestandsaufnahme vorzunehmen ist

1. Bestandssituation wildlebender Pflanzen- und Tierarten und ihrer Biotope

1.1. Stand der Erfassung wildlebender Pflanzenarten und Pflanzen- bzw. Vegetationsgesellschaften

1.1.0. Allgemeines

1.1.1. Rote Listen

1.1.2. Listen rechtlich geschützter Arten

1.1.3. Verbreitungsatlanten

1.2. Stand der Erfassung wildlebender Tierarten

1.2.0. Allgemeines

1.2.1. Rote Listen

1.2.2. Listen rechtlich geschützter Arten

1.2.3. Verbreitungsatlanten

1.3. Stand der Erfassung von Biotopen

1.3.0. Allgemeines

1.3.1. Rote Listen von Biotoptypen

1.3.2. Verzeichnisse ökologisch wertvoller Biotope einschließlich Gewässer

1.4. Stand der Erfassung von Landschaften

1.4.0. Allgemeines

1.4.1. Inventare, Verzeichnisse, Typisierungen schützenswerter Natur- und Kulturlandschaften

1.4.2. Planungen und sonstige Schutzmaßnahmen für besondere Landschaften und Landschaftstypen beziehungsweise Einzelelemente der Natur- und Kulturlandschaft

1.4.3. Sanierungsbedürftige Bereiche

1.5. Nutzung wildlebender Tier- und Pflanzenarten und/oder von Biotopen

1.5.1. Land- und Almwirtschaft z.B. Probleme/Gefahren der Nutzungsintensivierung und Brachlegung; Verluste und Gewinne

1.5.2. Forstwirtschaft

1.5.3. Jagd

1.5.4. Fischerei

2. Geschützte Flächen (Fläche, Anteile am Gesamtraum, Schutzzweck, Schutzinhalte, Nutzungen, Nutzungsverteilung, Eigentumsverhältnisse)

2.1. Nationalparke
2.2. Naturschutzgebiete
2.3. Landschaftsschutzgebiete
2.4. Naturparke
2.5. Schon- und Ruhegebiete
2.6. Geschützte Landschaftsbestandteile
2.7. Geschützte Biotope
2.8. Andere geschützte Flächen (z.B. privatrechtlich geschützte Gebiete, freiwillige Vereinbarungen, Privatverträge zur Extensivierung)

3. Organisation des Naturschutzes und der Landschaftspflege (Aufbau, Zuständigkeiten/ Tätigkeiten, personelle und finanzielle Ausstattung)

3.1. Naturschutzbehörden
3.2. Andere Fachverwaltungen mit Naturschutzaufgaben. Sonstige Einrichtungen des öffentlichen und privaten Rechts (z.B. Körperschaften, Stiftungen)
3.3. Naturschutzbeiräte
3.4. Naturschutzwachten
3.5. Naturschutzverbände
3.6. Landschaftspflegeverbände
3.7. Sonstiges

4. Rechtsgrundlagen (auf den jeweils zuständigen Ebenen)

4.1. Verfassungsrecht
4.2. Rechtsquellen (Gesetze, Verordnungen, Richtlinien – einschließlich Darstellung spezieller Inhalte zum Alpenschutz)
4.3. Verbandsbeteiligung, Verbandsklage
4.4. Vollzugshinweise
4.5. Zusammenarbeit der Naturschutzbehörden mit anderen Fachverwaltungen
4.6. Bußgeldkataloge usw.
4.7. Landschaftspflege- und Naturschutzfonds
4.8. Laufende und geplante Novellierungen

5. Naturschutzaktivitäten (Gesamtüberblick)

5.1. Konzepte, Programme, Richtlinien zur Erhaltung der Natur im Alpenraum
5.2. Planungen (z.B. Landschaftspläne, Pflege- und Entwicklungspläne)
5.3. Artenhilfsmaßnahmen und sonstige Pflege-, Sicherungs- und Gestaltungsmaßnahmen
5.3.1. Allgemeines
5.3.2. Artenhilfsprogramme
5.3.3. Aufzucht- und Auswilderungsstationen
5.4. Strategien, Konzepte, Programme, Zusammenarbeit mit Nutzungsverantwortlichen (-gremien) (z.B. Extensivierungs-, Bergbauernprogramme)
5.5. Wissenschaftliche Begleitung, Dauerbeobachtung von Flächen/Arten
5.6. Eigenaktivitäten der Naturschutzverbände zum Arten- und Flächenschutz
5.7. Finanzierungsprogramme (Mittelumfang, Ziele, Anwendungsbereiche)

6. Öffentlichkeitsarbeit (staatlich/ehrenamtlich)

6.0. Allgemeines
6.1. Naturschutzakademien
6.2. Informationszentren
6.3. Publikationen
6.4. Sonstiges

7. Schlußfolgerungen, empfohlene Maßnahmen

Anhang II
Vorrangige Forschungsthemen gemäß Artikel 20

A. Langfristige Beobachtung der Entwicklung von Ökosystemen (Lebensräume, Biozönosen, Populationen, Arten) zur Erforschung von Entwicklungs- und Veränderungstendenzen als Reaktion auf Umwelteinflüsse.
Anmerkung: Bioindikation, Biomonitoring, Analysen von Ursache-Wirkung, Dokumentationen

B. Forschungen zur Effizienz von Schutzgebieten.
Anmerkung: Repräsentativität, Effektivität, Regeneration, Management, Systemanalyse

C. Forschungen über Arten und Populationen.
Anmerkung: Genetik, Dynamik, Verinselung, biologische Vielfalt

D. Forschungen zu großräumig wirksamen Aspekten von Schutz und Nutzung durch Land- und Forstwirtschaft.
Anmerkung: Naturnahe Bewirtschaftung, ökologischer Ausgleich, Biotopvernetzung, Extensivierung, Wildbestandsreduktion

E. Forschungen zur Verbesserung spezieller Methoden, Verfahren und Planungen.
Anmerkung: Rote Listen, Biotopkartierung, Schutzgebiete, Landschaftsplanung, Eingriffe in Natur und Landschaft, Informationssysteme

F. Entwicklung von Strategien und Konzepten für Naturschutz und Landschaftspflege.
Anmerkung: Strategische Ziele und Erfolgschancen, Schutzkonzepte, Extensivierung, marktwirtschaftliche Instrumente, Akzeptanz in der Öffentlichkeit

Protokoll zur Durchführung der Alpenkonvention von 1991 im Bereich Raumplanung und nachhaltige Entwicklung

Präambel

Die Bundesrepublik Deutschland, die Französische Republik, die Italienische Republik, das Fürstentum Liechtenstein, das Fürstentum Monaco, die Republik Österreich, die Schweizerische Eidgenossenschaft, die Republik Slowenien sowie die Europäische Gemeinschaft –

in Erfüllung ihres Auftrags aufgrund des Übereinkommens vom 7. November 1991 zum Schutz der Alpen (Alpenkonvention), eine ganzheitliche Politik zum Schutz und zur nachhaltigen Entwicklung des Alpenraums sicherzustellen,
in Erfüllung ihrer Verpflichtungen gemäß Artikel 2 Absätze 2 und 3 der Alpenkonvention,
in Anerkennung der Tatsache, daß der Alpenraum ein Gebiet von gesamteuropäischer Bedeutung ist und hinsichtlich Topographie, Klima, Gewässer, Vegetation, Tierwelt, Landschaft und Kultur ein unverwechselbares und vielfältiges Erbe bildet und daß dessen Hochgebirge, Tallandschaften und Voralpen ökologische Einheiten bilden, deren Erhaltung nicht nur das Anliegen der Alpenländer sein kann,
in dem Bewußtsein, daß die Alpen den Rahmen für das Leben und die Entwicklung der ansässigen Bevölkerung darstellen,
in der Überzeugung, daß die ansässige Bevölkerung in der Lage sein muß, ihre Vorstellungen von der gesellschaftlichen, kulturellen und wirtschaftlichen Entwicklung selbst zu definieren und an deren Umsetzung im Rahmen der geltenden staatlichen Ordnung mitzuwirken,
in dem Bewußtsein, daß der Alpenraum darüber hinaus verschiedene weitere Funktionen von allgemeinem Interesse erfüllt, insbesondere als Fremden-

verkehrs- und Erholungsraum sowie als Träger bedeutender Verkehrswege Europas,
in Anbetracht der Tatsache, daß die natürlichen räumlichen Schranken und die Empfindlichkeit der Ökosysteme durch die anwachsende ansässige und nichtansässige Bevölkerung sowie durch stark zunehmende Flächenansprüche der verschiedenen obenerwähnten Funktionen Verträglichkeitsprobleme aufwerfen, woraus sich eine Schädigung beziehungsweise Bedrohung des ökologischen Gleichgewichts des Alpenraums ergibt,
in Anerkennung der Tatsache, daß diese Ansprüche nicht gleichmäßig verteilt sind und in einzelnen Gebieten konzentriert auftreten, während andere Gebiete durch Unterentwicklung und Abwanderung bedroht sind,
in Anbetracht der Tatsache, daß es angesichts dieser Risiken notwendig geworden ist, die engen Zusammenhänge zwischen menschlichen Tätigkeiten, insbesondere in der Land- und Forstwirtschaft, und der Erhaltung der Ökosysteme, welche den Alpenraum für Änderungen der Voraussetzungen gesellschaftlicher und wirtschaftlicher Tätigkeiten sehr empfindlich machen, besonders zu beachten und zweckmäßige diversifizierte Maßnahmen in Abstimmung mit der ansässigen Bevölkerung und ihren gewählten Vertretern sowie auch mit Unternehmen und Verbänden einzuleiten,
in Anbetracht der Tatsache, daß die bestehende Raumordnungspolitik, welche zur Verringerung von Ungleichheiten und zur Verstärkung der Solidarität beiträgt, mit einer besseren Berücksichtigung der Umweltbelange fortzusetzen beziehungsweise anzupassen ist, damit deren vorbeugende Rolle voll zum Tragen kommt,
in dem Bewußtsein, daß der Schutz der Umwelt, die gesellschaftliche und kulturelle Fortentwicklung sowie die Wirtschaftsentwicklung im Alpenraum gleichrangige Ziele sind, und daß deshalb zwischen ihnen ein langfristig tragfähiges Gleichgewicht gesucht werden muß,
in der Überzeugung, daß zahlreiche Probleme des Alpenraums am besten von den direkt betroffenen Gebietskörperschaften gelöst werden können,
in der Überzeugung, daß die grenzüberschreitende Zusammenarbeit der unmittelbar betroffenen Gebietskörperschaften im Alpenraum im Interesse harmonischer Entwicklungen zu fördern ist,
in der Überzeugung, daß natürliche Produktionserschwernisse, insbesondere in der Land- und Forstwirtschaft, die wirtschaftlichen Grundlagen der ansässigen Bevölkerung in Frage stellen und eine Beeinträchtigung des Lebens- und Erholungsraums mit sich bringen können,
in der Überzeugung, daß die Bereitstellung des Alpenraums als Gebiet, das Funktionen von allgemeinem Interesse, insbesondere Schutz- und ökologische Ausgleichsfunktionen sowie als Freizeit- und Erholungsgebiet, erfüllt, angemessene Unterstützungsmaßnahmen rechtfertigen kann,
in der Überzeugung, daß bestimmte Probleme nur grenzübergreifend gelöst werden können und gemeinsame Maßnahmen der Alpenstaaten erforderlich machen – sind wie folgt übereingekommen:

Kapitel I
Allgemeine Bestimmungen

Artikel 1: Ziele
Die Ziele der Raumplanung und nachhaltigen Entwicklung des Alpenraums sind:
a) Anerkennung der besonderen Erfordernisse des Alpenraums im Rahmen nationaler und europäischer Politiken,
b) Harmonisierung der Raumnutzung mit den ökologischen Zielen und Erfordernissen,
c) sparsame und umweltverträgliche Nutzung der Ressourcen und des Raums,
d) Anerkennung der besonderen Interessen der Bevölkerung im Alpenraum durch Anstrengungen zur dauerhaften Sicherstellung ihrer Entwicklungsgrundlagen,
e) Förderung der Wirtschaftsentwicklung bei gleichzeitiger ausgewogener Bevölkerungsentwicklung innerhalb des Alpenraums,
f) Wahrung der regionalen Identitäten und kulturellen Besonderheiten,
g) Förderung der Chancengleichheit der ansässigen Bevölkerung im Bereich der gesellschaftlichen, kulturellen und wirtschaftlichen Entwicklung unter Achtung der Kompetenzen der Gebietskörperschaften,
h) Berücksichtigung von natürlichen Erschwernissen, Leistungen im allgemeinen Interesse, Einschränkungen der Ressourcennutzung und Preisen für die Nutzung der Ressourcen, die ihrem wirklichen Wert entsprechen.

Artikel 2: Grundverpflichtungen
Entsprechend den in Artikel 1 genannten Zielen der Raumplanung und nachhaltigen Entwicklung des Alpenraums kommen die Vertragsparteien überein, die nötigen Rahmenbedingungen zu schaffen, die es ermöglichen,
a) die Handlungsfähigkeit der Gebietskörperschaften entsprechend dem Subsidiaritätsprinzip zu stärken,
b) spezifische regionale Strategien und dazugehörige Strukturen zu verwirklichen,
c) die Solidarität unter den Gebietskörperschaften auf der Ebene der einzelnen Vertragsparteien durch wirkungsvolle Maßnahmen zu gewährleisten,
d) bei Einschränkungen der Nutzungsmöglichkeiten natürlicher Ressourcen und bei anerkannten Erschwernissen der wirtschaftlichen Tätigkeit im Alpenraum Unterstützungsmaßnahmen zu ergreifen, wenn diese zur Erhaltung der Wirtschaftstätigkeiten erforderlich und umweltverträglich sind,
e) die Harmonisierung von Raumplanungs-, Entwicklungs- und Schutzpolitiken durch internationale Zusammenarbeit zu fördern.
Die Vertragsparteien verpflichten sich, die erforderlichen Maßnahmen zur Erreichung der Ziele gemäß Artikel 1 unter Wahrung des Subsidiaritätsprinzips vorzusehen.

Artikel 3: Berücksichtigung der Umweltschutzkriterien in den Politiken der Raumplanung und nachhaltigen Entwicklung
Die Politiken der Raumplanung und nachhaltigen Entwicklung zielen auf eine rechtzeitige Harmonisierung der wirtschaftlichen Interessen mit den Erfordernissen des Umweltschutzes, insbesondere hinsichtlich.
a) der Erhaltung und Wiederherstellung des ökologischen Gleichgewichts und der biologischen Vielfalt der alpinen Regionen,
b) der Erhaltung und Pflege der Vielfalt an wertvollen Natur- und Kulturlandschaften sowie Ortsbildern,
c) der sparsamen und umweltverträglichen Nutzung der natürlichen Ressourcen, namentlich von Boden, Luft, Wasser, Flora und Fauna sowie der Energie,
d) des Schutzes seltener Ökosysteme, Arten und Landschaftselemente,
e) der Wiederinstandsetzung geschädigter Lebensräume und Wohngebiete,
f) des Schutzes vor Naturgefahren,
g) der umwelt- und landschaftsgerechten Erstellung der für die Entwicklung notwendigen Bauten und Anlagen,
h) der Wahrung der kulturellen Besonderheiten der alpinen Regionen.

Artikel 4: Internationale Zusammenarbeit
(1) Die Vertragsparteien verpflichten sich, Hindernisse für die internationale Zusammenarbeit zwischen Gebietskörperschaften des Alpenraums zu beseitigen und die Lösung gemeinsamer Probleme auf der am besten geeigneten territorialen Ebene zu fördern.
(2) Die Vertragsparteien unterstützen eine verstärkte internationale Zusammenarbeit zwischen den jeweils zuständigen Institutionen, insbesondere bei der Ausarbeitung von Plänen und/oder Programmen für die Raumplanung und nachhaltige Entwicklung im Sinne des Artikels 8 für die staatliche und regionale Ebene sowie bei der Festlegung raumbedeutsamer sektoraler Planungen. In den Grenzräumen wirkt diese Zusammenarbeit vor allem auf eine Abstimmung der Raumplanung, der wirtschaftlichen Entwicklung und der Umwelterfordernisse hin.

(3) Wenn die Gebietskörperschaften Maßnahmen nicht durchführen können, weil sie in gesamtstaatlicher oder internationaler Zuständigkeit liegen, sind ihnen Möglichkeiten einzuräumen, die Interessen der Bevölkerung wirksam zu vertreten.

Artikel 5: Berücksichtigung der Ziele in den anderen Politiken
Zur Erreichung der angestrebten Raumentwicklung verpflichten sich die Vertragsparteien, die Ziele dieses Protokolls auch in ihren anderen Politiken zu berücksichtigen, insbesondere in den Bereichen der Regionalentwicklung, des Siedlungswesens, des Tourismus, des Verkehrs, der Land- und Forstwirtschaft, des Umweltschutzes sowie der technischen Infrastruktureinrichtungen, insbesondere für Wasser und Energie, auch mit dem Ziel, etwaige negative oder widersprüchliche Auswirkungen zu vermeiden.

Artikel 6: Abstimmung der sektoralen Politiken
Um die nachhaltige Entwicklung des Alpenraums und seiner Regionen zu fördern, führen die Vertragsparteien – dort, wo sie nicht bestehen – Instrumente zur Abstimmung der sektoralen Politiken ein. Sie bemühen sich dabei um Lösungen, die mit der Erhaltung der Umwelt und der nachhaltigen Nutzung der natürlichen Ressourcen vereinbar sind, sowie um die Vermeidung der aus einer einseitigen Raumnutzung entstehenden Gefahren, indem sie eine Vielfalt von Initiativen unterstützen und die Partner zur Verfolgung gemeinsamer Ziele anhalten.

Artikel 7: Beteiligung der Gebietskörperschaften
(1) Jede Vertragspartei bestimmt im Rahmen der geltenden staatlichen Ordnung die für die Abstimmung und Zusammenarbeit zwischen den unmittelbar betroffenen Institutionen und Gebietskörperschaften am besten geeignete Ebene, um eine gemeinsame Verantwortung zu fördern, namentlich um sich gegenseitig verstärkende Kräfte beim Vollzug der Politiken der Raumplanung und nachhaltigen Entwicklung sowie der sich daraus ergebenden Maßnahmen zu nutzen und zu entwickeln.
(2) Die unmittelbar betroffenen Gebietskörperschaften werden in den verschiedenen Stadien der Vorbereitung und Umsetzung dieser Politiken und Maßnahmen unter Wahrung ihrer Zuständigkeit im Rahmen der geltenden staatlichen Ordnung beteiligt.

Kapitel II
Spezifische Maßnahmen

Artikel 8: Pläne und/oder Programme für die Raumplanung und nachhaltige Entwicklung
(1) Die Verwirklichung der Ziele der Raumplanung und nachhaltigen Entwicklung erfolgt durch das Ausarbeiten von Plänen und/oder Programmen der Raumplanung und nachhaltigen Entwicklung im Rahmen der jeweiligen Gesetze und sonstigen Vorschriften der Vertragsparteien.
(2) Diese Pläne und/oder Programme werden für den gesamten Alpenraum auf der Ebene der hiefür zuständigen Gebietskörperschaften erstellt.
(3) Sie werden von oder mit den zuständigen Gebietskörperschaften unter Beteiligung der angrenzenden Gebietskörperschaften, gegebenenfalls im grenzüberschreitenden Rahmen, erstellt und zwischen den verschiedenen territorialen Ebenen abgestimmt.
(4) Sie legen die Vorgaben der nachhaltigen Entwicklung und Raumplanung für zusammenhängende Gebiete fest. Diese werden regelmäßig überprüft und gegebenenfalls geändert. Ihre Erstellung und Durchführung stützen sich auf Bestandsaufnahmen und vorangehende Studien, mit deren Hilfe die besonderen Merkmale des jeweiligen Gebiets ermittelt werden.

Artikel 9: Inhalt der Pläne und/oder Programme für Raumplanung und nachhaltige Entwicklung
Die Pläne und/oder Programme für die Raumplanung und nachhaltige Entwicklung beinhalten auf der am besten geeigneten territorialen Ebene und nach Maßgabe der jeweiligen räumlichen Gegebenheiten insbesondere folgendes:
(1) Regionale Wirtschaftsentwicklung
a) Maßnahmen, welche die ansässige Bevölkerung mit zufriedenstellenden Erwerbsmöglichkeiten und mit den für die gesellschaftliche, kulturelle und wirtschaftliche Entwicklung erforderlichen Gütern und Dienstleistungen versorgen sowie ihre Chancengleichheit gewährleisten,
b) Maßnahmen, welche die wirtschaftliche Vielfalt zur Beseitigung von Strukturschwächen und der Gefahren einseitiger Raumnutzung fördern,
c) Maßnahmen, welche die Zusammenarbeit zwischen Tourismus, Land- und Forstwirtschaft sowie Handwerk insbesondere über arbeitsplatzschaffende Erwerbskombinationen verstärken.
(2) Ländlicher Raum
a) Sicherung der für die Land-, Weide- und Forstwirtschaft geeigneten Flächen,
b) Festlegung von Maßnahmen zur Erhaltung und Weiterentwicklung der Land- und Forstwirtschaft im Berggebiet,
c) Erhaltung und Wiederherstellung der ökologisch und kulturell besonders wertvollen Gebiete,

d) Festlegung der für Freizeitaktivitäten, die mit anderen Bodennutzungen vereinbar sind, benötigten Flächen und Anlagen.
e) Festlegung von Gebieten, in denen aufgrund von Naturgefahren die Errichtung von Bauten und Anlagen soweit wie möglich auszuschließen ist.
(3) Siedlungsraum
a) Angemessene und haushälterische Abgrenzung von Siedlungsgebieten, einschließlich der Maßnahmen zur Gewährleistung deren tatsächlicher Bebauung,
b) Sicherung der erforderlichen Standorte für wirtschaftliche und kulturelle Tätigkeiten, für Versorgung sowie für Freizeitaktivitäten,
c) Festlegung von Gebieten, in denen aufgrund von Naturgefahren die Errichtung von Bauten und Anlagen soweit wie möglich auszuschließen ist,
d) Erhaltung und Gestaltung von innerörtlichen Grünflächen und von Naherholungsräumen am Rand der Siedlungsgebiete,
e) Begrenzung des Zweitwohnungsbaus,
f) Ausrichtung und Konzentration der Siedlungen an den Achsen der Infrastrukturen des Verkehrs und/oder angrenzend an bestehender Bebauung,
g) Erhaltung der charakteristischen Siedlungsformen,
h) Erhaltung und Wiederherstellung der charakteristischen Bausubstanz.
(4) Natur- und Landschaftsschutz
a) Ausweisung von Gebieten für Natur- und Landschaftsschutz sowie von Sektoren für den Schutz der Gewässer und anderer natürlicher Lebensgrundlagen,
b) Ausweisung von Ruhezonen und sonstigen Gebieten, in denen Bauten und Anlagen sowie andere störende Tätigkeiten eingeschränkt oder untersagt sind.
(5) Verkehr
a) Maßnahmen zur Verbesserung der regionalen und überregionalen Erschließung,
b) Maßnahmen zur Förderung der Benutzung umweltverträglicher Verkehrsmittel,
c) Maßnahmen zur Verstärkung der Koordinierung und der Zusammenarbeit der Verkehrsmittel,
d) Maßnahmen zur Verkehrsberuhigung und gegebenenfalls zur Einschränkung des motorisierten Verkehrs,
e) Maßnahmen zur Verbesserung des Angebots öffentlicher Verkehrsmittel für die ansässige Bevölkerung und Gäste.

Artikel 10: Verträglichkeit der Projekte
(1) Die Vertragsparteien schaffen die notwendigen Voraussetzungen für die Prüfung der direkten und indirekten Auswirkungen öffentlicher und privater Projekte, welche die Natur, die Landschaft, die bauliche Substanz und den Raum wesentlich und nachhaltig beeinflussen können. Bei dieser Prüfung wird den Lebensverhältnissen der ansässigen Bevölkerung, insbesondere ihren Belangen im Bereich der wirtschaftlichen, sozialen und kulturellen Entwicklung, Rechnung getragen. Das Ergebnis dieser Prüfung ist bei der Entscheidung über die Genehmigung oder Durchführung der Vorhaben zu berücksichtigen.
(2) Soweit sich ein Vorhaben auf die Raumplanung und nachhaltige Entwicklung sowie auf die Umweltbedingungen einer benachbarten Vertragspartei auswirkt, sind die zuständigen Stellen dieser Vertragspartei rechtzeitig darüber zu unterrichten. Die Information muß so frühzeitig erfolgen, daß eine Prüfung und Stellungnahme möglich ist und in den Entscheidungsprozeß einbezogen werden kann.

Artikel 11: Ressourcennutzung, Leistungen im öffentlichen Interesse, natürliche Produktionserschwernisse und Nutzungseinschränkungen der Ressourcen
Die Vertragsparteien prüfen, inwieweit im Rahmen des nationalen Rechts
a) Nutzer alpiner Ressourcen veranlaßt werden können, marktgerechte Preise zu zahlen, die die Kosten der Bereitstellung der genannten Ressourcen in ihren wirtschaftlichen Wert einbeziehen,
b) die im öffentlichen Interesse erbrachten Leistungen abgegolten werden können,
c) die als Folge natürlicher Produktionserschwernisse benachteiligten Wirtschaftstätigkeiten, insbesondere der Land- und Forstwirtschaft, eine angemessene Abgeltung erhalten können,
d) zusätzlich erhebliche Einschränkungen der umweltverträglichen Wirtschaftsnutzung des Naturraumpotentials auf der Grundlage von Rechtsvorschriften oder Verträgen angemessen vergütet werden können.

Artikel 12: Finanz und wirtschaftspolitische Maßnahmen
(1) Die Vertragsparteien prüfen die Möglichkeiten, die mit diesem Protokoll angestrebte nachhaltige Entwicklung des Alpenraums durch wirtschafts- und finanzpolitische Maßnahmen zu unterstützen.
(2) Neben den in Artikel 11 genannten Maßnahmen müssen in Betracht gezogen werden:
a) Ausgleichsmaßnahmen auf geeigneter Ebene zwischen Gebietskörperschaften,
b) Neuausrichtung der Politiken für traditionelle Sektoren und zweckmäßiger Einsatz der bestehenden Fördermittel,

c) Unterstützung grenzüberschreitender Projekte.
(3) Die Vertragsparteien prüfen die Auswirkungen bestehender und zukünftiger Finanz- und wirtschaftspolitischer Maßnahmen auf die Umwelt und den Raum und räumen denjenigen Maßnahmen Vorrang ein, die mit dem Schutz der Umwelt und mit den Zielen der nachhaltigen Entwicklung vereinbar sind.

Artikel 13: Weitergehende Maßnahmen
Die Vertragsparteien können Maßnahmen zur Raumplanung und nachhaltigen Entwicklung treffen, welche über die in diesem Protokoll vorgesehenen Maßnahmen hinausgehen.

Kapitel III
Forschung, Bildung und Information

Artikel 14: Forschung und Beobachtung
(1) Die Vertragsparteien fördern und harmonisieren in enger Zusammenarbeit Forschungen und systematische Beobachtungen, die für eine bessere Kenntnis der Wechselbeziehungen zwischen Raum, Wirtschaft und Umwelt in den Alpen und zur Abschätzung zukünftiger Entwicklungen dienlich sind.
(2) Die Vertragsparteien sorgen dafür, daß die jeweiligen Ergebnisse nationaler Forschung und systematischer Beobachtung in ein gemeinsames System zur dauernden Beobachtung und Information einfließen und im Rahmen der geltenden staatlichen Ordnung öffentlich zugänglich gemacht werden.

Artikel 15: Bildung und Information
Die Vertragsparteien fördern die Aus- und Weiterbildung sowie die Information der Öffentlichkeit im Hinblick auf Ziele, Maßnahmen und Durchführung dieses Protokolls.

Kapitel IV
Durchführung, Kontrolle und Bewertung

Artikel 16: Durchführung
Die Vertragsparteien verpflichten sich, die Durchführung dieses Protokolls durch geeignete Maßnahmen im Rahmen der geltenden staatlichen Ordnung sicherzustellen.

Artikel 17: Kontrolle der Einhaltung der Verpflichtungen
(1) Die Vertragsparteien erstatten dem Ständigen Ausschuß regelmäßig Bericht über die aufgrund dieses Protokolls getroffenen Maßnahmen. In den Berichten ist auch die Wirksamkeit der getroffenen Maßnahmen darzulegen. Die Alpenkonferenz bestimmt die zeitliche Abfolge der Berichterstattung.
(2) Der Ständige Ausschuß prüft die Berichte daraufhin, ob die Vertragsparteien ihren Verpflichtungen aus diesem Protokoll nachgekommen sind. Er kann dabei auch zusätzliche Informationen von den Vertragsparteien anfordern oder Informationen aus anderen Quellen beiziehen.
(3) Der Ständige Ausschuß erstellt für die Alpenkonferenz einen Bericht über die Einhaltung der Verpflichtungen aus diesem Protokoll durch die Vertragsparteien.
(4) Die Alpenkonferenz nimmt diesen Bericht zur Kenntnis. Falls sie eine Verletzung der Verpflichtungen feststellt, kann sie Empfehlungen verabschieden.

Artikel 18: Bewertung der Wirksamkeit der Bestimmungen
(1) Die Vertragsparteien überprüfen und beurteilen regelmäßig die in diesem Protokoll enthaltenen Bestimmungen auf ihre Wirksamkeit. Soweit zur Erreichung der Ziele dieses Protokolls erforderlich, werden sie geeignete Änderungen des Protokolls in die Wege leiten.
(2) Im Rahmen der geltenden staatlichen Ordnung werden die Gebietskörperschaften an dieser Bewertung beteiligt. Die einschlägig tätigen nichtstaatlichen Organisationen können angehört werden.

Kapitel V
Schlußbestimmungen

Artikel 19: Verhältnis zwischen der Alpenkonvention und dem Protokoll
(1) Dieses Protokoll ist ein Protokoll der Alpenkonvention im Sinne des Artikels 2 und der anderen einschlägigen Artikel der Alpenkonvention.
(2) Nur Vertragsparteien der Alpenkonvention können Vertragspartei dieses Protokolls werden. Eine Kündigung der Alpenkonvention gilt zugleich als Kündigung dieses Protokolls.
(3) Entscheidet die Alpenkonferenz über Fragen in bezug auf dieses Protokoll, so sind lediglich die Vertragsparteien dieses Protokolls abstimmungsberechtigt.

Artikel 20: Unterzeichnung und Ratifikation
(1) Dieses Protokoll liegt für die Unterzeichnerstaaten der Alpenkonvention und die Europäische Gemeinschaft am 20. Dezember 1994 sowie ab dem 15. Januar 1995 bei der Republik Österreich als Verwahrer zur Unterzeichnung auf.

(2) Dieses Protokoll tritt für die Vertragsparteien, die ihre Zustimmung ausgedrückt haben, durch das Protokoll gebunden zu sein, drei Monate nach dem Tag in Kraft, an dem drei Staaten ihre Ratifikations-, Annahme- oder Genehmigungsurkunde hinterlegt haben.
(3) Für die Vertragsparteien, die später ihre Zustimmung ausdrücken, durch dieses Protokoll gebunden zu sein, tritt das Protokoll drei Monate nach dem Tag der Hinterlegung der Ratifikations-, Annahme- oder Genehmigungsurkunde in Kraft. Nach dem Inkrafttreten einer Änderung des Protokolls wird jede neue Vertragspartei dieses Protokolls Vertragspartei des Protokolls in der geänderten Fassung.

Artikel 21: Notifikationen
Der Verwahrer notifiziert jedem in der Präambel genannten Staat und der Europäischen Gemeinschaft in bezug auf dieses Protokoll
a) jede Unterzeichnung,
b) jede Hinterlegung einer Ratifikations-, Annahme- oder Genehmigungsurkunde,
c) jeden Zeitpunkt des Inkrafttretens,
d) jede von einer Vertrags- oder Unterzeichnerpartei abgegebene Erklärung,
e) jede von einer Vertragspartei notifizierte Kündigung, einschließlich des Zeitpunkts ihres Wirksamwerdens.

Zu Urkund dessen haben die hierzu gehörig befugten Unterzeichneten dieses Protokoll unterschrieben.
Geschehen zu Chambéry am 20. Dezember 1994 in deutscher, französischer, italienischer und slowenischer Sprache, wobei jeder Wortlaut gleichermaßen verbindlich ist, in einer Urschrift, die im Staatsarchiv der Republik Österreich hinterlegt wird. Der Verwahrer übermittelt den Unterzeichnerparteien beglaubigte

Protokoll zur Durchführung der Alpenkonvention von 1991 im Bereich Tourismus

Präambel

Die Bundesrepublik Deutschland, die Französische Republik, die Italienische Republik, das Fürstentum Liechtenstein, das Fürstentum Monaco, die Republik Österreich, die Schweizerische Eidgenossenschaft, die Republik Slowenien sowie die Europäische Gemeinschaft –

in Erfüllung ihres Auftrags aufgrund des Übereinkommens vom 7. November 1991 zum Schutz der Alpen (Alpenkonvention), eine ganzheitliche Politik zum Schutz und zur nachhaltigen Entwicklung des Alpenraums sicherzustellen,
in Erfüllung ihrer Verpflichtungen gemäß Artikel 2 Absätze 2 und 3 der Alpenkonvention,
in Anbetracht der Absicht der Vertragsparteien, die wirtschaftlichen Interessen mit den ökologischen Erfordernissen in Einklang zu bringen und eine nachhaltigen Entwicklung sicherzustellen,
im Bewußtsein, daß die Alpen den Rahmen für das Leben und die wirtschaftliche Entwicklung der ansässigen Bevölkerung darstellen,
in der Überzeugung, daß die ansässige Bevölkerung in der Lage sein muß, ihre Vorstellungen von der gesellschaftlichen, kulturellen und wirtschaftlichen Entwicklung selbst zu definieren und an deren Umsetzung im Rahmen der geltenden staatlichen Ordnung mitzuwirken,
in Anbetracht der Tatsache, daß in unserer verstädterten Zivilisation bei den Menschen von heute ein immer größeres Bedürfnis nach vielfältigen Tourismus- und Freizeittätigkeiten besteht,

in Anbetracht der Tatsache, daß die Alpen aufgrund ihrer außerordentlich großen Freizeitmöglichkeiten, des Reichtums ihrer Landschaften und der Vielfalt ihrer ökologischen Verhältnisse nach wie vor eines der großen Tourismus- und Freizeitgebiete Europas sind und daß deren Bedeutung eine über den nationalen Rahmen hinausgehende Betrachtungsweise erfordert,
in Anbetracht der Tatsache, daß ein bedeutender Teil der Bevölkerung einiger Vertragsparteien in den Alpen wohnt und daß der alpine Tourismus im öffentlichen Interesse liegt, da er zur Aufrechterhaltung einer dauerhaften Besiedlung beiträgt,
in Anbetracht der Tatsache, daß sich der Gebirgstourismus in zunehmender weltweiter Konkurrenz entwickelt und einen wesentlichen Beitrag zur Wirtschaftsleistung des Alpenraums leistet,
in Anbetracht der Tatsache, daß sich in letzter Zeit Entwicklungen zu einem besseren Einklang zwischen Tourismus und Umwelt abzeichnen, wie etwa das wachsende Interesse der Gäste für eine im Winter wie im Sommer anziehende intakte Landschaft oder das Bemühen zahlreicher lokaler Entscheidungsträger, die Qualität der Feriengebiete im Sinne des Umweltschutzes zu verbessern,
in dem Bewußtsein, daß im Alpenraum die Grenzen der Anpassungsfähigkeit der Ökosysteme eines jeden Ortes eine besondere Beachtung finden und entsprechend ihren Besonderheiten abgeschätzt werden müssen,
in dem Bewußtsein, daß das natürliche und kulturelle Erbe sowie die Landschaften wesentliche Grundlagen für den Tourismus in den Alpen darstellen,
in dem Bewußtsein, daß die zwischen den Alpenstaaten bestehenden naturräumlichen, kulturellen, wirtschaftlichen und institutionellen Unterschiede zu eigenständigen Entwicklungen und zu einer Vielzahl touristischer Angebote geführt haben, die nicht internationaler Gleichförmigkeit weichen dürfen, sondern Quelle vielfältiger und sich ergänzender touristischer Tätigkeiten sein sollen,
in dem Bewußtsein, daß eine nachhaltige Entwicklung der Tourismuswirtschaft, die sich auf die Aufwertung des natürlichen Erbes und die Qualität der Angebote und Dienstleistungen stützt, erforderlich ist, da die meisten Regionen im Alpenraum wirtschaftlich vom Tourismus abhängen und dieser Erwerbszweig eine Überlebenschance für ihre Bevölkerung bietet,
in dem Bewußtsein, daß bei den Touristen die Rücksichtnahme auf die Natur und das Verständnis für die in den besuchten Gebieten lebende und arbeitende Bevölkerung zu fördern und möglichst günstige Voraussetzungen für ein echtes Entdecken der Natur im Alpenraum in ihrer ganzen Vielfalt zu schaffen sind,
in dem Bewußtsein, daß es Aufgabe der berufsständischen Organisationen der Tourismuswirtschaft und der Gebietskörperschaften ist, im Alpenraum in einem abgestimmten Rahmen die Mittel zur Verbesserung der Angebotsstrukturen und ihrer Funktionsweise zu schaffen,
in dem Bestreben, die nachhaltige Entwicklung des Alpenraums durch einen umweltverträglichen Tourismus, auch als wesentliche Grundlage für die Lebens- und Wirtschaftsverhältnisse der ansässigen Bevölkerung, zu sichern,

in der Überzeugung, daß bestimmte Probleme nur grenzübergreifend gelöst werden können und gemeinsame Maßnahmen der Alpenstaaten erforderlich machen – sind wie folgt übereingekommen:

Kapitel I
Allgemeine Bestimmungen

Artikel 1: Ziel
Ziel dieses Protokolls ist es, mit spezifischen Maßnahmen und Empfehlungen, welche die Interessen der ansässigen Bevölkerung und der Touristen berücksichtigen, im Rahmen der geltenden staatlichen Ordnung durch einen umweltverträglichen Tourismus zu einer nachhaltigen Entwicklung des Alpenraums beizutragen.

Artikel 2: Internationale Zusammenarbeit
(1) Die Vertragsparteien verpflichten sich, Hindernisse für die internationale Zusammenarbeit zwischen den Gebietskörperschaften des Alpenraums zu beseitigen und die Lösung gemeinsamer Probleme durch Zusammenarbeit auf der geeigneten territorialen Ebene zu fördern.
(2) Die Vertragsparteien unterstützen eine verstärkte internationale Zusammenarbeit zwischen den jeweils zuständigen Institutionen. Insbesondere achten sie auf eine Aufwertung von grenzübergreifenden Räumen durch die Koordination umweltverträglicher Tourismus- und Freizeittätigkeiten.
(3) Wenn die Gebietskörperschaften Maßnahmen nicht durchführen können, weil sie in nationaler oder internationaler Zuständigkeit liegen, ist ihnen die Möglichkeit einzuräumen, die Interessen der Bevölkerung wirksam zu vertreten.

Artikel 3: Berücksichtigung der Ziele in den anderen Politiken
Die Vertragsparteien verpflichten sich, die Ziele dieses Protokolls auch in ihren anderen Politiken zu berücksichtigen, insbesondere in den Bereichen der Raumplanung, des Verkehrs, der Land- und der Forstwirtschaft, des Umwelt- und Naturschutzes sowie bei der Wasser- und Energieversorgung, um etwaige negative oder diesen Zielen widersprechende Auswirkungen zu mindern.

Artikel 4: Beteiligung der Gebietskörperschaften
(1) Jede Vertragspartei bestimmt im Rahmen der geltenden staatlichen Ordnung die für die Abstimmung und Zusammenarbeit zwischen den unmittelbar betroffenen Institutionen und Gebietskörperschaften am besten geeignete Ebene, um eine gemeinsame Verantwortung zu fördern, namentlich um sich gegenseitig verstärkende Kräfte beim Vollzug der Tourismuspolitiken sowie der sich daraus ergebenden Maßnahmen zu nutzen und zu entwickeln.
(2) Die unmittelbar betroffenen Gebietskörperschaften werden in den verschiedenen Stadien der Vorbereitung und Umsetzung dieser Politiken und Maßnahmen unter Wahrung ihrer Zuständigkeit im Rahmen der geltenden staatlichen Ordnung beteiligt.

Kapitel II
Spezifische Maßnahmen

Artikel 5: Geordnete Entwicklung des Angebots
(1) Die Vertragsparteien verpflichten sich, auf eine nachhaltige touristische Entwicklung mit einem umweltverträglichen Tourismus zu achten. Zu diesem Zweck unterstützen sie die Ausarbeitung und Umsetzung von Leitbildern, Entwicklungsprogrammen sowie von sektoralen Plänen, die von den zuständigen Stellen auf der am besten geeigneten Ebene eingeleitet werden und die den Zielen dieses Protokolls Rechnung tragen.
(2) Diese Maßnahmen werden es ermöglichen, die Vor- und Nachteile der geplanten Entwicklungen insbesondere unter folgenden Aspekten zu bewerten und zu vergleichen:
a) sozioökonomische Auswirkungen auf die ansässige Bevölkerung,
b) Auswirkungen auf Boden, Wasser, Luft, Naturhaushalt und Landschaftsbild unter Berücksichtigung der spezifischen ökologischen Gegebenheiten, der natürlichen Ressourcen und der Grenzen der Anpassungsfähigkeit der Ökosysteme,
c) Auswirkungen auf die öffentlichen Finanzen.

Artikel 6: Ausrichtung der touristischen Entwicklung
(1) Die Vertragsparteien beziehen die Anliegen des Naturschutzes und der Landschaftspflege in die Tourismusförderung ein. Sie verpflichten sich, möglichst nur landschafts- und umweltschonende Projekte zu fördern.
(2) Sie leiten eine nachhaltige Politik ein, welche die Wettbewerbsfähigkeit des naturnahen Tourismus im Alpenraum stärkt und damit einen wichtigen Beitrag zur sozioökonomischen Entwicklung des Alpen-

raums leistet. Dabei sind Maßnahmen zu bevorzugen, welche die Innovation und die Diversifizierung des Angebots fördern.
(3) Die Vertragsparteien achten darauf, daß in den Gebieten mit starker touristischer Nutzung ein ausgewogenes Verhältnis zwischen intensiven und extensiven Tourismusformen angestrebt wird.
(4) Bei fördernden Maßnahmen sollen folgende Aspekte berücksichtigt werden:
a) für den intensiven Tourismus die Anpassung der bestehenden touristischen Strukturen und Einrichtungen an die ökologischen Erfordernisse sowie die Entwicklung neuer Strukturen in Übereinstimmung mit den Zielen dieses Protokolls;
b) für den extensiven Tourismus die Erhaltung oder die Entwicklung eines naturnahen und umweltschonenden Tourismusangebots sowie die Aufwertung des natürlichen und kulturellen Erbes der Feriengebiete.

Artikel 7: Qualitätsförderung
(1) Die Vertragsparteien leiten eine Politik ein, die ständig und konsequent auf ein qualitativ hochwertiges Tourismusangebot im gesamten Alpenraum abzielt, wobei insbesondere den ökologischen Erfordernissen Rechnung zu tragen ist.
(2) Sie fördern den Erfahrungsaustausch und die Durchführung gemeinsamer Aktionsprogramme mit dem Ziel der Qualitätsverbesserung, insbesondere in folgenden Bereichen:
a) Anpassung von Anlagen und Einrichtungen an Landschaft und Natur,
b) Städteplanung, Architektur (Neubauten und Dorferneuerung),
c) Beherbergungseinrichtungen und touristische Dienstleistungsangebote,
d) Diversifizierung des touristischen Angebots innerhalb des Alpenraums durch die Aufwertung der kulturellen Aktivitäten in den jeweiligen Gebieten.

Artikel 8: Lenkung der Besucherströme
Die Vertragsparteien fördern insbesondere in Schutzgebieten die Lenkung der Besucherströme, indem sie die Verteilung und Aufnahme der Besucher in einer Weise organisieren, die den Fortbestand dieser Gebiete sichert.

Artikel 9: Naturräumliche Entwicklungsgrenzen
Die Vertragsparteien achten darauf, daß die touristische Entwicklung auf die umweltspezifischen Besonderheiten sowie die verfügbaren Ressourcen des jeweiligen Ortes oder der jeweiligen Region abgestimmt wird. Im Fall von Vorhaben mit möglichen erheblichen Auswirkungen auf die Umwelt sind diese im Rahmen der geltenden staatlichen Ordnung einer vorherigen Bewertung zu unterziehen und die Ergebnisse dieser Bewertung bei der Entscheidung zu berücksichtigen.

Artikel 10: Ruhezonen
Die Vertragsparteien verpflichten sich, gemäß ihren Vorschriften und nach ökologischen Gesichtspunkten Ruhezonen auszuweisen, in denen auf touristische Erschließungen verzichtet wird.

Artikel 11: Politik im Beherbergungsbereich
Die Vertragsparteien entwickeln Politiken im Beherbergungsbereich, die der Begrenztheit des verfügbaren Raumes durch Bevorzugung der kommerziellen Beherbergung und der Erneuerung und Nutzung der bestehenden Bausubstanz sowie durch Modernisierung und Qualitätsverbesserung der bestehenden Beherbergungseinrichtungen Rechnung tragen.

Artikel 12: Aufstiegshilfen
(1) Die Vertragsparteien einigen sich darauf, im Rahmen der nationalen Genehmigungsverfahren für Aufstiegshilfen eine Politik zu verfolgen, die außer den Belangen der Sicherheit und Wirtschaftlichkeit auch den ökologischen und landschaftlichen Erfordernissen Rechnung trägt.
(2) Neue Betriebsbewilligungen und Konzessionen für Aufstiegshilfen haben den Abbau und die Entfernung nicht mehr gebrauchter Anlagen und die Renaturierung nicht mehr benutzter Flächen vorrangig mit heimischen Pflanzenarten vorzusehen.

Artikel 13: Verkehr und Beförderung von Touristen
(1) Die Vertragsparteien fördern Maßnahmen, die auf eine Einschränkung des motorisierten Verkehrs in den touristischen Zentren abzielen.
(2) Sie unterstützen zudem private oder öffentliche Initiativen, welche die Erreichbarkeit touristischer Orte und Zentren mit öffentlichen Verkehrsmitteln verbessern und die Benutzung solcher Verkehrsmittel durch die Touristen fördern sollen.

Artikel 14: Besondere Erschließungstechniken
1. Skipisten
(1) Die Vertragsparteien achten darauf, daß Bau, Unterhalt und Betrieb der Skipisten möglichst landschaftsschonend und unter Berücksichtigung der natürlichen Kreisläufe sowie der Empfindlichkeit der Biotope erfolgen.

(2) Geländekorrekturen sind soweit wie möglich zu begrenzen, und sofern es die naturräumlichen Gegebenheiten zulassen, sind die umgestalteten Flächen vorrangig mit heimischen Pflanzenarten zu begrünen.
2. Beschneiungsanlagen
Die innerstaatlichen Rechtsvorschriften können die Erzeugung von Schnee während der jeweiligen örtlichen Kälteperioden zulassen, insbesondere um exponierte Zonen zu sichern, wenn die jeweiligen örtlichen hydrologischen, klimatischen und ökologischen Bedingungen es erlauben.

Artikel 15: Sportausübung
(1) Die Vertragsparteien verpflichten sich, insbesondere in Schutzgebieten eine Politik zur Lenkung der Sportausübung im Freien festzulegen, damit der Umwelt daraus keine Nachteile entstehen. Erforderlichenfalls sind auch Verbote auszusprechen.
(2) Die Vertragsparteien verpflichten sich, die Ausübung motorisierter Sportarten so weitgehend wie möglich zu begrenzen oder erforderlichenfalls zu verbieten, es sei denn, von den zuständigen Behörden werden hierfür bestimmte Zonen ausgewiesen.

Artikel 16: Absetzen aus Luftfahrzeugen
Die Vertragsparteien verpflichten sich, außerhalb von Flugplätzen das Absetzen aus Luftfahrzeugen für sportliche Zwecke so weitgehend wie möglich zu begrenzen oder erforderlichenfalls zu verbieten.

Artikel 17: Entwicklung von wirtschaftsschwachen Gebieten
Den Vertragsparteien wird empfohlen, auf der geeigneten territorialen Ebene angemessene Lösungen zu untersuchen, um eine ausgewogene Entwicklung von wirtschaftsschwachen Gebieten zu gewährleisten.

Artikel 18: Ferienstaffelung
(1) Die Vertragsparteien bemühen sich um eine bessere räumliche und zeitliche Staffelung der touristischen Nachfrage in den Feriengebieten.
(2) Zu diesem Zweck sind die zwischenstaatliche Zusammenarbeit im Bereich der Ferienstaffelung und der Erfahrungsaustausch über Möglichkeiten der Saisonverlängerung zu unterstützen.

Artikel 19: Innovationsanreize
Den Vertragsparteien wird empfohlen, geeignete Anreize für die Umsetzung der Anliegen dieses Protokolls zu entwickeln; zu diesem Zweck prüfen sie insbesondere die Einrichtung eines Wettbewerbs der Alpenländer, der innovative touristische Initiativen und Produkte, die den Zielsetzungen dieses Protokolls entsprechen, auszeichnen soll.

Artikel 20: Zusammenarbeit zwischen Tourismuswirtschaft, Landwirtschaft, Forstwirtschaft und Handwerk
Die Vertragsparteien unterstützen die Zusammenarbeit zwischen Tourismuswirtschaft, Landwirtschaft, Forstwirtschaft und Handwerk. Sie fördern dabei insbesondere arbeitsplatzschaffende Erwerbskombinationen im Hinblick auf eine nachhaltige Entwicklung.

Artikel 21: Weitergehende Maßnahmen
Die Vertragsparteien können Maßnahmen für den nachhaltigen Tourismus treffen, welche über die in diesem Protokoll vorgesehenen Maßnahmen hinausgehen.

Kapitel III
Forschung, Bildung und Information

Artikel 22: Forschung und Beobachtung
(1) Die Vertragsparteien fördern und harmonisieren in enger Zusammenarbeit Forschungen und systematische Beobachtungen, die einer besseren Kenntnis der Wechselbeziehungen zwischen Tourismus und Umwelt im Alpenraum sowie der Abschätzung zukünftiger Entwicklungen dienlich sind.
(2) Die Vertragsparteien sorgen dafür, daß die jeweiligen Ergebnisse nationaler Forschung und systematischer Beobachtung in ein gemeinsames System zur dauernden Beobachtung und Information einfließen und im Rahmen der geltenden staatlichen Ordnung öffentlich zugänglich gemacht werden.
(3) Die Vertragsparteien verpflichten sich, Informationen über eigene Erfahrungen, die für die Umsetzung der Maßnahmen und Empfehlungen dieses Protokolls nützlich sind, auszutauschen und die relevanten Daten über die qualitative Entwicklung des Tourismus zusammenzutragen.

Artikel 23: Bildung und Information
(1) Die Vertragsparteien fördern die Aus- und Weiterbildung sowie die Information der Öffentlichkeit im Hinblick auf Ziele, Maßnahmen und Durchführung dieses Protokolls.
(2) Den Vertragsparteien wird empfohlen, in die Aus- und Weiterbildung zu touristischen und tourismusbedingten Berufen die Vermittlung von Kenntnissen über Natur und Umwelt aufzunehmen. So könnten

Ausbildungen durchgeführt werden, welche die Anliegen von Tourismus und Umwelt miteinander verbinden. Zum Beispiel:
- »Naturanimateure«,
- »Verantwortliche für die Qualität der touristischen Zentren«,
- »Tourismus-Helfer für Behinderte«.

Kapitel IV
Durchführung, Kontrolle und Bewertung

Artikel 24: Durchführung
Die Vertragsparteien verpflichten sich, die Durchführung dieses Protokolls durch geeignete Maßnahmen im Rahmen der geltenden staatlichen Ordnung sicherzustellen.

Artikel 25: Kontrolle der Einhaltung der Verpflichtungen
(1) Die Vertragsparteien erstatten dem Ständigen Ausschuß regelmäßig Bericht über die aufgrund dieses Protokolls getroffenen Maßnahmen. In den Berichten ist auch die Wirksamkeit der getroffenen Maßnahmen darzulegen. Die Alpenkonferenz bestimmt die zeitliche Abfolge der Berichterstattung.
(2) Der Ständige Ausschuß prüft die Berichte daraufhin, ob die Vertragsparteien ihren Verpflichtungen aus diesem Protokoll nachgekommen sind. Er kann dabei auch zusätzliche Informationen von den Vertragsparteien anfordern oder Informationen aus anderen Quellen beiziehen.
(3) Der Ständige Ausschuß erstellt für die Alpenkonferenz einen Bericht über die Einhaltung der Verpflichtungen aus diesem Protokoll durch die Vertragsparteien.
(4) Die Alpenkonferenz nimmt diesen Bericht zur Kenntnis. Falls sie eine Verletzung der Verpflichtungen feststellt, kann sie Empfehlungen verabschieden.

Artikel 26: Bewertung der Wirksamkeit der Bestimmungen
(1) Die Vertragsparteien überprüfen und beurteilen regelmäßig die in diesem Protokoll enthaltenen Bestimmungen auf ihre Wirksamkeit. Soweit zur Erreichung der Ziele dieses Protokolls erforderlich, werden sie geeignete Änderungen des Protokolls in die Wege leiten.
(2) Im Rahmen der geltenden staatlichen Ordnung werden die Gebietskörperschaften an dieser Bewertung beteiligt. Die einschlägig tätigen nichtstaatlichen Organisationen können angehört werden.

Kapitel V
Schlußbestimmungen

Artikel 27: Verhältnis zwischen der Alpenkonvention und dem Protokoll
(1) Dieses Protokoll ist ein Protokoll der Alpenkonvention im Sinne des Artikels 2 und der anderen einschlägigen Artikel der Alpenkonvention.
(2) Nur Vertragsparteien der Alpenkonvention können Vertragspartei dieses Protokolls werden. Eine Kündigung der Alpenkonvention gilt zugleich als Kündigung dieses Protokolls.
(3) Entscheidet die Alpenkonferenz über Fragen in bezug auf dieses Protokoll, so sind lediglich die Vertragsparteien dieses Protokolls abstimmungsberechtigt.

Artikel 28: Unterzeichnung und Ratifikation
(1) Dieses Protokoll liegt für die Unterzeichnerstaaten der Alpenkonvention und die Europäische Gemeinschaft am 16. Oktober 1998 sowie ab dem 16. November 1998 bei der Republik Österreich als Verwahrer zur Unterzeichnung auf.
(2) Dieses Protokoll tritt für die Vertragsparteien, die ihre Zustimmung ausgedrückt haben, durch das Protokoll gebunden zu sein, drei Monate nach dem Tag in Kraft, an dem drei Staaten ihre Ratifikations-, Annahme- oder Genehmigungsurkunde hinterlegt haben.
(3) Für die Vertragsparteien, die später ihre Zustimmung ausdrücken, durch dieses Protokoll gebunden zu sein, tritt das Protokoll drei Monate nach dem Tag der Hinterlegung der Ratifikations-, Annahme- oder Genehmigungsurkunde in Kraft. Nach dem Inkrafttreten einer Änderung des Protokolls wird jede neue Vertragspartei dieses Protokolls Vertragspartei des Protokolls in der geänderten Fassung.

Artikel 29: Notifikationen
Der Verwahrer notifiziert jedem in der Präambel genannten Staat und der Europäischen Gemeinschaft in bezug auf dieses Protokoll
a) jede Unterzeichnung,
b) jede Hinterlegung einer Ratifikations-, Annahme- oder Genehmigungsurkunde,
c) jeden Zeitpunkt des Inkrafttretens,
d) jede von einer Vertrags- oder Unterzeichnerpartei abgegebene Erklärung,
e) jede von einer Vertragspartei notifizierte Kündigung, einschließlich des Zeitpunkts ihres Wirksamwerdens.

Zu Urkund dessen haben die hierzu gehörig befugten Unterzeichneten dieses Protokoll unterschrieben. Geschehen zu Bled am 16. Oktober 1998 in deutscher, französischer, italienischer und slowenischer Sprache, wobei jeder Wortlaut gleichermaßen verbindlich ist, in einer Urschrift, die im Staatsarchiv der Republik Österreich hinterlegt wird. Der Verwahrer übermittelt den Unterzeichnerparteien beglaubigte Abschriften.

Protokoll zur Durchführung der Alpenkonvention von 1991 im Bereich Verkehr

Präambel

Die Bundesrepublik Deutschland, die Französische Republik, die Italienische Republik, das Fürstentum Liechtenstein, das Fürstentum Monaco, die Republik Österreich, die Schweizerische Eidgenossenschaft, die Republik Slowenien sowie die Europäische Gemeinschaft –

in Erfüllung ihres Auftrags aufgrund des Übereinkommens vom 7. November 1991 zum Schutz der Alpen (Alpenkonvention), eine ganzheitliche Politik zum Schutz und zur nachhaltigen Entwicklung des Alpenraums sicherzustellen;
in Erfüllung ihrer Verpflichtungen gemäß Artikel 2 Absätze 2 und 3 der Alpenkonvention;
im Bewußtsein, daß der Alpenraum ein Gebiet umfaßt, das durch besonders empfindliche Ökosysteme und Landschaften, oder durch geografische und topografische Verhältnisse, welche die Schadstoff- und Lärmbelastung verstärken, oder durch einzigartige Naturressourcen oder ein einzigartiges Kulturerbe gekennzeichnet ist;
im Bewußtsein, daß ohne geeignete Maßnahmen aufgrund der verstärkten Integration der Märkte, der gesellschaftlichen und wirtschaftlichen Entwicklung und des Freizeitverhaltens der Verkehr und die verkehrsbedingten Umweltbelastungen weiterhin ansteigen werden;
in der Überzeugung, daß die ansässige Bevölkerung in der Lage sein muß, ihre Vorstellungen von der gesellschaftlichen, kulturellen und wirtschaftlichen Entwicklung selbst zu definieren und an deren Umsetzung im Rahmen der geltenden staatlichen Ordnung mitzuwirken;
im Bewußtsein, daß der Verkehr in seinen Auswirkungen nicht umweltneutral ist und verkehrsbedingte Umweltbelastungen wachsende ökologische, gesundheitliche und sicherheitstechnische Belastungen und Risiken schaffen, die ein gemeinsames Vorgehen erfordern;
im Bewußtsein, daß beim Transport gefährlicher Güter zur Gewährleistung der Sicherheit verstärkte Maßnahmen notwendig sind;
im Bewußtsein, daß umfassende Beobachtung, Forschung, Information und Beratung erforderlich sind, um die Zusammenhänge zwischen Verkehr, Gesundheit, Umwelt und wirtschaftlicher Entwicklung aufzuzeigen und die Notwendigkeit einer Verminderung der Umweltbelastungen einsichtig zu machen;
im Bewußtsein, daß eine auf die Grundsätze der Nachhaltigkeit ausgerichtete Verkehrspolitik im Alpenraum nicht nur im Interesse der alpinen, sondern auch

der außeralpinen Bevölkerung steht und auch zur Sicherung der Alpen als Lebens-, Natur- und Wirtschaftsraum zwingend ist;
im Bewußtsein, daß einerseits das heutige Potential der Verkehrsträger teilweise nur ungenügend ausgenutzt und andererseits der Bedeutung der Infrastrukturen für umweltfreundlichere Transportsysteme wie Bahn, Schiffahrt und kombinierte Systeme sowie der transnationalen Kompatibilität und Operabilität der verschiedenen Verkehrsmittel nur ungenügend Rechnung getragen wird, und es daher erforderlich ist, diese Transportsysteme durch eine wesentliche Verstärkung der Netze innerhalb und außerhalb der Alpen zu optimieren;
im Bewußtsein, daß raumplanerische und wirtschaftspolitische Entscheidungen innerhalb wie außerhalb der Alpen von größter Bedeutung für die Verkehrsentwicklung im Alpenraum sind;
im Bestreben, einen entscheidenden Beitrag zur nachhaltigen Entwicklung sowie zu einer Verbesserung der Lebensqualität zu leisten und demzufolge das Verkehrsaufkommen zu reduzieren, die Verkehrsabwicklung in umweltschonender Weise zu gestalten und die Effektivität und Effizienz bestehender Verkehrssysteme zu erhöhen;
in der Überzeugung, daß wirtschaftliche Interessen, gesellschaftliche Anforderungen und ökologische Erfordernisse miteinander in Einklang zu bringen sind;
in Achtung der bilateralen und multilateralen Abkommen, insbesondere im Verkehrsbereich, von Vertragsparteien mit der Europäischen Gemeinschaft;
in der Überzeugung, daß bestimmte Probleme nur grenzübergreifend gelöst werden können und gemeinsame Maßnahmen der Alpenstaaten erforderlich machen – sind wie folgt übereingekommen:

Kapitel I
Allgemeine Bestimmungen

Artikel 1: Ziele

(1) Die Vertragsparteien verpflichten sich zu einer nachhaltigen Verkehrspolitik, die
a) Belastungen und Risiken im Bereich des inneralpinen und alpenquerenden Verkehrs auf ein Maß senkt, das für Menschen, Tiere und Pflanzen sowie deren Lebensräume erträglich ist, unter anderem durch eine verstärkte Verlagerung des Verkehrs, insbesondere des Güterverkehrs, auf die Schiene, vor allem durch Schaffung geeigneter Infrastrukturen und marktkonformer Anreize;
b) zur nachhaltigen Entwicklung des Lebens- und Wirtschaftsraumes als Lebensgrundlage der im Alpenraum wohnenden Bevölkerung durch eine alle Verkehrsträger umfassende, aufeinander abgestimmte Verkehrspolitik der Vertragsparteien beiträgt;
c) dazu beiträgt, Einwirkungen, die die Rolle und die Ressourcen des Alpenraums – dessen Bedeutung über seine Grenzen hinausreicht – sowie den Schutz seiner Kulturgüter und naturnahen Landschaften gefährden, zu mindern und soweit wie möglich zu vermeiden;
d) den inneralpinen und alpenquerenden Verkehr durch Steigerung der Effektivität und Effizienz der Verkehrssysteme und durch Förderung umwelt- und ressourcenschonenderer Verkehrsträger unter wirtschaftlich tragbaren Kosten gewährleistet;
e) faire Wettbewerbsbedingungen unter den einzelnen Verkehrsträgern gewährleistet.
(2) Die Vertragsparteien verpflichten sich, den Verkehrsbereich unter Wahrung des Vorsorge-, Vermeidungs- und Verursacherprinzips zu entwickeln.

Artikel 2: Begriffsbestimmungen

Im Sinne dieses Protokolls bedeuten:
»alpenquerender Verkehr«: Verkehr mit Ziel und Quelle außerhalb des Alpenraumes;
»inneralpiner Verkehr«: Verkehr mit Ziel und Quelle im Alpenraum (Binnenverkehr) inklusive Verkehr mit Ziel oder Quelle im Alpenraum;

»erträgliche Belastungen und Risiken«: Belastungen und Risiken, die im Rahmen von Umweltverträglichkeitsprüfungen und Risikoanalysen zu definieren sind mit dem Ziel, einem weiteren Anstieg der Belastungen und Risiken Einhalt zu gebieten und diese sowohl bei Neubauten wie bei bestehenden Infrastrukturen mit erheblichen räumlichen Auswirkungen durch entsprechende Maßnahmen soweit erforderlich zu verringern;
»externe Kosten«: Kosten, die nicht vom Nutzer von Gütern oder Diensten getragen werden. Sie umfassen die Kosten für die Infrastruktur, wo diese nicht angelastet werden, die Kosten für Umweltverschmutzung, Lärm, verkehrsbedingte Personen- und Sachschäden;
»große Neubauten oder wesentliche Änderungen oder Ausbauten vorhandener Verkehrsinfrastrukturen«: Infrastrukturvorhaben mit Auswirkungen, welche nach UVP-Recht oder Bestimmungen internationaler Vereinbarungen Umweltverträglichkeitsprüfungen unterliegen;
»hochrangige Straßen«: alle Autobahnen und mehrbahnige, kreuzungsfreie oder in der Verkehrswirkung ähnliche Straßen;
»Umweltqualitätsziele«: Ziele, welche den angestrebten Umweltzustand unter Berücksichtigung ökosystemarer Zusammenhänge beschreiben; sie geben bei Bedarf aktualisierbare, sachlich, räumlich und zeitlich definierte Qualitäten von Schutzgütern an;
»Umweltqualitätsstandards«: konkrete Bewertungsmaßstäbe für die Erreichung von Umweltqualitätszielen; sie definieren für bestimmte Parameter die angestrebten Resultate, das Meßverfahren oder die Rahmenbedingungen;
»Umweltindikatoren«: Umweltindikatoren messen oder bewerten den Zustand der Umweltbelastung und begründen Prognosen über ihre Entwicklung;
»Vorsorgeprinzip«: jenes Prinzip, demzufolge Maßnahmen zur Vermeidung, Bewältigung oder Verringerung schwerer oder irreversibler Auswirkungen auf die Gesundheit und die Umwelt nicht mit der Begründung aufgeschoben werden dürfen, daß die wissenschaftliche Forschung noch keinen eindeutigen Kausalzusammenhang zwischen den fraglichen Einwirkungen einerseits und ihrer potentiellen Schädlichkeit für die Gesundheit und die Umwelt andererseits nachgewiesen hat;
»Verursacherprinzip«: inklusive der Anlastung der Folgewirkungen ist jenes Prinzip, demzufolge die Kosten für die Vermeidung, Bewältigung und Verringerung der Umweltbelastung und für die Sanierung der Umwelt zu Lasten des Verursachers gehen. Die Verursacher müssen soweit wie möglich die gesamten Kosten der Verkehrsauswirkungen auf Gesundheit und Umwelt tragen;
»Zweckmäßigkeitsprüfung«: Prüfverfahren gemäß der nationalen Gesetzgebung anläßlich der Planung großer Neubauten oder wesentlicher Änderungen oder Ausbauten vorhandener Verkehrsinfrastrukturen, welches Abklärungen betreffend die verkehrspolitische Notwendigkeit sowie die verkehrlichen, ökologischen, ökonomischen und soziokulturellen Auswirkungen umfaßt.

Artikel 3: Nachhaltiger Verkehr und Mobilität
(1) Um den Verkehr unter den Rahmenbedingungen der Nachhaltigkeit zu entwickeln, verpflichten sich die Vertragsparteien, mit einer aufeinander abgestimmten Umwelt- und Verkehrspolitik zur Begrenzung verkehrsbedingter Belastungen und Risiken
a) den Belangen der Umwelt derart Rechung zu tragen, daß
aa) der Verbrauch von Ressourcen auf ein Maß gesenkt wird, welches sich soweit möglich innerhalb der natürlichen Reproduktionsfähigkeit bewegt;
bb) die Freisetzung von Stoffen auf ein Maß reduziert wird, welches die Tragfähigkeit der betroffenen Umweltmedien nicht überfordert;
cc) die Stoffeinträge in die Umwelt auf ein Maß begrenzt werden, das Beeinträchtigungen ökologischer Strukturen und natürlicher Stoffkreisläufe vermeidet;
b) den Belangen der Gesellschaft derart Rechnung zu tragen, daß
aa) die Erreichbarkeit von Menschen, Arbeitsplätzen, Gütern und Dienstleistungen auf umweltschonende, energie- und raumsparende sowie effiziente Weise ermöglicht und eine ausreichende Grundversorgung garantiert wird;
bb) die Gesundheit der Menschen nicht gefährdet und das Risiko von Umweltkatastrophen sowie Zahl und Schwere von Unfällen reduziert werden;
c) den Belangen der Wirtschaft derart Rechnung zu tragen, daß
aa) die Eigenwirtschaftlichkeit des Verkehrs erhöht und die externen Kosten internalisiert werden;
bb) die optimale Auslastung der vorhandenen Infrastruktur gefördert wird;
cc) die Arbeitsplätze der wettbewerbsfähigen Betriebe und Unternehmen in den einzelnen Wirtschaftssektoren gesichert werden;
d) aufgrund der besonderen Topographie der Alpen verstärkte Maßnahmen zur Lärmbekämpfung zu ergreifen.
(2) In Übereinstimmung mit den geltenden nationalen und internationalen Rechtsvorschriften im Verkehrsbereich verpflichten sich die Vertragsparteien zur Entwicklung von nationalen, regionalen und lokalen Zielvorgaben, Strategien und Maßnahmen, die

a) den unterschiedlichen naturräumlichen, wirtschaftlichen und soziokulturellen Gegebenheiten sowie den unterschiedlichen Bedürfnissen Rechnung tragen;
b) die Entwicklung der verkehrsbedingten Umweltbelastungen durch eine Kombination von ökonomischen Instrumenten, Raumordnungs- und Verkehrsplanungsmaßnahmen beschränken.

Artikel 4: Berücksichtigung der Ziele in den anderen Politiken
(1) Die Vertragsparteien verpflichten sich, die Ziele dieses Protokolls auch in ihren anderen Politiken zu berücksichtigen.
(2) Die Vertragsparteien verpflichten sich, die Auswirkungen anderer Politiken, Strategien und Konzepte auf den Verkehrsbereich vorausschauend und zurückblickend zu überprüfen.

Artikel 5: Beteiligung der Gebietskörperschaften
(1) Die Vertragsparteien fördern die internationale Zusammenarbeit zwischen den zuständigen Institutionen, um grenzüberschreitend bestmögliche und aufeinander abgestimmte Lösungen zu erreichen.
(2) Jede Vertragspartei bestimmt im Rahmen ihrer geltenden staatlichen Ordnung die für die Abstimmung und Zusammenarbeit zwischen den unmittelbar betroffenen Institutionen und Gebietskörperschaften am besten geeignete Ebene, um eine gemeinsame Verantwortung zu fördern, namentlich um sich gegenseitig verstärkende Kräfte beim Vollzug der Verkehrspolitiken sowie der sich daraus ergebenden Maßnahmen zu nutzen und zu entwickeln.
(3) Die unmittelbar betroffenen Gebietskörperschaften werden in den verschiedenen Stadien der Vorbereitung und Umsetzung dieser Politiken und Maßnahmen unter Wahrung ihrer Zuständigkeit im Rahmen der geltenden staatlichen Ordnung beteiligt.

Artikel 6: Weitergehende nationale Regelungen
Die Vertragsparteien können zum Schutz des ökologisch sensiblen Alpenraumes vorbehaltlich der Bestimmungen geltender internationaler Vereinbarungen aufgrund bestimmter, insbesondere naturräumlicher Gegebenheiten oder aus Gründen der Gesundheit, der Sicherheit und des Umweltschutzes Maßnahmen treffen, welche über die in diesem Protokoll vorgesehenen Maßnahmen hinausgehen.

Kapitel II
Spezifische Maßnahmen

A) Strategien, Konzepte, Planungen

Artikel 7: Allgemeine verkehrspolitische Strategie
(1) Im Interesse der Nachhaltigkeit verpflichten sich die Vertragsparteien, eine rationelle und sichere Abwicklung des Verkehrs in einem grenzüberschreitend aufeinander abgestimmten Verkehrsnetzwerk umzusetzen, welches
a) Verkehrsträger, -mittel und -arten aufeinander abstimmt sowie die Intermodalität begünstigt;
b) im Alpenraum bestehende Verkehrssysteme und -infrastrukturen unter anderem durch den Einsatz von Telematik bestmöglich nutzt und dem Verursacher, nach Belastungen differenziert, externe Kosten und Infrastrukturkosten anlastet;
c) mit raumordnerischen und strukturellen Maßnahmen eine Verkehrsbeeinflussung zugunsten der Verlagerung der Transportleistungen im Personen- und Güterverkehr auf das jeweils umweltverträglichere Verkehrsmittel und intermodale Transportsysteme begünstigt;
d) die Reduktionspotentiale im Verkehrsaufkommen erschließt und nutzt.
(2) Die Vertragsparteien verpflichten sich, die erforderlichen Maßnahmen bestmöglich vorzunehmen
a) zur Sicherung der Verkehrswege vor Naturgefahren sowie
b) in Gebieten mit besonderen Belastungen aus dem Verkehr zum Schutze der Menschen und der Umwelt;
c) zur schrittweisen Reduktion der Schadstoff- und Lärmemission aller Verkehrsträger auch auf der Grundlage der bestverfügbaren Technologie;
d) die Verkehrssicherheit zu erhöhen.

Artikel 8: Projektevaluations- und zwischenstaatliches Konsultationsverfahren
(1) Die Vertragsparteien verpflichten sich, bei großen Neubauten und wesentlichen Änderungen oder Ausbauten vorhandener Verkehrsinfrastrukturen Zweckmäßigkeitsprüfungen, Umweltverträglichkeitsprüfungen und Risikoanalysen vorzunehmen und deren Resultaten im Hinblick auf die Ziele dieses Protokolls Rechnung zu tragen.
(2) Planungen für Verkehrsinfrastrukturen im Alpenraum sind zu koordinieren und zu konzertieren. Jede Vertragspartei verpflichtet sich bei Vorhaben mit erheblichen grenzüberschreitenden Auswirkungen, spätestens nach Vorlage der Prüfungen vorherige Konsultationen mit den davon betroffenen Vertragspartei-

en durchzuführen. Diese Bestimmungen präjudizieren nicht das Recht jeder Vertragspartei, den Bau von Verkehrsinfrastrukturen vorzunehmen, die zum Zeitpunkt der Annahme dieses Protokolls im Rahmen ihrer Rechtsordnung beschlossen sind oder für die der Bedarf gesetzlich festgestellt ist.
(3) Die Vertragsparteien unterstützen die stärkere Einbeziehung der Transportkomponente in das Umweltmanagement der Unternehmen in ihren Ländern.

B) Technische Maßnahmen

Artikel 9: Öffentlicher Verkehr
Zur nachhaltigen Aufrechterhaltung und Verbesserung der Siedlungs- und Wirtschaftsstruktur sowie der Erholungs- und Freizeitattraktivität des Alpenraumes verpflichten sich die Vertragsparteien, die Einrichtung und den Ausbau kundenfreundlicher und umweltgerechter öffentlicher Verkehrssysteme zu fördern.

Artikel 10: Eisenbahn- und Schiffsverkehr
(1) Um die besondere Eignung der Eisenbahn für die Bewältigung des Verkehrs über lange Distanzen sowie ihr Netz für die wirtschaftliche und touristische Erschließung der Alpenregion besser auszunutzen, unterstützen die Vertragsparteien, im Rahmen ihrer Zuständigkeiten,
a) die Verbesserung der Bahninfrastrukturen durch den Bau und die Entwicklung großer alpenquerender Achsen einschließlich der Anschlüsse und angepaßter Terminals;
b) die weitere betriebliche Optimierung sowie Modernisierung der Eisenbahn, insbesondere im grenzüberschreitenden Verkehr;
c) Maßnahmen mit dem Ziel, insbesondere den Gütertransport über längere Distanzen auf die Eisenbahn zu verlagern und die Tarifierung der Verkehrsinfrastrukturen stärker zu harmonisieren;
d) intermodale Transportsysteme sowie die Weiterentwicklung der Eisenbahn;
e) die verstärkte Nutzung der Eisenbahn und die Schaffung kundenfreundlicher Synergien zwischen dem Personenfern- und dem Regional- sowie Ortsverkehr.
(2) Die Vertragsparteien unterstützen verstärkte Bestrebungen, zur Verringerung des Anteils des Transitgüterverkehrs auf dem Landwege die Kapazitäten der Schiffahrt vermehrt zu nutzen.

Artikel 11: Straßenverkehr
(1) Die Vertragsparteien verzichten auf den Bau neuer hochrangiger Straßen für den alpenquerenden Verkehr.
(2) Ein hochrangiges Straßenprojekt für den inneralpinen Verkehr kann nur dann verwirklicht werden, wenn
a) die in der Alpenkonvention in Artikel 2 Absatz 2 lit. j festgelegten Zielsetzungen durch Vornahme entsprechender Vorsorge- oder Ausgleichsmaßnahmen aufgrund des Ergebnisses einer Umweltverträglichkeitsprüfung erreicht werden können,
b) die Bedürfnisse nach Transportkapazitäten nicht durch eine bessere Auslastung bestehender Straßen- und Bahnkapazitäten, durch den Aus- oder Neubau von Bahn- und Schiffahrtsinfrastrukturen und die Verbesserung des Kombinierten Verkehrs sowie durch weitere verkehrsorganisatorische Maßnahmen erfüllt werden können,
c) die Zweckmäßigkeitsprüfung ergeben hat, daß das Projekt wirtschaftlich ist, die Risiken beherrscht werden und die Umweltverträglichkeitsprüfung positiv ausgefallen ist und
d) den Raumordnungsplänen/-programmen und der nachhaltigen Entwicklung Rechnung getragen wird.
(3) Aufgrund der geografischen Verhältnisse und der Siedlungsstruktur des Alpenraumes, welche nicht in allen Fällen eine effiziente Bedienung mit öffentlichen Verkehrsmitteln erlauben, erkennen die Vertragsparteien in diesen Randgebieten gleichwohl die Notwendigkeit der Schaffung und Erhaltung von ausreichenden Verkehrsinfrastrukturen für einen funktionierenden Individualverkehr an.

Artikel 12: Luftverkehr
(1) Ohne dies auf andere Regionen zu beziehen, verpflichten sich die Vertragsparteien, die Umweltbelastungen des Flugverkehrs einschließlich des Fluglärms soweit wie möglich zu senken. Unter Beachtung der Ziele dieses Protokolls bemühen sie sich, das Absetzen aus Luftfahrzeugen außerhalb von Flugplätzen einzuschränken und erforderlichenfalls zu verbieten. Zum Schutz der Wildfauna treffen die Vertragsstaaten geeignete Maßnahmen, um den nichtmotorisierten Freizeit-Luftverkehr zeitlich und örtlich einzuschränken.
(2) Die Vertragsparteien verpflichten sich, das öffentliche Verkehrssystem von den alpennahen Flughäfen in die verschiedenen Alpenregionen zu verbessern, um in der Lage zu sein, die Verkehrsnachfrage zu befriedigen, ohne dadurch die Belastung der Umwelt zu erhöhen. In diesem Zusammenhang begrenzen die Vertragsparteien soweit wie möglich den Neubau von Flughäfen und den erheblichen Ausbau von bestehenden Flughäfen im Alpenraum.

Artikel 13: Touristische Anlagen
(1) Die Vertragsparteien verpflichten sich, die verkehrlichen Auswirkungen weiterer Erschließungen mit touristischen Anlagen unter Berücksichtigung der Ziele dieses Protokolls zu überprüfen und soweit erforderlich Vorsorge- und Ausgleichsmaßnahmen zur Erreichung der Ziele dieses oder anderer Protokolle zu ergreifen. Dabei ist dem öffentlichen Verkehr Vorrang einzuräumen.
(2) Die Vertragsparteien unterstützen die Schaffung und Erhaltung von verkehrsberuhigten und verkehrsfreien Zonen, die Einrichtung autofreier Tourismusorte sowie Maßnahmen zur Förderung der autofreien Anreise und des autofreien Aufenthalts von Urlaubsgästen.

Artikel 14: Kostenwahrheit
Um auf Verkehrslenkungseffekte durch eine bessere Anrechnung der wahren Kosten der verschiedenen Verkehrsträger hinzuwirken, einigen sich die Vertragsparteien auf die Umsetzung des Verursacherprinzips und unterstützen die Entwicklung und Anwendung eines Berechnungssystems zur Ermittlung der Wegekosten und der externen Kosten. Ziel ist es, schrittweise verkehrsspezifische Abgabensysteme einzuführen, die es erlauben, auf gerechte Weise die wahren Kosten zu decken. Dabei sollen Systeme eingeführt werden, die
a) den Einsatz der umweltfreundlichsten Verkehrsträger und -mittel begünstigen;
b) zu einer ausgewogeneren Nutzung der Verkehrsinfrastrukturen führen;
c) Anreize bieten, Potentiale ökologischer und sozioökonomischer Belastungsminderung mit strukturellen und raumordnerischen Maßnahmen der Verkehrsbeeinflussung vermehrt zu nutzen.

C) Beobachtung und Kontrolle

Artikel 15: Angebot und Nutzung von Verkehrsinfrastrukturen
(1) Die Vertragsparteien verpflichten sich, den Stand und die Entwicklung sowie die Nutzung beziehungsweise Verbesserung der hochrangigen Verkehrsinfrastruktur und Verkehrssysteme und die Reduktion der Umweltbelastungen nach einheitlichem Muster in einem Referenzdokument festzuhalten und periodisch zu aktualisieren.
(2) Auf der Grundlage dieses Referenzdokumentes überprüfen die Vertragsparteien, inwieweit Umsetzungsmaßnahmen zur Erreichung und zur Weiterentwicklung der Ziele der Alpenkonvention und insbesondere dieses Protokolls beitragen.

Artikel 16: Umweltqualitätsziele, Standards und Indikatoren
(1) Die Vertragsparteien legen Umweltqualitätsziele zur Erreichung eines nachhaltigen Verkehrs fest und setzen sie um.
(2) Sie stimmen darin überein, daß es notwendig ist, über Standards und Indikatoren zu verfügen, welche den spezifischen Verhältnissen des Alpenraumes angepaßt sind.
(3) Die Anwendung dieser Standards und dieser Indikatoren zielt darauf ab, die Entwicklung der Belastungen der Umwelt und der Gesundheit durch den Verkehr zu bemessen.

Kapitel III
Koordination, Forschung, Bildung und Information

Artikel 17: Koordination und Information
Die Vertragsparteien vereinbaren, nach Bedarf gemeinsame Treffen durchzuführen, um
a) die Auswirkungen der nach diesem Protokoll ergriffenen Maßnahmen zu überprüfen;
b) sich vor wichtigen verkehrspolitischen Entscheidungen mit Auswirkungen auf die anderen Vertragsstaaten gegenseitig zu konsultieren;
c) den Austausch von Informationen zur Umsetzung dieses Protokolls zu fördern und dabei vorrangig die vorhandenen Informationssysteme zu nutzen;
d) sich vor wichtigen verkehrspolitischen Entscheidungen zu verständigen, um diese insbesondere in eine aufeinander abgestimmte, grenzüberschreitende Raumordnungspolitik einzubetten.

Artikel 18: Forschung und Beobachtung
(1) Die Vertragsparteien fördern und harmonisieren in enger Zusammenarbeit Forschungen und systematische Beobachtungen über Wechselbeziehungen zwischen Verkehr und Umwelt im Alpenraum sowie über spezifische technologische Entwicklungen, welche die Wirtschaftlichkeit umweltfreundlicher Verkehrssysteme steigern.
(2) Den Ergebnissen der gemeinsamen Forschung und Beobachtung ist anläßlich der Überprüfung der Umsetzung dieses Protokolls gebührend Rechnung zu tragen, namentlich bei der Ausarbeitung von Methoden und Kriterien, welche die Beschreibung einer nachhaltigen Verkehrsentwicklung erlauben.
(3) Die Vertragsparteien sorgen dafür, daß die jeweiligen Ergebnisse nationaler Forschung und systematischer Beobachtung in ein gemeinsames System zur dauernden Beobachtung und Information einfließen und im Rahmen der geltenden staatlichen Ordnung öffentlich zugänglich gemacht werden.

(4) Die Vertragsparteien unterstützen anwendungsorientierte Pilotprojekte zur Umsetzung nachhaltiger Verkehrskonzepte und -technologien.
(5) Die Vertragsparteien unterstützen die Untersuchungen über die Anwendbarkeit von Methoden der verkehrsträgerübergreifenden, strategischen Umweltprüfung.

Artikel 19: Bildung und Information der Öffentlichkeit
Die Vertragsparteien fördern die Aus- und Weiterbildung sowie die Information der Öffentlichkeit im Hinblick auf Ziele, Maßnahmen und Durchführung dieses Protokolls.

Kapitel IV
Kontrolle und Bewertung

Artikel 20: Umsetzung
Die Vertragsparteien verpflichten sich, die Umsetzung dieses Protokolls durch geeignete Maßnahmen im Rahmen der geltenden staatlichen Ordnung sicherzustellen.

Artikel 21: Kontrolle der Einhaltung der Protokollpflichten
(1) Die Vertragsparteien erstatten dem Ständigen Ausschuß regelmäßig Bericht über die aufgrund dieses Protokolls getroffenen Maßnahmen. In den Berichten ist auch die Wirksamkeit der getroffenen Maßnahmen darzulegen. Die Alpenkonferenz bestimmt die zeitliche Abfolge der Berichterstattung.
(2) Der Ständige Ausschuß prüft die Berichte daraufhin, ob die Vertragsparteien ihren Verpflichtungen aus diesem Protokoll nachgekommen sind. Er kann dabei auch zusätzliche Informationen von den Vertragsparteien anfordern oder Informationen aus anderen Quellen beiziehen.
(3) Der Ständige Ausschuß erstellt für die Alpenkonferenz einen Bericht über die Einhaltung der Verpflichtungen aus diesem Protokoll durch die Vertragsparteien.
(4) Die Alpenkonferenz nimmt diesen Bericht zur Kenntnis. Falls sie eine Verletzung der Verpflichtungen feststellt, kann sie Empfehlungen verabschieden.

Artikel 22: Bewertung der Wirksamkeit der Bestimmungen
(1) Die Vertragsparteien überprüfen und beurteilen regelmäßig die in diesem Protokoll enthaltenen Bestimmungen auf ihre Wirksamkeit. Soweit zur Erreichung der Ziele dieses Protokolls erforderlich, werden sie geeignete Änderungen des Protokolls in die Wege leiten.
(2) Im Rahmen der geltenden staatlichen Ordnung werden die Gebietskörperschaften an dieser Bewertung beteiligt. Die einschlägig tätigen nichtstaatlichen Organisationen können angehört werden.

Kapitel V
Schlußbestimmungen

Artikel 23: Verhältnis zwischen der Alpenkonvention und dem Protokoll
(1) Dieses Protokoll ist ein Protokoll der Alpenkonvention im Sinne des Artikels 2 und der anderen einschlägigen Artikel der Alpenkonvention.
(2) Nur Vertragsparteien der Alpenkonvention können Vertragspartei dieses Protokolls werden. Eine Kündigung der Alpenkonvention gilt zugleich als Kündigung dieses Protokolls.
(3) Entscheidet die Alpenkonferenz über Fragen in bezug auf dieses Protokoll, so sind lediglich die Vertragsparteien dieses Protokolls abstimmungsberechtigt.

Artikel 24: Unterzeichnung und Ratifizierung
(1) Dieses Protokoll liegt für die Unterzeichnerstaaten der Alpenkonvention und die Europäische Gemeinschaft am 31. Oktober 2000 sowie ab dem 6. November 2000 bei der Republik Österreich als Verwahrer zur Unterzeichnung auf.
(2) Dieses Protokoll tritt für die Vertragsparteien, die ihre Zustimmung ausgedrückt haben, durch das Protokoll gebunden zu sein, drei Monate nach dem Tage in Kraft, an dem drei Staaten ihre Ratifikations-, Annahme- oder Genehmigungsurkunde hinterlegt haben.
(3) Für die Vertragsparteien, die später ihre Zustimmung ausdrücken, durch dieses Protokoll gebunden zu sein, tritt das Protokoll drei Monate nach dem Tage der Hinterlegung der Ratifikations-, Annahme- oder Genehmigungsurkunde in Kraft. Nach dem Inkrafttreten einer Änderung des Protokolls wird jede neue Vertragspartei dieses Protokolls Vertragspartei des Protokolls in der geänderten Fassung.

Artikel 25: Notifikationen
Der Verwahrer notifiziert jedem in der Präambel genannten Staat und der Europäischen Gemeinschaft in bezug auf dieses Protokoll
a) jede Unterzeichnung;
b) jede Hinterlegung einer Ratifikations-, Annahme- oder Genehmigungsurkunde;
c) jeden Zeitpunkt des Inkrafttretens;

d) jede von einer Vertrags- oder Unterzeichnerpartei abgegebene Erklärung;
e) jede von einer Vertragspartei notifizierte Kündigung, einschließlich des Zeitpunkts ihres Wirksamwerdens.

Zu Urkund dessen haben die hierzu gehörig befugten Unterzeichneten dieses Protokoll unterschrieben. Geschehen zu Luzern, am 31. Oktober 2000 in deutscher, französischer, italienischer und slowenischer Sprache, wobei jeder Wortlaut gleichermaßen verbindlich ist, in einer Urschrift, die im Staatsarchiv der Republik Österreich hinterlegt wird. Der Verwahrer übermittelt den Unterzeichnerparteien beglaubigte Abschriften.

Protokoll zur Durchführung der Alpenkonvention von 1991 über die Beilegung von Streitigkeiten

Die Bundesrepublik Deutschland, die Französische Republik, die Italienische Republik, das Fürstentum Liechtenstein, das Fürstentum Monaco, die Republik Österreich, die Schweizerische Eidgenossenschaft, die Republik Slowenien sowie die Europäische Gemeinschaft –

Vertragsparteien des Übereinkommens zum Schutz der Alpen (Alpenkonvention) in dem Bestreben, ein wirksames Konsultations- und Streitbeilegungsverfahren für die Alpenkonvention und ihre Protokolle auszuarbeiten – sind wie folgt übereingekommen:

Artikel 1
Im Falle einer Streitigkeit zwischen Vertragsparteien über die Auslegung oder Anwendung der Alpenkonvention oder eines ihrer Protokolle bemühen sich die Vertragsparteien vorrangig um eine Beilegung im Konsultationsweg.

Artikel 2
Ist eine Streitigkeit innerhalb von sechs Monaten nach schriftlichem Antrag einer der beteiligten Vertragsparteien auf Konsultationen nicht beigelegt, kann eine beteiligte Partei durch schriftliche Mitteilung an die andere Partei und den Vorsitz der Alpenkonferenz ein Schiedsverfahren zur Streitbeilegung nach den folgenden Bestimmungen einleiten. Der Vorsitz informiert unverzüglich alle Vertragsparteien darüber.

Artikel 3
Zur Durchführung eines Schiedsverfahrens im Sinne von Artikel 2 wird ein Schiedsgericht bestehend aus drei Mitgliedern wie folgt gebildet:
a) Jede der Streitparteien bestimmt ein Mitglied des Schiedsgerichts. Hat eine der Streitparteien innerhalb von 60 Tagen nach Eingang der in Artikel 2 genannten Mitteilung beim Vorsitz ein Mitglied nicht bestimmt, so erfolgt die Bestimmung auf Ersuchen der anderen Streitpartei durch den Generalsekretär des Ständigen Schiedshofs in Den Haag innerhalb einer weiteren Frist von 30 Tagen.
b) Der Präsident des Schiedsgerichts wird einvernehmlich von den beiden nach Buchstabe a) bestimmten Mitgliedern ernannt. Wird innerhalb von 120 Tagen nach Eingang der in Artikel 2 genannten Mitteilung beim Vorsitz keine Einigung erzielt, so erfolgt die Ernennung auf Ersuchen einer der Streitparteien durch den Generalsekretär des Ständigen Schiedshofs in Den Haag innerhalb einer weiteren Frist von 30 Tagen.
c) Eine Abberufung eines Mitglieds des Schiedsgerichts ist nur einvernehmlich zwischen den Streitparteien möglich.
d) Freigewordene Sitze werden in der für die erste Bestellung vorgeschriebenen Weise besetzt.

Artikel 4
(1) Jede Vertragspartei ist berechtigt, dem Schiedsgericht ihre Auffassung über die Streitigkeit zur Kenntnis zu bringen.

(2) Ist eine Vertragspartei der Meinung, daß sie ein Interesse rechtlicher Natur hat, das durch die Entscheidung in diesem Streitfall berührt werden könnte, so kann sie einen Antrag an das Schiedsgericht stellen, zur Intervention ermächtigt zu werden.

Artikel 5
Sofern die Streitparteien nicht anderes vereinbaren, gibt sich das Schiedsgericht eine Verfahrensordnung.

Artikel 6
Die Streitparteien enthalten sich jeglicher Maßnahme, die der Entscheidung des Schiedsgerichtes vorgreift oder diese präjudiziert. Das Schiedsgericht kann auf Ersuchen einer Streitpartei einstweilige Maßnahmen zum Schutz der Rechte jeder Streitpartei erlassen.

Artikel 7
Sofern die Streitparteien nicht anderes vereinbaren, legt das Schiedsgericht fest, welche der offiziellen Sprachen der Alpenkonvention für das Verfahren verwendet werden.

Artikel 8
(1) Die Streitparteien erleichtern die Arbeit des Schiedsgerichts und werden insbesondere mit allen ihnen zur Verfügung stehenden Mitteln
a) ihm alle sachdienlichen Schriftstücke vorlegen und Auskünfte erteilen und
b) ihm die Möglichkeit geben, soweit nötig Zeugen oder Sachverständige zu laden und ihre Aussagen einzuholen.
(2) Alle Dokumente und Informationen, die dem Schiedsgericht von einer Streitpartei vorgelegt werden, sind von dieser gleichzeitig an die andere Streitpartei zu übermitteln.

Artikel 9
Das Schiedsgericht trifft seine Entscheidung in Übereinstimmung mit dem Völkerrecht und der Alpenkonvention samt ihren Protokollen.

Artikel 10
Abwesenheit oder Versäumnis einer Streitpartei, sich zur Sache zu äußern, stellt kein Hindernis für das Verfahren dar. Bevor das Schiedsgericht seine endgültige Entscheidung fällt, muß es sich vergewissern, daß das Begehren in tatsächlicher und rechtlicher Hinsicht begründet ist.

Artikel 11
Das Schiedsgericht fällt seine endgültige Entscheidung innerhalb von sechs Monaten nach dem Zeitpunkt, zu dem es vollständig gebildet wurde; hält es jedoch eine Verlängerung dieser Frist für notwendig, so darf diese weitere sechs Monate nicht überschreiten.

Artikel 12
Das Schiedsgericht entscheidet sowohl in verfahrensrechtlichen als auch in materiellen Fragen mit der Mehrheit seiner Mitglieder. Der Schiedsspruch ist für die Streitparteien endgültig und bindend. Das Schiedsgericht hat die Gründe anzugeben, auf denen der Spruch basiert. Die Streitparteien setzen den Schiedsspruch unverzüglich um.

Artikel 13
Sofern das Schiedsgericht nicht wegen der besonderen Umstände des Einzelfalls etwas anderes beschließt, werden die Kosten des Schiedsgerichts, einschließlich der Vergütung seiner Mitglieder, von den Streitparteien zu gleichen Teilen getragen.

Artikel 14
Der Präsident des Schiedsgerichts teilt den Schiedsspruch den Streitparteien und dem Vorsitz der Alpenkonferenz mit. Der Vorsitz übermittelt diesen den Vertragsparteien der Alpenkonvention und den Beobachtern im Sinne des Artikels 5 Absatz 5 der Alpenkonvention.

Artikel 15
(1) Die Kündigung dieses Protokolls ist nur gleichzeitig mit der Kündigung der Alpenkonvention zulässig.
(2) Dieses Protokoll bleibt jedoch für die kündigende Streitpartei im Hinblick auf die zum Zeitpunkt des Wirksamwerdens der Kündigung laufenden Schiedsverfahren gültig. Diese Verfahren werden zu Ende geführt.

Artikel 16
(1) Dieses Protokoll liegt für die Vertragsparteien der Alpenkonvention am 31. Oktober 2000 sowie ab dem 6. November bei der Republik Österreich als Verwahrer zur Unterzeichnung auf.
(2) Dieses Protokoll tritt für die Vertragsparteien, die ihre Zustimmung ausgedrückt haben, durch das Protokoll gebunden zu sein, drei Monate nach dem Tag in Kraft, an dem drei Staaten ihre Ratifikations-, Annahme- oder Genehmigungsurkunde hinterlegt haben.

(3) Für die Vertragsparteien, die später ihre Zustimmung ausdrücken, durch dieses Protokoll gebunden zu sein, tritt das Protokoll drei Monate nach dem Tag der Hinterlegung der Ratifikations-, Annahme- oder Genehmigungsurkunde in Kraft. Nach dem Inkrafttreten einer Änderung des Protokolls wird jede neue Vertragspartei dieses Protokolls Vertragspartei des Protokolls in der geänderten Fassung.

Artikel 17
Der Verwahrer notifiziert jedem in der Präambel genannten Staat und der Europäischen Gemeinschaft in bezug auf dieses Protokoll
a) jede Unterzeichnung,
b) jede Hinterlegung einer Ratifikations-, Annahme- oder Genehmigungsurkunde,
c) jeden Zeitpunkt des Inkrafttretens,
d) jede von einer Vertrags- oder Unterzeichnerpartei abgegebene Erklärung,
e) jede von einer Vertragspartei notifizierte Kündigung einschließlich des Zeitpunkts ihres Wirksamwerdens.

Zu Urkund dessen haben die hierzu gehörig befugten Unterzeichneten dieses Protokoll unterschrieben. Geschehen zu Luzern, am 31. Oktober 2000 in deutscher, französischer, italienischer und slowenischer Sprache, wobei jeder Wortlaut gleichermaßen verbindlich ist, in einer Urschrift, die im Staatsarchiv der Republik Österreich hinterlegt wird. Der Verwahrer übermittelt allen Unterzeichnerparteien beglaubigte Abschriften.

Protokoll über den Beitritt des Fürstentums Monaco zum Übereinkommen zum Schutze der Alpen

Die Bundesrepublik Deutschland, die Französische Republik, die Italienische Republik, das Fürstentum Liechtenstein, die Republik Österreich, die Schweizerische Eidgenossenschaft, die Republik Slowenien, die Europäische Gemeinschaft –

Unterzeichner des Übereinkommens zum Schutze der Alpen (Alpenkonvention), einerseits, und das Fürstentum Monaco andererseits, in Anbetracht der Tatsache, daß das Fürstentum Monaco der Alpenkonvention als Vertragspartei beizutreten wünscht, in dem Bestreben, für den Schutz der Alpen im gesamten Alpenraum Sorge zu tragen, sind wie folgt übereingekommen:

Artikel 1
Das Fürstentum Monaco wird Vertragspartei des Übereinkommens zum Schutze der Alpen[1] in seiner durch das vorliegende Beitrittsprotokoll geänderten Fassung.

Artikel 2
In der Präambel wird »das Fürstentum Monaco« im Anschluß an »das Fürstentum Liechtenstein« aufgeführt.

Artikel 3
Die Anlage, die das Gebiet der Alpen, Anwendungsbereich der Alpenkonvention, beschreibt und darstellt, wird folgendermaßen abgeändert:
a) die Liste der Verwaltungseinheiten des Alpenraums wird wie folgt ergänzt: – Fürstentum Monaco;
b) an die Stelle der Landkarte in der Anlage der Alpenkonvention tritt die diesem Beitrittsprotokoll beigefügte Karte.

1 Kundgemacht in BGBl. Nr. 477/1995

Artikel 4
(1) Die Zustimmung, durch dieses Beitrittsprotokoll gebunden zu sein, kann ausgedrückt werden durch:
– eine Unterzeichnung, die keiner Ratifikation, Annahme oder Genehmigung bedarf. Der Staat, der von dieser Möglichkeit Gebrauch macht, notifiziert dem Verwahrer zum Zeitpunkt der Unterzeichnung, daß seine Unterschrift als Zustimmung gilt, durch dieses Beitrittsprotokoll gebunden zu sein;
– eine Unterzeichnung, die der Ratifikation, Annahme oder Genehmigung bedarf; die Ratifikations-, Annahme- oder Genehmigungsurkunden werden beim Verwahrer hinterlegt.
(2) Das Beitrittsprotokoll tritt drei Monate nach dem Tage in Kraft, an dem die folgenden drei Bedingungen erfüllt sind:
– die Alpenkonvention ist in Kraft getreten;
– die Vertragsparteien der Alpenkonvention haben ihre Zustimmung ausgedrückt, durch dieses Beitrittsprotokoll gebunden zu sein;
– das Fürstentum Monaco hat seine Zustimmung ausgedrückt, durch dieses Betrittsprotokoll gebunden zu sein.
(3) Für die Unterzeichnerstaaten, die noch nicht Vertragsparteien der Alpenkonvention sind, wird die Zustimmung, durch dieses Beitrittsprotokoll gebunden zu sein, erst an dem Tage wirksam, an dem die Alpenkonvention für sie in Kraft tritt.

Artikel 5
Ab Unterzeichnung dieses Beitrittsprotokolls kann kein Staat seiner Zustimmung, durch die Alpenkonvention gebunden zu sein, Ausdruck verleihen, wenn er nicht zuvor oder gleichzeitig seine Zustimmung ausdrückt, durch dieses Beitrittsprotokoll gebunden zu sein.

Artikel 6
Für die Kündigung dieses Beitrittsprotokolls ist die Kündigung der Alpenkonvention erforderlich.

Artikel 7
Der Verwahrer notifiziert allen Vertragsparteien und allen Unterzeichnerstaaten:
– jede Unterzeichnung mit der Angabe, ob sie der Ratifikation, Annahme oder Genehmigung bedarf;
– jede Hinterlegung einer Ratifikations-, Annahme- oder Genehmigungsurkunde;
– jeden Zeitpunkt des Inkrafttretens gemäß Artikel 4;
– jede Notifikation einer Kündigung und den Zeitpunkt ihres Inkrafttretens.

Zu Urkund dessen haben die hierzu gehörig befugten Unterzeichneten dieses Beitrittsprotokoll unterschrieben. Geschehen zu Chambéry, am 20. Dezember 1994 in deutscher, französischer, italienischer und slowenischer Sprache, wobei die vier Wortlaute gleichermaßen verbindlich sind, in einer Urschrift, die im Staatsarchiv der Republik Österreich hinterlegt wird. Der Verwahrer übermittelt allen Unterzeichnerstaaten beglaubigte Abschriften.

11. KAPITEL

Zusammenfassung und Schlussfolgerungen

Das Anliegen der vorliegenden Publikation ist ein Zweifaches: Es geht einerseits um eine neue Politik in der Landwirtschaft der EU, andererseits aber auch darum, anlässlich des Jahres 2002, dem von der UNO international ausgerufenen Jahr der Berge, mögliche Anregungen zum zukünftigen Umgang mit dieser Thematik zu geben. Als besonders wichtig erscheint dabei die Tatsache, dass unter Bergregionen nicht nur Gebiete zu verstehen sind, in denen der primäre Sektor – sprich: die Landwirtschaft – existiert und dementsprechend unterstützt werden muss, sondern dass Berggebiete darüber hinaus vor allem auch Lebensraum für 10 Prozent der EU-Bevölkerung sind, und in etwa 30 Prozent der Gesamtfläche der Europäischen Union ausmachen. In manchen EU-Mitgliedstaaten, so beispielsweise in Italien, Spanien, Portugal, Griechenland und Österreich beträgt der Anteil der Bergregionen mehr als 50 Prozent des Territoriums. Die Alpen, die Sierra Nevada, die Inseln Kreta und Santorin, die Pyrenäen, die Apenninen, die Serra da Estrela, das Zentralmassiv, die Sierra Morena, das Kantabrische Gebirge, die Sierra Guadarrama, das Kjolengebirge oder die Highlands zählen zu den wohl bekanntesten Gebirgsketten und Gebirgsmassiven des europäischen Raumes. Bei uns in Südtirol liegt sogar mehr als 80 Prozent des Gebietes über 1000 Höhenmeter. Das Thema »Berggebiete« stellt somit nicht nur eine zentrale Herausforderung für die EU-Politiken dar, sondern es berührt darüber hinaus auch existentielle Fragen vieler EU-Bürger. Schließlich bietet es auch die Chance, eine natürliche Verbindung zwischen regionalen und europäischen Interessen – wo notwendig und möglich – anzustreben. Die europäischen Institutionen wurden ja nicht dazu geschaffen, eine bürgerferne und nicht mehr nachvollziehbare zentralisierte Politik zu vertreten, sondern es sollen und müssen in Brüssel auch Thematiken, welche die Heimatregionen der europäischen Bürger betreffen, aufgegriffen werden. Die Gemeinschaftspolitiken in Bezug auf die Bergregionen als Lebensraum sind dafür zweifelsohne eine gute Gelegenheit. Dass dabei dem finanziellen Rahmen eine besondere Rolle zukommt, steht außer Zweifel. Was den Haushalt der Landwirtschaftskommission betrifft, bleibt die »Agenda 2000« – die finanzielle Vorausschau der Europäischen Kommission – bis ins Jahr 2006 in ihren Rahmenbedingungen unverändert. Das heißt, dass vom Gesamtbudget der Europäischen Union, welches ungefähr 97 Milliarden Euro beträgt, ca. 50 Prozent (50 Milliarden Euro) der Generaldirektion Landwirtschaft zur Verfügung stehen. Diese finanziellen Mittel kommen einerseits der so genannten »ersten Säule«, den Produktförderungen zugunsten des Agrarmarktes (46 Milliarden Euro) zugute, andererseits der »zweiten Säule«, welche die Maßnahmen zur Entwicklung des ländlichen Raumes (vier Milliarden Euro) betrifft, wobei davon 780 Millionen Euro zur Unterstützung von benachteiligten Gebieten verwendet werden. Was die Frage der Zukunft dieses Haushaltsbildes im Zusammenhang mit der Erweiterung der EU anbelangt, so hat die EU-Kommission erkannt, dass die Agrarwirtschaft zwar ein entscheidender, aber nicht der einzige Faktor ist, um die Bevölkerung in den ländlichen Gebieten erhalten zu können. Vielmehr ist eine multifunktionelle Landkultur angemessen, die auch Fragen des Tourismus, der Landschaftspflege, der Raumplanung oder der nachhaltigen Entwicklung Rechnung trägt. Aus diesem Grund soll die Entwicklung, Pflege und Erhaltung des ländlichen Raumes insbesondere der sensiblen Gebiete, wie auch Berggebiete, mehr unterstützt werden. Dies hat zur Folge, dass die zweite Säule wesentlich ausgebaut werden soll, was allerdings erst mit dem nächsten Haushaltsplan möglich werden wird. Bezüglich der Osterweiterung sind Reduzierungen zulasten der derzeitigen EU-Staaten innerhalb der Agenda 2006 nicht abzusehen. Doch lassen sich für den nächsten Haushalt folgende Tendenzen erkennen: zum einen wird es voraussichtlich zu einer Verringerung der direkten Einkommensüberträge auf einzelne Produkte kommen; zum anderen ist eine Erhöhung der Exporterstattung wahrscheinlich. Schließlich wird der Verstärkung der Beihilfen für Pflege und Erhaltung des ländlichen Raumes eine größere Bedeutung zukommen.

Natürlich ist eine thematische Annäherung auf den ersten Blick nicht einfach, zumal es an einer konsensfähigen Definition, was genau unter Bergregionen zu verstehen sei, mangelt. Doch es ist nicht nur notwendig, eine allgemein verbindliche Definition einzuführen, sondern – was noch wichtiger ist – die Bergregionen als wirklichen Lebensraum zu verstehen, in dem neben Landwirtschaft auch Handel, Industrie und Dienstleistung erfolgen. Ein wichtiger Lebensraum also nicht nur mit erheblicher ökologischer Leistung für die unmittelbar ansässigen Bewohner, sondern für die gesamte umliegende Bevölkerung. Ein Lebensraum, der Arbeitsraum, Erholungsraum, Infrastrukturraum, Bildungsraum und vieles mehr ist.

Anhang

EU-Haushaltsplan 2001
Übersicht über die Mittel für Verpflichtungen

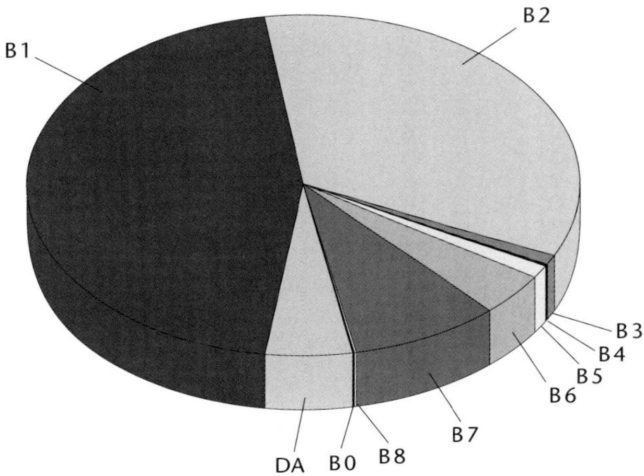

Teilzeitplan	Betrag*	Prozent
B1: EAGFL-Garantie	43.797,7	45,5
B2: Strukturmaßnahmen, Struktur- und Kohäsionsausgaben, Finanzmechanismus, sonstige landwirtschaftliche und regionale Maßnahmen, Verkehr und Fischerei	32.875,8	34,2
B3: Allgemeine und berufliche Bildung, Jugend, Kultur, audiovisueller Bereich, Information, soziale Dimension und Beschäftigung	862,8	0,9
B4: Energie, Euratom-Sicherheitsüberwachung und Umwelt	167,7	0,2
B5: Verbraucherschutz, Binnenmarkt, Industrie und transeuropäische Netze, Raum der Freiheit, der Sicherheit und des Rechts	1.125,8	1,2
B6: Forschung und technologische Entwicklung	3.920,0	4,0
B7: Außenpolitische Maßnahmen	8.340,7	8,7
B8: Gemeinsame Außen- und Sicherheitspolitik	36,0	0,0
B0: Garantien und Reserven	208,0	0,2
DA: Verwaltungsausgaben	4.904,3	5,1
* in Millionen Euro **Insgesamt**	**96.238,8**	**100,0**

EU-Haushaltsplan 2001 nach Politikbereichen
Einzelplan III: Kommission

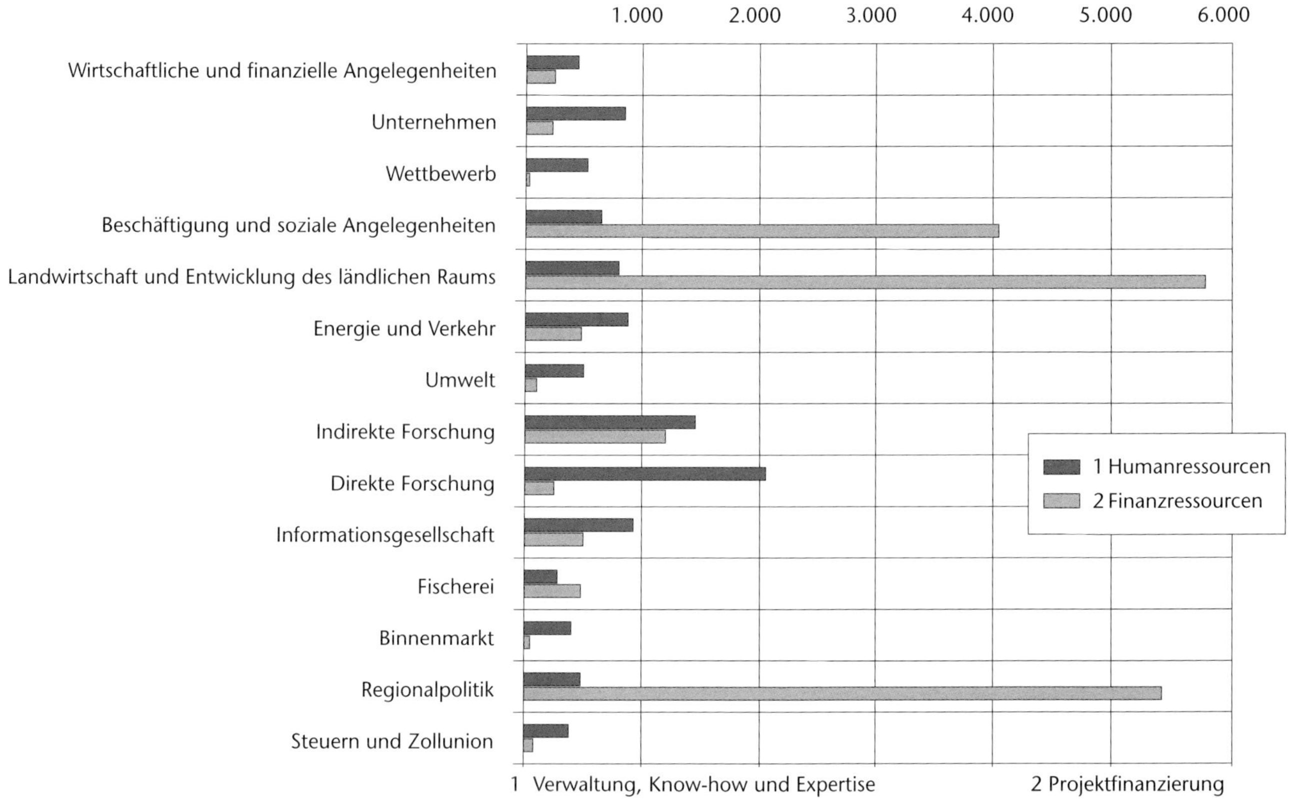

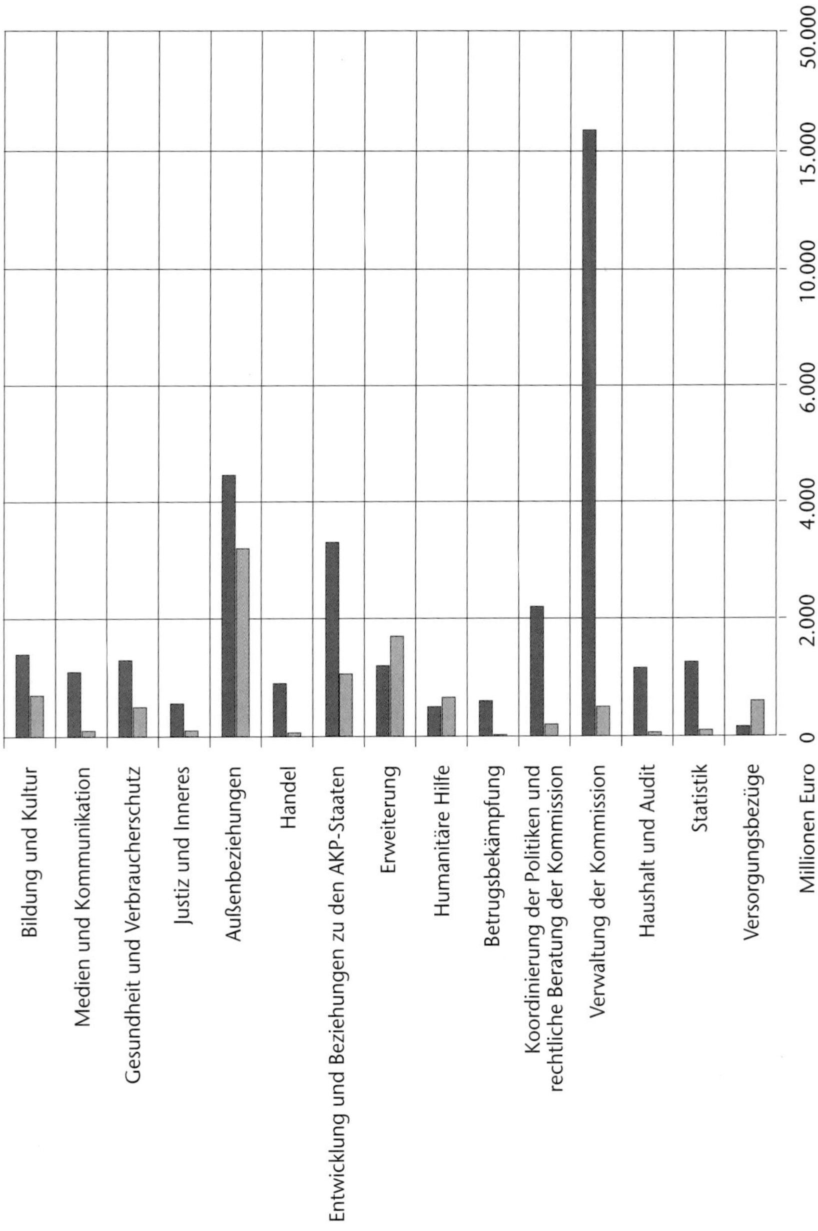
Bildung und Kultur
Medien und Kommunikation
Gesundheit und Verbraucherschutz
Justiz und Inneres
Außenbeziehungen
Handel
Entwicklung und Beziehungen zu den AKP-Staaten
Erweiterung
Humanitäre Hilfe
Betrugsbekämpfung
Koordinierung der Politiken und rechtliche Beratung der Kommission
Verwaltung der Kommission
Haushalt und Audit
Statistik
Versorgungsbezüge
Millionen Euro
0
2.000
4.000
6.000
10.000
15.000
50.000

EU-Haushaltsplan 2001 · Interne Politikbereiche

2000	2001	
3.630,0	3.920,0	Forschung
52,5	54,6	Sonstige Agrarmaßnahmen
15,0	15,0	Sonstige regionale Maßnahmen
20,5	25,2	Verkehr
66,5	61,1	Fischerei- und Seepolitik
481,5	491,3	Allgemeine und berufliche Bildung und Jugend
113,1	120,1	Audiovisueller Bereich und Kultur
104,0	103	Information und Kommunikation
144,6	148,4	Soziales und Beschäftigung
36,8	33,8	Energie

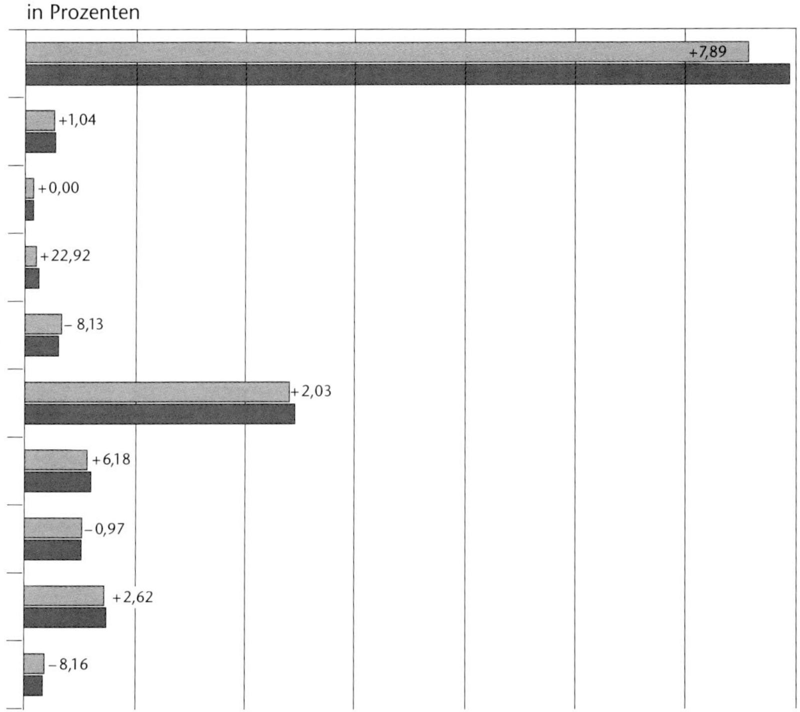

2000	2001	
16,7	17,7	Euratom-Sicherheitsüberwachung
157,7	116,2	Umwelt
22,5	22,5	Verbraucherpolitik und Gesundheitsschutz
3,7	1,3	Hilfen für den Wiederaufbau
147,4	159,3	Binnenmarkt
P. M.	–	Industrie
214,5	127,0	Arbeitsmarkt und technologische Innovation
31,4	32,6	Statistische Informationen
688,0	665,0	Transeuropäische Netze
98,5	113,1	Politik der Zusammenarbeit in den Bereichen Justiz und Inneres
5,7	5,0	Betrugsbekämpfung und Unterstützungsausgaben
6.050,6	6.232,2	Millionen Euro

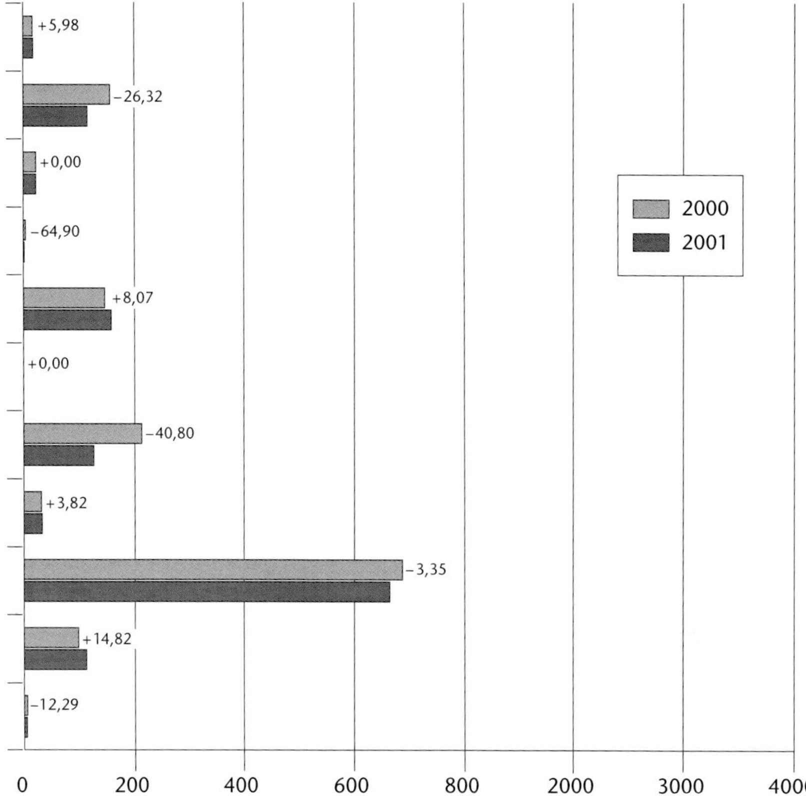

EU-Haushaltsplan 2001 · Strukturpolitische Maßnahmen

Strukturfonds
Gemeinschaftliche Förderkonzepte

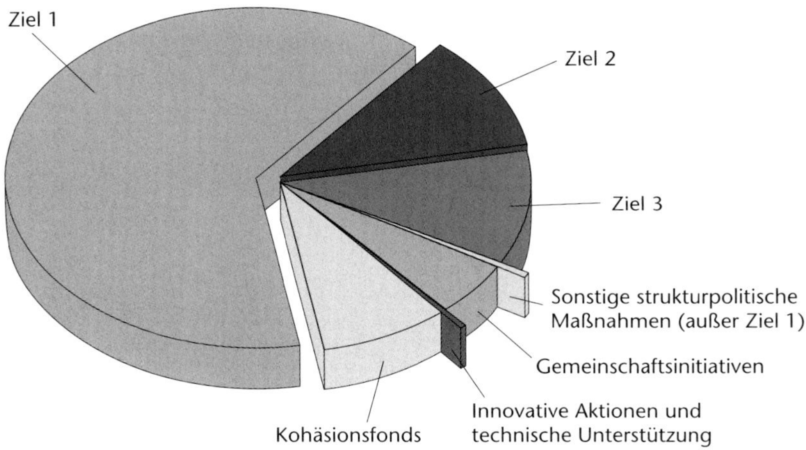

					Betrag*	Prozent
Strukturfonds Gemeinschaftliche Förderkonzepte					**30.005,0**	**91,7**
	EAGFL Ausrichtung	FIAF	EFRE	ESF		
Ziel 1	2.624,9	404,2	12.792,5	5.010,4	20.832,0	63,8
Ziel 2			2.933,8	679,2	3.613,0	11,0
Ziel 3				3.575,0	3.575,0	10,9
Sonstige strukturpolitische Maßnahmen (außer Ziel 1)		164,0			164,0	0,5
GFK insgesamt	2.624,9	568,2	15.726,3	9.264,6	28.184,0	86,2
Gemeinschaftsinitiativen					1.683,0	5,1
Innovative Aktionen und technische Unterstützung					138,0	0,4
Kohäsionsfonds					**2.715,0**	**8,3**
Insgesamt	* Millionen Euro				**32.720,0**	**100,0**

Finanzielle Vorausschau der EU 2000–2006

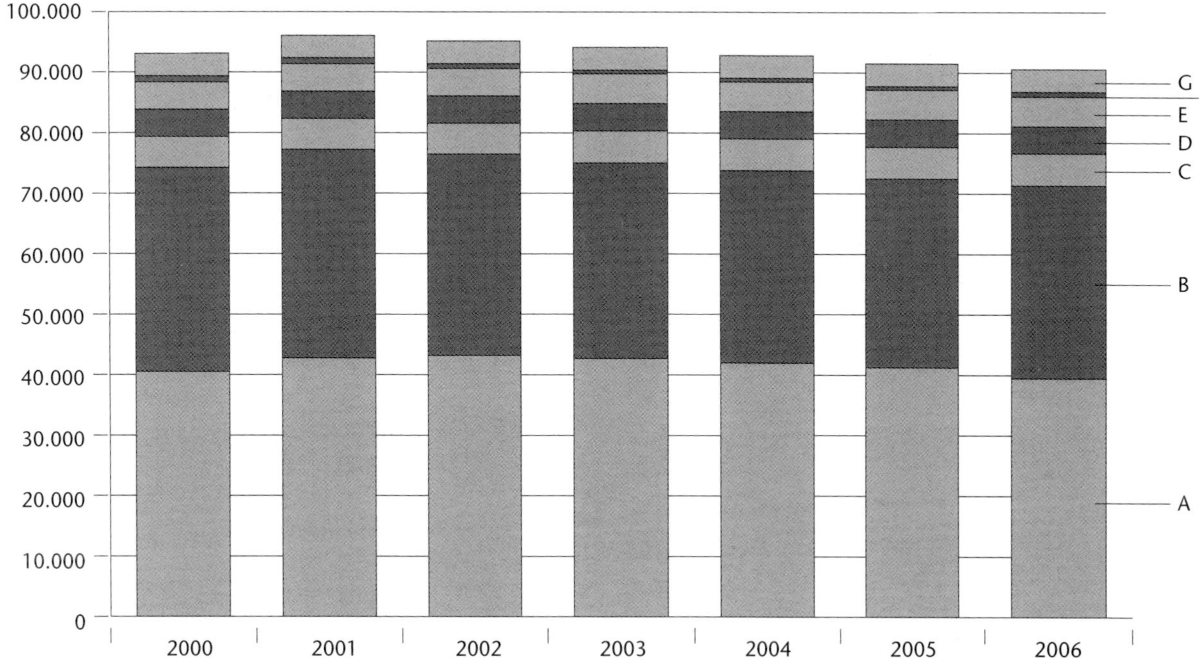

Fortsetzung auf Seite 240

Fortsetzung von Seite 239

Finanzielle Vorausschau der EU 2000–2006

Mittel für Verpflichtungen
A Landwirtschaft
Agrarausgaben (außer Entwicklung des ländlichen Raums)
Entwicklung des ländlichen Raums und flankierende Maßnahmen
B Strukturpolitische Maßnahmen
Strukturfonds
Kohäsionsfonds
C Interne Politikbereiche (1)
D Externe Politikbereiche
E Verwaltung (2)
F Reserven
Währungsreserve
Reserve für Soforthilfe
Reserve für Garantien
G Hilfe zur Vorbereitung auf den Beitritt
Landwirtschaft
Strukturpolitische Instrumente zur Vorbereitung des Beitritts (ISPA)
Phare (Bewerberländer)
Mittel für Verpflichtungen insgesamt
Mittel für Zahlungen insgesamt
Obergrenze der Mittel für Zahlungen (in Prozenten des BSP)
Für Beitritte verfügbar (Mittel für Zahlungen)
Landwirtschaft
Sonstige Ausgaben
Gesamtobergrenze der Mittel für Zahlungen
Gesamtobergrenze der Mittel für Zahlungen (in Prozenten des BSP)
Spielraum für unvorhergesehene Ausgaben
Eigenmittelobergrenze (in Prozenten des BSP)

(1) Gemäß Artikel 2 des Beschlusses Nr. 182/1999/EG des Europäischen Parlaments und des Rates und Artikel 2 des Beschlusses 1999/64 Euratom des Rates (ABl. L 26 vom 1. Februar 1999, S. 1 und 34), beläuft sich der für den Bereich Forschung im Zeitraum 2000–2002 verfügbare Betrag auf 11.510 Millionen EUR (jeweilige Preise).

Jeweilige Preise		Vorausschau auf die Preisentwicklung				
2000	**2001**	**2002**	**2003**	**2004**	**2005**	**2006**
41.738	**44.530**	**45.674**	**45.538**	**44.488**	**43.624**	**43.344**
37.352	40.035	41.169	41.023	39.962	39.088	38.797
4.386	4.495	4.505	4.515	4.526	4.536	4.547
32.678	**32.720**	**32.106**	**31.503**	**30.785**	**30.785**	**30.343**
30.019	30.005	29.391	28.788	28.174	28.174	27.737
2.659	2.715	2.715	2.715	2.611	2.611	2.606
6.031	**6.272**	**6.386**	**6.500**	**6.614**	**6.729**	**6.853**
4.627	**4.735**	**4.745**	**4.756**	**4.766**	**4.776**	**4.787**
4.638	**4.776**	**4.880**	**4.984**	**5.088**	**5.192**	**5.296**
906	**916**	**666**	**416**	**416**	**416**	**416**
500	500	250				
203	208	208	208	208	208	208
203	208	208	208	208	208	208
3.174	**3.240**	**3.240**	**3.240**	**3.240**	**3.240**	**3.240**
529	540	540	540	540	540	540
1.058	1.080	1.080	1.080	1.080	1.080	1.080
1.587	1.620	1.620	1.620	1.620	1.620	1.620
93.792	**97.189**	**97.697**	**96.937**	**95.397**	**94.762**	**94.279**
91.322	**94.730**	**97.975**	**98.671**	**95.581**	**93.759**	**93.197**
1,12%	**1,11%**	**1,12%**	**1,10%**	**1,04%**	**1,00%**	**0,97%**
		4.306	6.979	9.247	11.899	14.792
		1.665	2.112	2.549	3.048	3.537
		2.641	4.867	6.698	8.851	11.255
91.322	**94.730**	**102.281**	**105.650**	**104.828**	**105.658**	**107.989**
1,12%	1,11%	1,17%	1,18%	1,14%	1,12%	1,12%
0,15%	0,16%	0,10%	0,09%	0,13%	0,15%	0,15%
1,27%	**1,27%**	**1,27%**	**1,27%**	**1,27%**	**1,27%**	**1,27%**

(2) Bei den innerhalb der Obergrenze dieser Rubrik berücksichtigten Ausgaben für Ruhegehälter handelt es sich um Nettobeträge, in denen die Beiträge des Personals zur entsprechenden Versorgungsordnung in Höhe von 1.100 Millionen EUR (Preise 1999) für den Zeitraum 2000–2006 nicht enthalten sind.

EU-Haushaltsplan 2001 · Gemeinsame Agrarpolitik

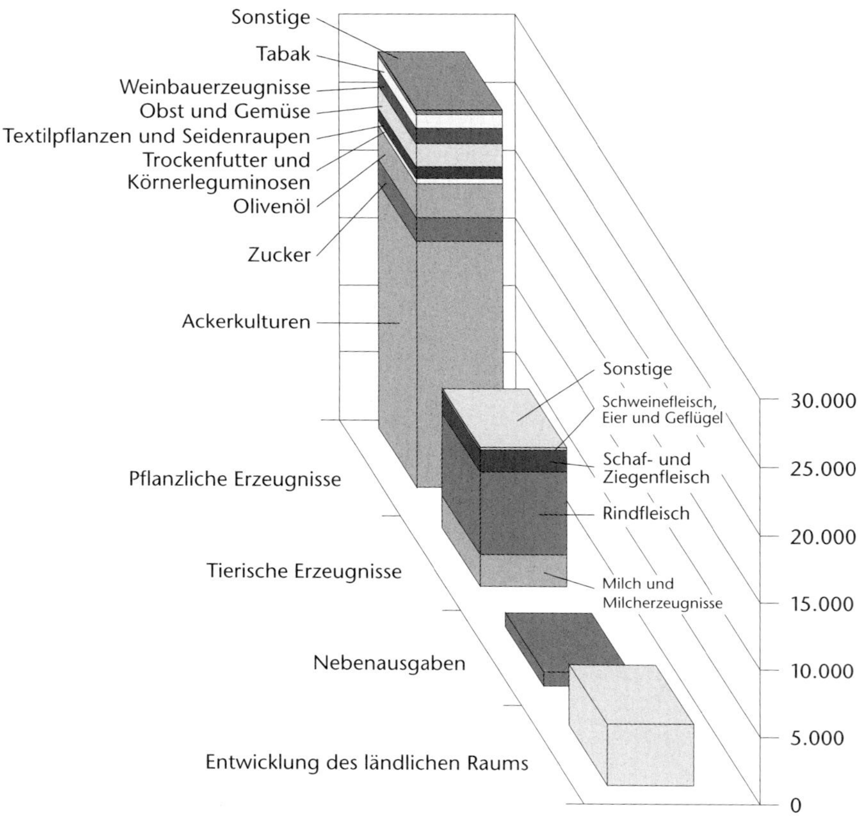

EAGFL, Abteilung Garantie	Betrag*	Prozent
Pflanzliche Erzeugnisse (Titel 1)	**27.595,0**	**63,7**
Ackerkulturen	18.026,0	41,6
Zucker	1.726,0	4,0
Olivenöl	2.473,0	5,7
Trockenfutter und Körnerleguminosen	384,0	0,9
Textilpflanzen und Seidenraupen	855,0	2,0
Obst und Gemüse	1.654,0	3,9
Weinbauerzeugnisse	1.153,0	2,6
Tabak	1.000,0	2,3
Sonstige Sektoren oder pflanzliche Erzeugnisse	324,0	0,7
Tierische Erzeugnisse (Titel 2)	**10.158,7**	**23,5**
Milch und Milcherzeugnisse	2.345,0	5,4
Rindfleisch	6.007,0	13,9
Schaf- und Ziegenfleisch	1.620,0	3,7
Schweinefleisch, Eier und Geflügel	170,0	0,4
Sonstige	16,7	0,0
Nebenausgaben (Titel 3)	**1.049,0**	**2,4**
Teilrubrik 1a insgesamt	**38.802,7**	**89,6**
Entwicklung des ländlichen Raums (Titel 4)	**4495,0**	**10,4**
Flankierende Maßnahmen	**4495,0**	**10,4**
* Millionen Euro **Insgesamt**	**43.297,7**	**100,0**

Anteil der einzelnen Erzeugnisse an der landwirtschaftlichen Enderzeugung der EU (1999) in Prozenten

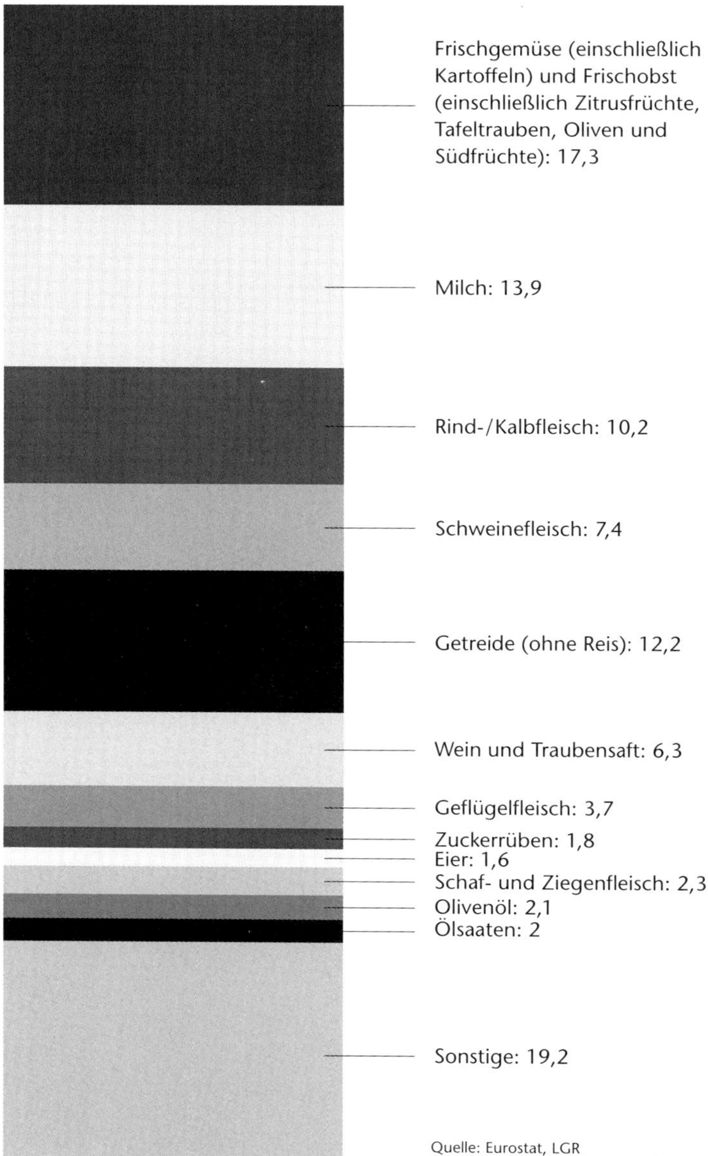

Quelle: Eurostat, LGR
(Landwirtschaftliche Gesamtrechnung)

Anteil der einzelnen Mitgliedstaaten an der landwirtschaftlichen Enderzeugung der EU (1999) in Prozenten

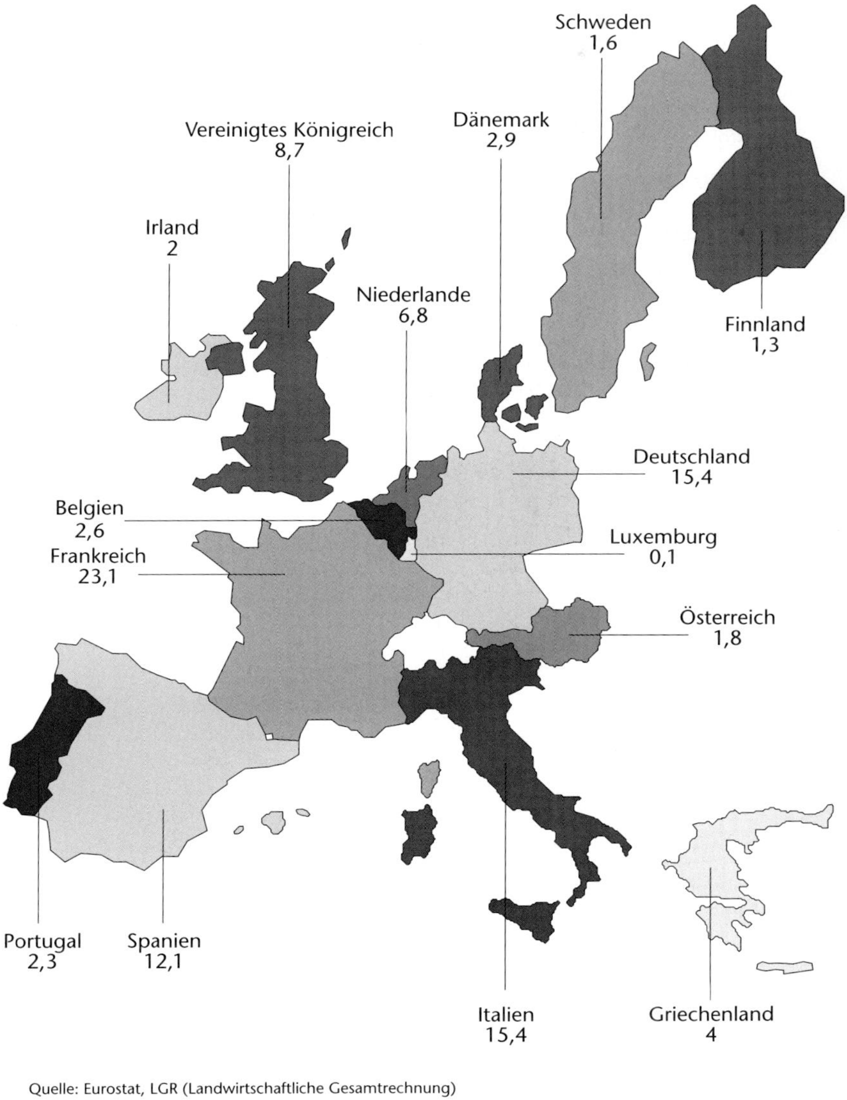

Quelle: Eurostat, LGR (Landwirtschaftliche Gesamtrechnung)

Personenregister

Fette Seitenangaben verweisen auf die Abbildungen.

Bildnachweis

ANSA-EPA / Cerles, Gerard 121
Archiv Athesiadruck 108, 113
Archiv Tageszeitung *Dolomiten* 79, 86
Bernhart, Udo (Umschlagbild)
Fotoarchiv Hans Berger 66
Fotoarchiv Europäisches Parlament, Brüssel 10, 18, 37, 43, 45, 55, 58, 59, 69–74, 76, 83, 91, 99, 111, 125, 141, 153
Laner, Josef 28
Walder, Hans 61
Hopi Media, Wien 62
StMLF 63
VLK / S.F. & H. 64
Fotoattualità, Venedig 65